U0138659

「探險與旅行經典文庫」

001

Travel Classics Library

我的探險生涯

西域探險家斯文・赫定回憶錄（上）

斯文・赫定◎著
李宛蓉◎譯

詹宏志
策畫／選書／導讀

編輯前言

探險家的事業

探險家的事業並不是從哥倫布（Christopher Columbus, 1451-1506）才開始的，至少，早在哥倫布向西航行一千多年前，中國的大探險家法顯（319-414）就已經完成了一項轟轟烈烈的壯舉，書上記載說：「法顯發長安，六年到中國（編按：指今日的中印度），停六年，還三年，達青州，凡所遊歷，減三十國。」法顯旅行中所克服的困難並不比後代探險家稍有遜色，我們看他留下的「度沙河」（穿越戈壁沙漠）記錄說：「沙河中多有惡鬼熱風，遇則皆死，無一全者；上無飛鳥，下無走獸，遍望極目，欲求度處，則莫知所擬，唯以死人枯骨為標識耳。」這個記載，又與一千五百年後瑞典探險家斯文・赫定（Sven Hedin, 1865-1952）穿越戈壁的紀錄何其相似？從法顯，到玄奘，再到鄭和，探險旅行的大行動，本來中國人是不遑多讓的。

有意思的是，中國歷史上的探險旅行，多半是帶回知識與文化，改變了「自己」；但近代西方探險旅行卻是輸出了殖民和帝國，改變了「別人」。（中國歷史不能說沒有這樣的例子，也許班超的「武裝使節團」就是一路結盟一路打，霸權行徑近乎近代的帝國主義。）何以中西探險文化態度有此根本差異，應該是旅行史上一個有趣的題目。

哥倫布以降的近代探險旅行（所謂的「大發現」），是「強國」的事業，華人不與焉。使得一個對世界知識高速進步的時代，我們瞠乎其後；過去幾百年間，西方探險英雄行走八方，留下的「探險文獻」波瀾壯闊，我們徒然在這個「大行動」裡，成了靜態的「被觀看者」，無力起而觀看別人。又因爲這「被觀看」的地位，讓我們在閱讀那些「發現者」的描述文章時，並不完全感到舒適（他們所說的蠻荒，有時就是我們的家鄉）；現在，通過知識家的解構努力，我們終於知道使我們不舒適的其中一個解釋，就是薩依德（Edward W. Said）所說的「東方幻想」（Orientalism）。這可能是過去百年來，中文世界對「西方探險經典」譯介工作並不熱衷的原因吧？或者是因爲透過異文化的眼睛，我們也看到頹唐的自己，情何以堪吧？

編輯人的志業

這當然是一個巨大的損失，探險文化是西方文化的重大內容；不了解近兩百年的探險經典，就不容易體會西方文化中闖入、突破、征服的內在特質。而近兩百年的探險行動，也的確是人類活動中最精彩、最富戲劇性的一幕；當旅行被逼到極限時，許多人的能力、品性，都將以另種方式呈現，那個時候，我們也才知道，人的鄙下和高貴可以伸展到什麼地步。

西方的旅行文學也不只是穿破、征服這一條路線，另一個在異文化觀照下逐步認識自己的「旅行文學」傳統，也是使我們值得重新認識西方旅行文學的理由。也許可以從金雷克（Alexander W. Kinglake, 1809-1891）的《日昇之處》（*Eothen*, 1844）開始起算，標示著一種謙卑觀看別人，悄悄了解自己的旅行文學的進展。這個傳統，一直也藏在某些品質獨特的旅行家身上，譬如流浪於阿拉伯沙漠，寫下不朽的《古沙國遊記》（Travels in the Arabia Deserta, 1888）的旅行家查爾士．道諦（Charles Doughty, 1843-1926），就是一位向沙漠民族學習的人。而當代的旅行探險家，更是深受這個傳統影響，「新的旅行家像是一個來去孤單的影子，對旅行地沒有重量，也不留下影響。大部分的旅行內容發生在內在，不發生在外部。現代旅行文學比起歷史上任何時刻都深刻而豐富，因爲積累已厚，了解遂深，載諸文字也就漸漸脫離了獵奇采風，進入意蘊無窮之境。」這些話，我已經說過了。

現在，被觀看者的苦楚情勢已變，輪到我們要去觀看別人了。且慢，在我們出發之前，我們知道過去那些鑿空探險的人曾經想過什麼嗎？我們知道那些善於行走、善於反省的旅行家們說過什麼嗎？現在，是輪到我們閱讀、我們思考、我們書寫的時候。

在這樣的時候，是不是「探險與旅行經典」的工作已經成熟？是不是該有人把他讀了二十年的書整理出一條線索，就像前面的探險者爲後來者畫地圖一樣？通過這個工作，一方面是知識，一方面是樂趣，讓我們都得以按圖索驥，安然穿越大漠？

這當然是塡補過去中文出版空白的工作，它的前驅性格也勢必帶來爭議。好在前行的編輯者已爲我做好心理建設。旅行家艾瑞克·紐比（Eric Newby, 1919-）在編《旅行家故事集》（*A Book of Travellers' Tales*, 1985）時，就轉引別人的話說：「別退卻，別解釋，把事做成，笑吠由他。」（Never retreat. Never explain. Get it done and let them howl.）

這千萬字的編輯工作又何其漫長，我們必須擁有在大海上漂流的決心、堅信和堅忍，才能有一天重見陸地。讓我們每天都持續工作，一如哥倫布的航海日記所記：「今天我們繼續航行，方向西南西。」

導讀

中亞腹地的踏勘者：斯文・赫定

詹宏志

斯文・赫定(Sven Hedin, 1865-1952)的《我的探險生涯》(*My Life as an Explorer*)成書於一九二五年，當時他已經是花甲高齡，做為一個越嶺馮河、歷寒曝暑的探險家或許已經太老，赫定自己也以爲這將是他探險生涯的終結，他應該寫一本書「總結」自己一生的探險活動，也給後來的「吾黨小子」一些激勵與教訓；也因爲這個心情，他在《我的探險生涯》書中最後結語說：「在此我便結束這本《我的探險生涯》，至於未來餘生將如何發展，且看全能的上帝擺布了。」

「全能的上帝」(the Almighty)卻決定要創造一個不朽的探險家形象，事實上，赫定的探險生涯在老年還有高潮再起。一九二六年，斯文・赫定再度取得中國南京政府的同意，率領了一個由中國科學家和瑞典、德國、丹麥等科學家共同組成的「中瑞中國西北科學考察團」又踏上往新疆的路途。(赫定上一次進入中國是一九〇七年，再來時中國已經換了國號，也經過五四運動的洗禮，民族意識與現代化的學術界逐漸成形，中國已不容許一個獨行俠式的探險家在他家的「後院」來來去去。)

這一次的考察又歷時八年(1927-1935)，除了產生多達五十五卷的〈中瑞科學考察報告〉的大工程外，斯文・赫定自己也寫下了做爲〈考察報告〉前三卷的全景式描述五十萬字的《亞洲腹地探險八年，1927-1935》(*History of the Expedition in Asia, 1927-1935*)，又另外寫了幾本膾炙人口的通俗作品《長征記》、《漂泊的湖》、《絲綢之路》，以及記錄當時新疆「盛（世才）馬（仲英）之戰」的《大馬的逃亡》（*Big Horse's Flight: the Trail of War in Central Asia*, 1936）。

斯文・赫定完成第三次新疆探險時，這位「廉頗探險家」年紀已經七十；寫完《亞洲腹地探險八年》（1942）一書，他更是高齡七十七；但他還一直要活到八十七歲（1952），才眞正回到「全能的上帝」的懷抱。如果我們以爲《我的探險生涯》眞的是斯文・赫定的「生涯」，那可就大錯特錯，它不過是探險家生涯的「上半卷」而已。

但如果探險家斯文・赫定死於一次大戰之前，壽命減半計算，他的探險家聲譽卻不會有絲毫遜色，只怕他的聲望還會更高（除了在中國）。爲什麼？

因爲在一次大戰以前，赫定的主要探險成就已經完成了；他入戈壁（並活著出來），發現樓蘭，尋找羅布泊，越喜馬拉雅，繪製外喜馬拉雅（Trans-Himalaya）山區地圖，種種成績早已化成浪漫傳奇；他又結交公卿富賈，相識滿天下，集榮譽於一身，成爲當時社會的超人氣巨星（羅斯福總統第一次被別人介紹到他時激動的說：「你該不是說，這就是那個赫定吧？」）；而他寫的書不僅題材驚險刺激，異地知識更是前所未聞，加上他妙筆生花，敘事娓娓動人，又兼能隨筆素描，使他的著作每有出版總是世界性的暢銷書。尤其是《我的探險生涯》出版時，他的傳奇簡直成了新一代青少年的偶像，每個少年「志在四方」的夢中，都藏著一個帶眼鏡、斯文堅毅的探險家形象。

如果斯文．赫定死於此時，他的榮光名望也許將來也會褪色，但不會有別的雜音。不幸的是，斯文．赫定度過了兩次世界大戰，他年輕時曾經在柏林求學，受業於地理學大師李希霍芬（Ferdinand Richthofen, 1833-1905），對德國有著強烈的孺慕之情，使他在兩次大戰都站到德國這一邊，弄得道德名譽大壞，二次大戰後西方戰勝國家特別有意冷落他，讓他寂寞以終。但在中國，因爲斯文．赫定在最後一次新疆考察時，尊重中國學術界的立場，把一個本屬於西方強權的科學考察隊伍，經過談判後接納了中國學者的參與和協助；當時西方中亞探險家大多反對赫定與中國科學界的合作，他們擔心從此不能自由活動於中亞的舞台。斯文．赫定也許一開始也是同樣的看法，但很快地他就意識到中國的變化，遂全心把這個由德國航空公司贊助的探險活動轉爲多國家與多學科的科學考察，這也是中國現代學術史上第一個「平等條約」，後來證明是影響深遠的。相形之下，斯文．赫定在中國的聲望比較沒有受到支持納粹污點的影響。

近年來，研究探險史的學者卻也有爲斯文．赫定「翻案」的傾向；他們認爲，斯文．赫定是一位專業的探險家與地理學家，他的成就也要從這個角度來衡量；他的政治見解與取向並不是他的專長，也未必有影響當時世界的力量。而做爲一個探險家，他很多的時間在爭取「經濟贊助」，結交權貴在所難免，「誤交匪類」也是交遊滿天下的典型「副作用」，看他的「探險家生涯」也許毋庸斤斤於他的其他平凡見解與生活。

事實上，以我的想法，探險家常常是思想簡單、意志堅強的人（也許「阿拉伯的勞倫斯」是個例外）；在他們的「行動」之外，要追求其「思想」的深度，有時不免失望。探險家在探險之外做出其他驚人之舉的，史上並不罕見；像一九〇四年帶兵入西藏的楊赫斯本（Francis Younghusband, 1863-1942），雖然進拉薩迫達賴喇嘛十三世訂立城下之盟，自己卻在回程成了密宗的信徒，後半生致力於神秘經驗的追求，甚至幾位喇嘛帶回英國與羅素（Bertrand Russell, 1872-1970）辯論。我們要認識那一個楊赫斯本？如果指的是探險家楊赫斯本，後半生的思想也許不一定是清楚的路徑，反有可能是知識的迷宮了。

對斯文．赫定的了解，恐怕也可以這樣想；雖然《我的探險生涯》之後，探險家仍有「生涯」，但對「清明時期」的斯文．赫定的了解，仍然可以這本書所敘述的生涯爲準。這本書，道道地地是一位探險家的自述；從他童年時如何被北極探險家們所吸引（赫定是瑞典人，他的家鄉盛產極地探險家），如何立志成爲探險家，如何命運把他帶往東方，愈帶愈遠，先是在俄屬中亞的活動，然後就入新疆與西藏，成爲這個地區的探險代表人物。他的生命，他的知識，他的力量，全部貢獻在這個廣大的地區；世人對這個地區的認識，乃至於「絲路」這個稱謂，都來自於這位終身致力於探險的英雄。斯文．赫定終身未婚，有人問他何故，他答說：「我已與中國結了婚。」他的終身志業，在這句話裡可以求得而知。

重溫一個逝去的時代，尋求一個逝去的典型，閱讀一本好看的探險作品，斯文・赫定的作品，實在是再具代表性不過了。此書雖然出版在七、八十年前，但那輕快的敘述節奏，那奇異的風光地景，那迷人的無限勇氣，仍然讓我們可以著迷於卷中。

我的探險生涯 上冊目錄

我的探險生涯 下冊目錄

第一章
緣起

能在童稚時期發現自己一生摯愛的事業，是件多麼快樂的事！沒錯，就這點我的確十分幸運；早在十二歲那年，我的人生目標就已經非常明確。因此，我童年最親密的友伴包括：庫博（Fenimore Cooper）❶、凡爾納（Jules Verne）❷、李文斯頓（David Livingstone）❸、史坦利（Henry Stanley）❹、富蘭克林❺（John Franklin）、裴耶❻（Julius von Payer）、諾登舍爾（Adolf Nordenskiuöld）❼，尤其是那些北極探險隊裡前仆後繼的英雄和殉難者，特別讓我著迷。那時候，諾登舍爾正首次前往史匹茲卑爾根（Spitsbergen）❽、新地島（Nova Zembla）❾和葉尼塞河（Yenisei River）❿河口，這一項大膽的冒險行動，令人咋舌。我十五歲那年，諾登舍爾回到故鄉，也就是我的出生地斯德哥爾摩，完成了他的東北航道之旅。

探險的啓蒙

一八七八年六月，諾登舍爾登上帕蘭德船長（Captain Palander）所指揮的維加號（Vega），從瑞典出發探險。他們沿著歐洲與亞洲北方的海岸線航行，一直到西伯利亞北方北極海岸線的最東端，然而冰雪將維加號給困住了，整整十個月動彈不得。瑞典的鄉民焦急憂慮，大家都為諾登舍爾與整個科學探險隊的命運感到憂心忡忡。第一支出發前去營救的是美國籍隊伍，當年因為指派史坦利前往非洲「找尋李文斯頓」而聲名大躁的紐約《前鋒報》編輯班耐特（James Gordon Bennett）再度發號司令，派遣狄隆船長（Captain De Long）前往北極，一來尋找北極點以打通東北航道，二來設法解救受困的瑞典探險隊。於是，狄隆的珍妮特號（Jeannette）在一八七九年七月出發，展開探險兼營救的行動。

然而，等在美國籍探險隊前方的卻是悲慘的命運！珍妮特號撞上冰山，大部分船員不幸罹難；不過值得安慰的是，被冰雪封凍的維加號終於在融冰後脫困，並在蒸氣動力引擎的輔助下，順利穿越白令海峽，駛入太平洋，在未折損任何一位隊員的情況下，諾登舍爾的東北航道探險克竟全功。諾登舍爾探險告捷的新聞最先從日本橫濱傳來，我永遠忘不了當時斯德哥爾摩市民歡欣鼓舞的熱鬧景象。

諾登舍爾探險隊沿著亞洲和歐洲南方的海岸線返回，這趟航程是一次睥睨群倫的壯舉。一八八〇年四月二十四日，維加號的汽笛聲響徹斯德哥爾摩港，整個城市瀰漫歡騰的氣氛。沿岸的樓房點綴著無數的燈籠和火炬，皇宮前用煤氣燈點亮裝飾成的「維加」二字如同一顆閃亮的星星，就在一片令人眩目的燈海中，這艘名聞遐邇的探險船輕緩地滑入港灣。

當時，我和父母親、兄弟姊妹們一起站在斯德哥爾摩南方的高地上，飽覽這場盛大的歡迎儀式。霎時，我被那股劇烈的狂喜和興奮俘虜了——終此一生，我未曾遺忘那一天的盛況，因為它決定了我未來的志業。聽著碼頭上、大街上、窗戶旁、屋頂上響起的熱情以及如雷的歡呼聲，我暗自立定志向：「有朝一日，我也要像這樣衣錦榮歸。」

從此，我開始鑽研任何和北極探險有關的事物，只要是關於北極探險的書籍，不論新舊我都會去研讀，而且動手繪製每一次探險的路線圖。在北地的隆冬裡，我在雪地上躑躅而行，在敞開的窗前入眠，爲的是鍛鍊自己忍受酷寒的能力。我幻想自己長大成人之後，立刻會有個慷慨的贊助人出現，他會擲一袋金幣在我的腳下，對我說：「去吧！去尋找北極！」我決心要有一艘自己的船，滿載著探險隊員、雪橇和拉橇狗，穿越夜色和冰原，勇往直前邁向終年只吹南風的北極極心。

命運之神的安排

可是命運之神卻另有安排！一八八五年，就在我快要離開學校的時候，校長問我願不願意前往裏海沿岸的巴庫（Baku）去擔任半年的家庭教師，教一個資質較低的男孩。這位男孩的父親是諾貝爾兄弟（Ludwig and Robert Nobel）雇用的總工程師。我未經考慮就答應了，畢竟我還需要很長一段時間，才可能等到一位多金的贊助人；更何況只要接受這份工作，我就能立刻展開長途旅行，前往亞洲的重要關口。就這樣，命運之神引導我走向亞洲大道。隨著歲月的流逝，我年少時到北極探險的夢想已逐漸淡去，從那一刻起，亞洲這片地球上幅員最遼闊的陸地所散發出令人著迷的力量，顯然主宰了我往後的生命。

一八八五年春夏之際，我不耐煩地等候出發時刻的到來。馳騁的想像力已經把我帶到裏海邊上，我隱約可以聽見滾滾洶湧的波濤聲，也能聽見沙漠商旅行進時叮噹作響的駱駝鈴聲，整個東方的魅力在我眼前迅速開展，我覺得自己已然掌握了那把開啓傳奇與冒險之境的鑰匙。這時候，斯德哥爾摩來了一支小型馬戲團，表演的動物之中包括一匹來自中亞土耳其斯坦（Turkistan）的駱駝，對我來說，牠彷佛是來自遠方的同胞，吸引我一再前去探望牠；不久之後，我就要去這匹駱駝的故鄉，向牠在亞洲的親戚們捎上一聲問候。

莫斯科

這趟長途旅程，我父母和兄弟姊妹們都很擔心。不過，我並不是單獨一人前往，跟我同行的有我的學生，還有他的母親和弟弟。在依依不捨與家人道別之後，我們登上即將載著我們橫越波羅的海與芬蘭灣的汽船；在俄羅斯的克琅斯塔特（Kronstadt）可以眺望到聖以撒教堂（St. Isaac）貼滿金箔的拱頂，閃爍生輝猶如耀眼的太陽；幾個小時之後，我們一行人從聖彼得堡的尼瓦河碼頭（Neva Quay）上岸。

可惜我們沒有時間逗留，在沙皇的首都稍作停留幾個小時之後就上了火車，這是一列中途經過莫斯科，從歐俄前往高加索的快車，全程需要四天的時間。沿途無邊無際的平原快速向後飛去，火車像子彈一樣呼嘯著穿越稀疏的松林和肥沃的田園，田裡即將成熟的秋穀隨風搖曳；從莫斯科以南，發亮的鐵軌蜿蜒直下南俄，絲毫不見起伏的大草原。我的雙眼貪婪地欣賞著這一切景物，因爲這是我第一次到國外旅行。白色的小教堂頂著綠色洋蔥型尖頂，突起於農村的上空；穿著紅上衣與沉重靴子的農人在田裡工作，四輪馬車載運乾草和蔬菜根莖往來鄉野之間。崎嶇而泥濘的馬路上行駛的不是夢想中的美國動力汽車，而是由三、四匹馬合力拖曳的馬車，伴隨著叮噹作響的鈴聲，奔馳起來速度煞是驚人。

離開羅斯托夫（Rostov）之後，我們渡過壯闊的頓河；羅斯托夫是頓河注入亞速夫海（Sea of Azov）的出口，而亞速夫海正是黑海的門戶。火車繼續朝南飛快地行駛，車站上，幾乎都是哥薩克騎兵、士兵、衛兵，還有英俊、魁梧的高加索人，他們穿戴著褐色外套和毛皮氈帽，胸前橫掛著銀色的彈藥匣，腰間的皮帶上則懸著手槍或匕首。

我們乘坐的火車開始緩緩地往上爬坡，駛向高加索山北邊的山腳；來到提瑞克河（Terek River）畔，一座美麗的小城弗拉迪卡夫卡茲（Vladikavkaz）傍河而建，這就是「高

穿越高加索軍用道路

加索之君」，就像海參崴是「東方之君」一樣。我學生的父親，就是那位總工程師乘了一部馬車來接我們，我們於是又搭乘這部馬車繼續旅行了兩天，沿著格魯西亞（Grusian）軍用道穿過高加索山，走了一百二十哩路。這條路分成十一個站，每到一個休息站都需要換新馬匹，由於馬車很笨重，當我們在攀登海拔七千八百七十呎高的高道爾站（Godaur Station）時，必須動用七匹馬才能將馬車拉上去，不過，下坡的行程只需要兩、三匹馬。山坡路崎嶇難行，有時才爬上陡峭的山脊，馬上又碰到四、五個曲折的大彎道，道路迅速下降到另一個山谷，然後馬上又得攀上另一座高聳的山頭。

這眞是一趟偉大的旅行。在此之前，我從未做過任何可以跟它媲美的事。我們四周盡是高加索山壯麗的景色，遠處山峰白雪覆蓋，陡峭的山壁裡層層峰巒相疊，其中以海拔一萬六千五百四十呎的卡茲別克峰（Kazbek）最爲高聳，它的峰頂沉靜地沐浴在日光中。

這條山路的路況相當良好，是沙皇尼古拉一世（Nicholas I，1796～1855）在位期間修築完成。由於修建經費極爲昂貴，沙皇在啓用儀式上說：「我原以爲會看到一條用黃金鋪成的道路，結果發現這條路竟是灰石子兒鋪設而成。」道路瀕臨懸崖深淵，因此外圍有一道低矮的石牆環繞著。崩解的冬雪在斜坡上堆積著厚厚的一層，並且漫延到整條道路和村莊，我們的馬車駛進村落時，必須穿過牆高十呎、堅固的遮雪棚。

一整天，馬車都維持全速前進，這樣的旅行速度實在瘋狂！我因為坐在馬車夫旁邊的位置，每次遇到急轉彎時就覺得頭暈目眩，好像前方的道路突然消失在空中一般，隨時都有被拋進深谷的危險。

高加索山最高峰：卡茲別克峰

幸虧我擔心的事並沒有發生，我們安然抵達了高加索區的主要城市提弗利司（Tiflis），那兒熱鬧非凡，景致優美！從庫拉河（Kura）兩岸到陡峭貧瘠的山坡上，屋舍如同圓形的露天劇場一階又一階地向上伸展；大街小巷擠滿了駱駝、騾子和車輛，以及熙來攘往各色各樣的種族，包括：俄羅斯人、亞美尼亞人、韃靼人、喬治亞人、塞爾卡西亞人（Circassians）⓫、波斯人、吉普賽人和猶太人等。

到了提弗利司，我們改搭火車繼續未完的旅程。此時已進入盛夏，天氣炎熱，我們選擇三等車廂的座位，原因是這裡最通風。同車廂的還有波斯、韃靼和亞美尼亞的商人，他們大都攜家帶眷。另外，還有一些迷人的東方民族，不論在舉止或服飾上都是那麼地優雅似畫；儘管天氣酷熱難耐，這些外地民族仍然戴著厚重的羊皮帽。火車上還有些從麥加朝聖回來的信徒，他們將薄薄的祈禱毯子攤開鋪在車廂的地上，在夕陽落入地平線的那一刻，所有的信徒全都面朝聖城麥加的方向，跪下來喃喃吟誦禱詞；此時，火車仍舊轟隆轟隆地向前行駛。當時湧現心裡的那股驚奇感受，至今猶是鮮明清晰。

火車沿著庫拉河蜿蜒前進，有時在河的北岸，有時又行駛到河的南岸。庫拉河沿岸已有墾殖，清新鮮綠的河岸經常在遠處閃爍著光輝。然而，除了這些開墾的田地外，其餘可說是一片荒蕪；大部分都是平坦的大草原，只見到照顧牲口的牧羊人蹤跡，還有少數地方幾乎是寸草不生的沙漠。朝北望去，整個高加索山恰似燈火通明的舞台景幕，深淺交織的藍色調夾雜著峰巒積雪的白色線條，這就是亞洲啊！這片誘人的景致令我捨不得移開視線。在那一刻，我已經感覺到自己將會愛上這塊一望無垠的荒原曠野，在未來的歲月中，我將被吸引到東方，而且越來越深入。

到了尤吉瑞（Ujiri）車站，按照往常的習慣，我拿著素描簿下了火車準備畫一些東西，還沒走多遠，就覺得肩膀被沉重的手掌給按住，三個看起來不懷好意的警察抓住我，面色狐疑地板著臉問我問題。由於我還沒學會俄語，幸好在場有一位懂法語的亞美尼亞女孩幫我翻譯。警察一把搶過我的素描簿，對於我的解釋響起一陣輕蔑的笑聲，顯然他們把我當成了間諜，意圖顚覆沙皇的國家。我們的周遭聚集了大批人群，當火車啓動的第一聲鳴笛響起，這些警察有意想把我抓去關起來。就在這當口，火車站的站長穿過人群過來查看究竟，他拉著我的手臂護送我回到火車上，此時第二聲鳴笛再度響起，我爬上月台，那幾個警察緊隨在後。火車匡啷匡啷地起動了，我像一尾滑溜溜的鰻魚，快速穿過兩、三節車廂，然後躲在一個角落裡，等到我回到同伴身邊時，那幾個警察已經跳下火車不見蹤影了。

「風城」巴庫

我們慢慢地接近裏海。風很強，從地上捲起雲霧般的灰塵，一開始是遠山不見了，緊接著，連鄉間也被濃密的煙塵給整個遮蔽。風越颳越強勁，後來竟轉成一股颶風，火車吃力地頂著強風前進；當火車順著海岸行駛時，我們呼吸困難，只能模糊地注視著白浪滔天、驚濤拍岸的壯觀景色。火車終於抵達巴庫，這個被譽爲「風城」的地方果然名不虛傳。

巴庫位於阿普什倫半島（Apsheron）的南岸，此半島向東延展伸入裏海約五十哩，諾貝爾兄弟與其他石油大王的龐大煉油廠所在地「黑城」（Black Town），就在巴庫的東方。提煉好的石油從這裡經由油管輸送到黑海，途經遼闊遙遠的高加索南部地區；至於海路運輸則藉由油輪橫渡裏海，目的地是阿斯特拉罕（Astrakhan）和窩瓦河（Volga River）河畔的察力欽

阿普什倫半島

（Tsaritsyn）。多數油井所在的油田大都集中在巴拉罕尼（Balakhany），這是個韃靼村落，位於巴庫東北方十三俄里⑫外，長久以來以蘊含豐富石油而聞名，但直到一八七四年諾貝爾兄弟引進美國式鑽井法，才真正進行原油的開採。接下來的幾年，此地的石油開採工業欣欣向榮，當我一八八五年首次拜訪巴拉罕尼時，當地已經擁有三百七十座油井，每年的石油產量高達好幾億俄磅⑬。有時地底壓力會使原油像噴泉一樣湧出來，據估

巴拉罕尼的油井

計，一座油井在二十四小時內就可以噴出五十萬俄磅的原油。

我在聳立如森林般的鑽油塔之間度過了七個月，爲學生補習歷史、地理、語文和其他實用性的學科，可是，我最快樂的時刻卻是陪伴陸維熙．諾貝爾（Ludwig Nobel）去巡視油田。我也喜歡騎著馬穿梭在各個村莊間，爲韃靼族的男人、婦女、小孩和馬匹畫素描；或者是騎一匹活潑的馬兒往巴庫奔馳，到「黑色市集」（Black Bazaar）逛逛。市集裡都是韃靼人、波斯人和亞美尼亞人經營的小舖子，商人們坐在陰暗的店舖裡，叫賣來自庫德斯坦（Kurdistan）⑭和克爾曼（Kerman）的地毯、壁飾、織錦、拖鞋、大氈帽等。我觀賞金匠錘煉飾品和兵器，把生鐵鑄造成刀刃和匕首。這裡的每一件事物，無不令我深深地著迷，不論是衣衫襤褸的托缽僧或身著深藍色長外套的皇室親王，我同樣興致勃勃。

有個目標督促我作一趟短程的旅行，那就是造訪拜火教的神廟。以前，神廟裡日夜都點著聖火，信徒在圓形拱頂下長年以天然氣供奉著這把火，不過，現在這把火已經永遠熄滅了。夜幕低垂時，古老的神廟靜靜地躺在荒禿的大草原上，圍繞它的只是黑暗與孤寂。

在冬天的一個夜晚，我們圍坐在燈火前面，突然從窗外遠方的路上傳來不祥的呼號：「失火了！失火了！」村裡的韃靼人四處奔走，扯開嗓門警告大家，並挨家挨戶叫醒屋裡的人。我們趕忙跑出屋外，發現整座油田都燃燒了起來，熊熊火焰把附近照得通亮如白晝；火場中心距離村莊只有幾百碼遠，積聚成湖的原油猛烈地燒著，連阻擋原油外洩的擋土牆之間都冒出火舌，甚至一座鐵塔也延燒了起來！強風翻攪著火燄，好像碎裂、迎風飄揚的旗幟，陣陣黑褐色的濃煙越滾越高；所有的東西都在沸騰、辟啪作響，韃靼人企圖用泥土滅火，但是徒勞無功。由於油井的鐵塔緊密相鄰，強風把星火從這一個鐵塔颳到另一個鐵塔，致使所有突出地面的東西都被摧毀殆盡。在刺眼的強光下，最靠近我們的鑽油塔看起來像一具具白色幽靈，韃靼人快速將這些鐵塔砍倒，靠著超人般的毅力，他們終於成功地堵住這場大火。幾個小時之後，油湖燒盡了，大地再度被黑暗所籠罩。

流積成湖的原油火焰濃烈

【注釋】

❶一七八九～一八五一，美國小說家，以撰寫冒險小說聞名。

❷一八二八～一九〇五，法國小說家，爲《地心歷險記》、《環遊世界八十天》等著名探險故事的作者。

❸一八一三～一八七三，英國傳教士，深入當時有「黑色大陸」之稱的非洲從事探險。

❹一八四一～一九〇四，於擔任紐約《前鋒報》特約記者時，受命前往非洲找尋失蹤的李文斯頓，他所撰寫的報導成爲當時西方社會極爲轟動的探險文章。

❺一七八六～一八四七，英國著名的北極探險家。

❻一八四二～一九一五，爲澳洲探險家兼畫家，曾率領奧匈帝國北極探險隊發現位於俄羅斯西北的法蘭士約瑟夫群島。

❼一八三二～一九〇一，瑞典的北極航海家，駕船由大西洋向亞洲北太平洋前進，成功穿越東北航道。

❽北極海島群中的一個島。

❾俄羅斯西北北極海中之島群。

❿位於西伯利亞中部，向北流入北極圈內的喀拉海。

⓫高加索民族的一支。

⓬每一俄里約三分之二哩。

⓭每一俄磅約爲三十六英磅。

⓮今之伊朗與伊拉克北方接壤之處。

第二章

穿越厄爾布士山抵達德黑蘭

我利用在巴拉罕尼整個冬天的晚上，學會了流利的韃靼語和波斯語。我的老師名字叫巴奇（Baki Khanoff），是個年輕的韃靼貴族。隔年的四月初，我的教書工作告一個段落，我決定把掙來的三百盧布用來作一趟騎馬的旅行，往南穿越波斯❶，最後抵達海邊；一路上有巴奇陪伴我同行。

策馬奔向旅程

一天深夜，我向同鄉的友人告別，登上一艘俄國明輪船，然而強烈的北風橫掃巴庫上空，船長不敢冒險駛離港口。第二天早上，風力終於逐漸減弱，我們的船開始和海浪搏鬥，繼續朝南方前進，經過長達三十個小時的航行，我們在裏海南岸的安采麗（Enzeli）登陸，隨即換乘一艘汽艇橫渡一個很大的淡水礁湖莫達布（Murdab），或稱作「死水」；抵達一處被湖環繞、青蔥碧綠的村莊。我們從這裡換乘馬匹前往商業城市雷什特（Resht）。

我已經把身上所有的錢兌換成波斯克郎（kran），當時，一波斯克郎相當於一法郎。我和巴奇各帶一半的銀幣，我們將它們縫進腰間的皮帶裡。除了沉重的皮帶，衣物都盡可能輕便，因此，我除了身上穿的一套冬裝外，只帶了一件短外套和一張毛毯。不過，我帶了一把左輪手槍自衛，巴奇則在他穿的韃靼外套上背著一支長槍，皮帶上還插了一把匕首。

雷什特附近茂密的森林裡，皇家孟加拉虎常會悄無聲息地出沒覓食；而沼澤中氤氳升起的瘴氣會使人產生熱病，有時候，甚至引發令人喪膽的大規模流行性疾病。有個小鎮就曾經在一次癘疾大流行時造成六千個居民死亡的慘劇，僥倖生還的人連埋葬死者的時間都沒有，便將死者屍體都丟進清眞寺裡。這兒的清眞寺建有低矮的尖塔和紅石板屋頂，景觀優美如畫；商家的店舖外頭則掛滿了色澤多樣的布帘，主要是用來遮擋強烈的陽光。沿著這條海岸線，絲織品、稻米和棉花是波斯的主要產品。

雷什特的清真寺

在雷什特有位俄國領事叫凡拉索夫（Vlassoff），我前去拜訪他，當晚並受邀在他的住處晚餐。我穿著簡單的旅行裝和馬靴赴宴，當我踏進領事的房子，屋內裝潢呈現優雅的波斯風格，室內燈火通明；因此，當主人一身正式的晚宴服出現眼前時，我感覺很不自在。我很後悔沒有和巴奇待在我們那間簡陋的客棧裡。但是我沒有晚禮服可穿，只好盡情享受這頓奢華的兩人晚餐了。

第二天早上，兩匹休息過的馬在客棧門前蹬著腳，兩位負責照顧牠們的男孩等候在一旁，馬鞍後方綁著一對韃靼人用的軟皮袋，裡面裝著我全部的行李。我們躍身上馬，兩個男孩小跑步跟著我們出發。這條路通往一片茂盛的森林，我們在路上遇到許多騎牲口或徒步的旅人，也有大型的騾車載著貨物準備渡海前往俄國。其中有些箱子裡裝的是乾燥水果，箱子上都有皮革覆蓋。森林裡到處聽得見騾頸上叮噹作響的鈴噹聲，每一輛騾車前的第一匹騾子頸上都繫著一個巨大的銅鈴，隨著步伐搖晃發出沉悶的鈴聲。

第一個晚上，我們在科多姆（Kodom）的一家小旅館過夜，旅館的屋頂密密實實地披覆青苔，好幾百隻燕子在青苔裡築巢棲息，經由敞開的窗戶飛進飛出。

遠方接近山區的地表開始向上拔起，我們沿著「白河」（Sefeed-rud）河谷前進，晚上就留宿在美麗的村莊裡；這些村莊四周都種植橄欖樹、果樹、法國梧桐和柳樹。我們並沒有隨身攜帶糧食，不過，鄉間的家禽、雞蛋、牛奶、麵包、水果已經足夠餵飽我們的胃，而且價錢便宜得不可思議。路越走越峭險，我們進入厄爾布士山（Elburz Mountains）區，沿途地勢逐漸升高，森林越深入越稀疏，最後直達盡頭。

到了曼吉爾（Mendjil），我們騎馬通過一座建有八個拱形洞口的古老石橋。天色變得灰暗，風也颳了起來，整座山像蓋上一層雪白的毯子一般，我們攀爬得越高，地上堆積的白雪就越厚。這時，天上開始飄起片片雪花，一場伸手不見五指的暴風雪將天地整個籠罩住了，我身上穿的衣服並不能禦寒，現在可說是被牢牢凍在馬鞍上，簡直凍到骨髓裡去了。雪下得很大，路徑完全被掩蓋，馬匹像海豚似的陷進皚皚白雪裡；暴風雪打在我們臉上，眼前每一樣東西都是白色的，就在我們以爲迷路的時候，有個東西若隱若現地出現在狂飛旋舞的雪花中，原來是一隊由馬車和騾車組成的商旅朝我們的方向走過來。兩個漢子騎馬當前導，他們手持細長的長矛探路，以防車隊陷入危機四伏的山澗或掉落懸崖。在全身被凍僵的情況下，我們終於抵達一個叫馬斯拉（Masra）的小村落。我們找到一個髒亂像是山洞的地方，在地上升起火來，與我們一起圍著火堆席地而坐的，還有四個韃靼人、兩個波斯人和一個瑞典人；大夥兒忙著暖和已被凍硬的關節，同時把濕透的衣服脫下烤乾。

暴風雪中攀越厄爾布士山

光環不在的「皇家寶座」

山徑盤旋直上厄爾布士山最高的山脊，向南的斜坡積雪很快就融化掉了，平坦的大草原緩緩延伸直至喀茲文市（Kazvin）。先知穆罕默德就這麼說過：「偉哉喀茲文，它乃天堂之門檻。」喀茲文在偉大的哈里發（Caliph）❷哈隆・賴什德（Haroun al-Raschid）的整治下變得更加美輪美奐，到了波斯王大馬士一世（Shah Thamas I）在位時，更將喀茲文選爲首都（西元一五四八年），並稱它爲「皇家寶座」（Seat of Royalty）。四十年後，阿拔斯大帝（Abbas the Great）把首都遷往伊斯巴汗（Ispahan）❸，喀茲文的光彩從此褪色。

傳說阿拉伯詩人洛克曼（Lokman）就住在喀茲文，當他自知死神即將降臨時，便把兒子找來對他們說：「我沒有什麼財寶可以留給你們，這裡有三只瓶子，瓶子裡裝滿具有神奇效用的藥水。如果你從第一個瓶子裡取出幾滴來，滴在已死的人身上，他的靈魂就會返回軀體，這時，你再從第二個瓶子裡取幾滴藥水滴在他身上，他就能坐起來，等到第三瓶裡的藥水滴到他身上時，他就可以完全復活了。不過你要記住，務必謹慎使用這些珍貴的藥水。」詩人的兒子已逐漸老邁，他知道自己大限將至，便對僕人說明這些藥水的用法，並指

在馬斯拉的休息站

示僕人，等他一死，就立刻用藥水讓他復活。後來當主人死了，僕人立刻將主人的屍體搬到浴室去，把第一瓶和第二瓶的藥水滴在主人身上，這時候，洛克曼的兒子坐了起來，死命地尖聲叫道：「倒啊！倒啊！」僕人一看見死屍會坐起來說話，簡直嚇壞了！情急之下，拿在手上的第三隻瓶子一鬆，竟掉在石子鋪的地板上，自己一溜煙逃得無影無蹤。可憐那洛克曼的兒子只有坐在澡堂裡，最後還是走上了黃泉路！有人說，直到今天，在浴室的地窖裡仍然聽得見陰森森的鬼叫聲：「倒啊！倒啊！」

喀茲文坐落於厄爾布士山南方的平原上，從這裡通往首都德黑蘭有一條長達九十哩的道路，整條道路分成六站，商旅往來多數依賴俄國式的馬車，有的用三匹馬拉車，有的需要四匹馬；每到一站都必須更換馬匹，因此走完整趟路必須換五次的馬匹。現在天氣和煦，晴朗如春，我們坐在馬車上享受那股奔馳的快感。馬匹全速奔跑，車輪揚起了大片灰塵，恰似雲霧一般。往北眺望，山脊上覆滿白雪的厄爾布士山清晰可見。而南方遼闊的平原一路伸展，直入天際；平原上散布著零星的村落，村裡到處點綴鮮綠青翠的庭園。但是，一離開這些村落，剩下的只有單調的蒼黃景觀。

有一次，我們聽到後方傳來另一輛馬車卡躂卡躂快速前進的聲音，才一轉眼工夫，那輛車就像旋風般超越了我們，車上有三名韃靼商人，在超車的那一刻朝我們戲謔地吼道：「旅途愉快！」如此，他們就可以搶先到達下一個驛站挑走最好的馬匹。這時我的好勝心陡地湧現，我對車夫說，只要能趕過前面那輛馬車，我就賞他兩克郎。於是車夫快馬加鞭，果然在接近下一個驛站時，我們的馬車超越了那些韃靼人，這次輪到我使盡吃奶的力氣朝他們笑謔道：「旅途愉快！」

我認識一位來自瑞典的海貝奈特醫生（Dr. Hybennet），他從一八七三年起開始擔任波斯王的牙醫師，還被封爲波斯極尊貴的稱號「汗」（Khan），所以一抵達德黑蘭，我就直接到他家登門拜訪。海貝奈特醫生對於有機會看到故鄉人覺得很開心，他張開雙臂熱烈歡迎我，並且邀我在他府上住一段時日。醫生的住宅豪華富麗，室內裝飾爲典型的波斯風格。我們日日流連在這迷人的大城市，其間經歷的事情容我稍後再詳述，這裡，我要先描述另一件事，因爲它對我日後造成了極大的影響。

有一天，海貝奈特醫生和我走在德黑蘭塵土飛揚的街道上，兩邊的人家都建有黃土牆；這些街道相當寬廣，兩旁開鑿窄窄的明溝，路旁並種植成行的梧桐、白楊樹、柳樹、桑樹等等。突然，我們注意到前方走來一支前導儀隊，隊員身穿紅衣、頭戴銀盔，手執長長的銀棍，他們用這些棍子從人群中開出一條路來，因爲「眾王之王」的車子就要過來了。前導儀隊後面緊跟著一支五十人的騎兵隊，再後面才是波斯王的灰色馬車，馬車由六匹配戴著銀色華麗轡飾的黑色駿馬拖曳，每輛馬車靠左的馬上都坐有一位騎士。大王的肩上披著黑色斗篷，頭上的黑帽子鑲嵌一顆碩大翡翠和飾有珠寶的軍徽；大王乘坐的馬車後緊跟著另一支騎兵隊，殿後的是一輛後補用馬車，以備大王的馬車萬一拋錨時可以立刻接替。雖然街道並未鋪石板，但馬蹄卻沒有揚起塵埃，因爲在波斯王來臨前，就已經先有騾隊馱著裝水的皮袋在街道上灑過水了。大約一分鐘光景，這支壯觀的隊伍慢慢消失在遠方的行道樹之間。

這是我第一次看到波斯王納瑟艾丁（Nasr-ed-Din）。他長得相貌堂堂，眼睛黑黑亮亮的、鷹鉤鼻，唇上蓄著濃密的黑髭鬚。當我們站在路旁凝視馬車經過時，波斯王指著我對海貝奈特醫生問道：「他是誰？」海貝奈特回答：「陛下，這是來拜訪我的鄉親。」幾年過後，我有個機會熟識這位波斯王朝的末代皇帝，因而對於這位堪稱亞洲眞正暴君的狂妄與傲慢，才有了更進一步的認識。

【注釋】

❶編案：「波斯」一辭源於「帕薩」（Persa），爲阿契美尼德人的家鄉，在今伊朗西南部的法斯省。幾個世紀以來，多數西方國家均以「波斯」名稱泛指伊朗全境。一九三五年，伊朗政府要求人民使用「伊朗」來代替「波斯」，但於一九四九年，伊朗政府即不再堅持。因此「波斯」被廣泛使用。

❷原意爲「繼承人」，後爲回教國家元首的稱號。

❸位於伊朗中西部，今名爲伊斯法罕(Isfahan)。

第三章

策馬穿越波斯

夏季就快來臨了，天氣越來越暖和，我沒有理由再拖延向南旅行的計畫，偏偏巴奇卻在這時候染上熱病，我只好單獨往南行進。於是巴奇出發返回巴庫，我自己則在沒有僕從的情況下，於四月二十七日隻身踏上旅途。

雖說如此，但騎著租來的馬匹在波斯旅行，從這一個驛站到達另一個驛站，是不可能完全形單影隻的，因爲旅人的身邊一定跟著一個馬夫，以便把租來的兩匹馬物歸原主。馬匹値兩克郎，而在驛站住宿一晚也差不多這個價格。每到一站，馬夫和馬匹都得換新。當然，旅人要是覺得體力許可，自然可以日夜趕路，兩個驛站之間的距離約莫十二到十八哩。我的馬鞍後面掛著一對囊袋裝滿所有行李，不過，我還是把六百克郎的銀幣縫在腰間的皮帶裡，一旦有不時之需，可以割破皮帶的暗袋取出銀幣，至於飲食到處都很便宜。

進入陌生之境

當我和第一個馬夫騎出德黑蘭的南城門時，映入眼簾的是個無垠無際的陌生國土。亞洲人率眞熱情的招待令我感到自在愉快，不論是騎師、馬車夫或流浪的托缽僧，每個人都是我的朋友。即使對那些馱負裝有紅西瓜、黃甜瓜的籐籃的小騾子，看著牠們被沉重的貨物壓得疲憊不堪，連頭都抬不起來，我也會感到萬分不忍。在我們的左方矗立著「拉傑茲之塔」

（Tower of Rages），這個古老的城市曾經出現在天主教聖典別集《多比傳》（*Book of Tobit*）中。在陵墓清眞寺（burial-mosque）金黃色的洋蔥型圓頂下，神聖的阿布都艾金大帝（Shah Abdul-Azim）即長眠於此；十年後，納瑟艾丁大帝就是在這裡被一個狂熱的回教神學家刺殺身亡。

空曠原野越來越荒蕪，園林庭院也越來越稀少，接著出現的是廣袤大草原，繼續走下去，看見的就只是沙漠了。我們一會兒輕蹄小跑，一會兒縱馬狂奔。途中，我們遇到一支從麥加朝聖回來的隊伍，我的同伴翻身下馬，爲了親吻朝聖者的衣角。

聖女法蒂瑪的陵墓

下一站來到庫姆（Koom）。庫姆是個聖地，因有聖女法蒂瑪（Fatima）長眠在此，前來朝聖參拜的信徒難以數計。法蒂瑪的陵墓上方建造成金黃色的圓頂，在陽光下閃耀生輝；拱頂兩旁分別聳立一座細高的尖塔。

我們一路朝南前進，經過

商業重鎭卡善（Kashan），再往下走，道路又開始拔高進入山區。離開卡善時，我沒有注意到馬夫——一個十五歲大的男孩——竟然自己騎一匹精神奕奕的馬，反而把一匹疲倦不堪的馬給了我，我發現之後，到了鄉下就把馬調換過來；他因爲趕不上我的快馬，急得都快哭出來了，央求我別丟下他先走。可是，我還是硬著心腸說：「你比我還清楚這裡的路況和地形，一定可以自己找到庫魯得（Kuhrud）站，我會在那裡等你。」

男孩說：「沒錯，可是天快黑了，我害怕一個人騎馬穿過森林！」

我回答：「你胡扯！森林一點都不危險，你只要儘快騎馬通過就對了。」

於是我逕自策馬向南前進，男孩在我身後的遠方消失了，太陽也跟著落入地平線下。暮色低垂，黑夜很快籠罩著整個大地。當路面還看得見時，我可以辨識方向，但天黑以後就必須靠馬兒領路了。我的馬走得很快，將我帶進庫魯得山區。我對這裡的地形毫無概念，不過，偶爾可以感覺到擦身而過的樹幹或枝葉，或許馬兒帶錯路了。我要是聰明的話，當初應該帶著那個識路的男孩，現在一切只有仰賴馬匹了。馬兒只是走著，在墨汁般的黑幕裡看不見任何東西，唯一可見的微光是谷地上空的閃閃星星，偶有片刻，我隱約可以見到遠處天空雷電乍放的光芒。

在暗夜中騎了約四個小時，我注意到林葉間透出一絲幽暗的光影，那應該是遊牧民族的帳棚。我將馬繫好，拉起帳幕看看裡面是否有人，一個老人出聲回應，他不高興地指責我，半夜裡打擾他和他的家人實在很不懂得體諒別人。我急忙向他保證，我別無他意，只是想打聽這條路是不是可以通往庫魯得，老人這才走出來，陪我走了一段路直到穿越樹林，指點我正確的方向後，又不發一語消失在夜色中。最後，我終於安然抵達庫魯得站。先前被我無情遺棄在荒地裡的男孩，此時站在門邊瞅著我大笑，原來他比我早到好幾個小時，正在懷疑我是不是被綁架了。我喝了茶，吃了些雞蛋、鹽和麵包之後，把鞍囊放在地上當作枕頭，很快就呼呼大睡，進入夢鄉了。

英國和印度之間的電報線路通過波斯，而庫魯得正是電報線架設的最高點（七千呎）。

繁榮的歷史古城

我們來到一座城市，越深入市區，人們的生活越繁榮、更加多采多姿，村落與園林也越形緊密。一路上，我們和驢子、馬匹、騾子所拉的小型商隊擦身而過，牲口背上均馱著水果與穀物。接著，我們進入一條大街道，這兒正是頂頂有名的伊斯巴罕，也就是阿拔斯大帝在位時的首都。

查揚迭河（Zendeh-rud）直接橫越伊斯巴罕市中心，成旋渦狀的泥河在已有三百多年歷史的宏偉橋梁下靜靜流淌著。在這個城市裡有太多的事物，足以讓遊客駐足流連，譬如舉世最大的廣場之一「邁迪恩大帝」（Maidian-i-Shah）廣場即在此；它長達兩千呎、寬七百呎；「梅斯吉大帝」（Mesjid-i-Shah）以貼陶裝飾門面，美輪美奐，令人嘆爲觀止；而「四十巨柱皇宮」（Chehel Sutun）雖然實際上只有二十根圓柱，但只要親自走一遭，你就會明白，原來是宮殿前寧靜的水池映射出的倒影效果，所以才有「四十巨柱皇宮」的名稱。

在約俄法（Yulfa）郊區，住民泰半是貧窮的亞美尼亞人。我聞得到水蜜桃、杏子、葡萄的芳香。在那石牆後面是規模龐大的市場，不時傳來震耳欲聾的喧鬧聲，原來是驢馬商隊想要穿過擁擠的人群；還有商人扯開嗓門叫賣的聲音，間或夾雜著銅匠錘打鍋鼎的鏗鏘聲。

佇立城南的高地上往下望，開展於眼前的確是一幅明媚風光。我坐在馬鞍上回首來時路，觸目所及盡是綠意盎然的花園，以及繁密毗連的房舍。清眞寺的洋蔥型圓頂和尖塔在一片翠綠中挑高鼎立，在陽光下閃耀著璀燦的光輝。

我再次騎馬進入荒原，不時可見躲在土地裡的紅蜘蛛與或灰或綠的蜥蜴，還有游牧民族趕著羊群吃草。通過這片曠野，我順著漸次攀高的路徑到達帕薩爾加德遺跡（Pasargadae）❶登上一座很高的階梯，在一間大理石砌建的小屋裡享受短暫的停留。這座波斯古城雖然已歷經兩千五百年歲月的刻蝕，卻依舊屹立不搖。

波斯人稱這座古代遺跡爲「所羅門之母」（Mader-i-Suleiman），他們相信在階梯頂端一個十呎長、七呎寬的墓室裡，安息的正是這位偉大的女子。不過，歐洲人則稱它爲「居魯士之墓」（Tomb of Cyrus）。傳說這裡躺著古波斯的居魯士大帝，他被葬在鍍金的石棺裡，陵寢的牆上懸掛巴比倫產的昂貴帳幔；此外，陪葬的還有居魯士大帝的長劍、盾牌、弓箭、項鍊、耳環、皇袍——不過，這些傳說的眞實性實在令人懷疑。

我記得居魯士曾經十分自豪地說：「我父親統治下的領土南起酷熱不適人居的荒漠，北止冰天凍地的極區，而處於南北之間的全是他的臣民。」

親炙古蹟遺風

越過崇山峻嶺，地勢豁然開展，我們來到了美爾達許（Merdasht）平原。我們馬不停蹄，爲的是去造訪歷史悠久、甚至更壯觀的古代遺跡——珀瑟波利斯（Persepolis）廢墟；它曾是亞契美尼德王朝（Achaemenids）❷歷代首都，也是波斯保存的古蹟裡最瑰麗的遺寶。古城周遭幾乎是寸草不生的窮鄉僻壤，焦黃的泥土因爲熱氣而龜裂，極目展望，看不出任何生機。我要馬夫帶著馬匹先回驛站，這一整天，我打算獨自待在古城裡。

有一條雙邊築有欄杆、寬度可容納十個騎士並肩騎上它低矮的大理石階梯，通到一座寬廣的平台。大流士一世❸所建造的皇宮基牆至今還保留著；而薛西斯國王（Xerxes）❹於兩千四百年前建立的宮殿，採用三十六根圓柱支撐屋梁，如今仍然有十三根頂著。未能親自造

伊斯巴罕的皇家清真寺

訪這個古都的讀者，可以藉《舊約全書》裡的〈以斯帖記〉（Book of Esther）第一章第六節對埃蘭古國（Elam）❺首都蘇薩（Susa）的描述，神遊一下這座宮殿。《以斯帖記》對蘇薩城裡阿哈蘇魯斯（Ahasuerus）皇宮的描寫如下：「牆上懸掛白、綠、藍色的帳幔，並以細麻布和紫色布料綁在銀環和大理石柱上；金銀鑲嵌的床座底下鋪砌紅、藍、白、黑各色大理石。」

然而，這富麗堂皇的光景卻在西元前三百三十一年遭受祝融的摧毀。當時，馬其頓的亞歷山大（Alexander）大帝征服了波斯的亞契美尼德王朝，喝得爛醉如泥的亞歷山大大帝下令放火燒了皇宮，珀瑟波利斯城因而化爲一堆灰燼。

我們繼續朝南前進。走在一條狹窄的山徑上俯瞰下面的平原，但見夕拉茲（Shiraz）城靜謐地躺在平原上，那景象叫人永難忘懷。當地人稱這條山徑爲「唐–易–阿拉・阿克巴」（Tang-i-Allah Akbar），緣起於波斯人首次踏上這條山徑遠眺夕拉茲時，驚喜之餘不禁高呼：「阿拉・阿克巴！」（偉哉阿拉！）

夕拉茲以醇酒、美女、歌謠和妍麗的玫瑰花而聞名，站在山腰上就可以聞到釀好的醇酒醉人的芳香，空氣裡則溢滿濃郁的花香；我們也看到著名詩人墓前種植高聳的柏樹，其中最有名的是波斯最偉大的兩位詩人，一個是《玫瑰花園》（*Gulistan*）作者薩迪（Sadi，生於一一七六年），另一個是《詩集》（*The Divan*）作者哈菲茲（Hafiz，生於一三一八年）。哈菲茲甚至為自己寫了墓誌銘：「噢！愛人，當我死去時，請帶著美酒與歌聲來墓前探望我，聆聽你愉悅的歌聲和甜美的樂曲，將使我從死亡的沉睡中甦醒。」帖木兒（Timerlane）曾經在他所領導的一次戰役中，特地到夕拉茲拜訪哈菲茲，並對他的詩作極為推崇。

回教的托缽僧分為許多層級，每一層級的領導人稱為「裨爾」（pir）。他們各自擁有不同的風俗與規則，有些托缽僧嘴裡不斷嚷著：「阿拉汗！」（噢，阿拉！）有的則呼叫：「阿拉公正無私，祂就是眞理！」還有一些律己更加嚴苛的托缽僧不斷拿鐵鍊鞭笞自己的肩膀。儘管如此，他們都有個共通點：他們永遠都是一手拿著手杖，另一手捧著半個椰子殼接受布施。

詩人的城市

一八六三年，有位名叫費格貴蘭（Fagergren）的瑞典醫生選擇夕拉茲住了下來，在這個玫瑰與詩人的城市裡度過三十年的歲月，最後長眠於當地基督教教會的墓園裡。據說在費格貴蘭生前，有一天，有個托缽僧前來叩門，費格貴蘭開門丟了一個銅板給他，孰料托缽僧卻不屑地表示，他的目的並非化緣，而是要點化費格貴蘭這個異教徒，希望他改信伊斯蘭教。費格貴蘭要求他：「那麼你先得向我證明你的神力。」托缽僧回答：「好，你可以指定任何

蓋在孤岩頂的葉斯狄卡斯特

語言，我都能夠通曉。」於是費格貴蘭改用瑞典話說：「既然你這麼說，就講幾句瑞典話讓我聽聽吧！」托缽僧立即揚高音調，順暢如流地詠誦幾段瑞典詩人泰尼爾（Esaias Tegnér's）的著名史詩〈弗瑞提歐夫英雄傳〉（Frithiof's Saga）。費格貴蘭醫生聽得目瞪口呆，驚訝不已，他簡直不敢相信自己的耳朵。這時托缽僧認爲已經整夠了醫生，才除去僞裝的衣物，原來他是布達佩斯大學（University of Budapest）東方語言學教授凡貝利（Arminius Vambery），日後名揚全世界。

我倒是沒有任何僞裝來到了夕拉茲，與一位和藹親切的法國人法爾桂（M. Fargues）共處一段時間。一八六六年，年輕的法爾桂原本在法國擔任軍官，他請了六個月長假，前往夕拉茲作一次小旅遊，但是當我於一八八六年抵達該地時，他依舊「樂不思歸」。四年後，我又在德黑蘭與他相遇，他可說是全心全意迷戀著波斯了。

從裏海一路往南的旅程中，以夕拉茲到波斯灣這一段最爲艱辛，這條路徑必須穿越法夕斯坦山脈（Farsistan Mountains），山路非常陡峭，而且驚險萬狀。我們騎著馬翻山涉谷，四周盡是被太陽烤燙、斑駁碎裂的奇岩怪石；沿途經過三條山徑，分別稱為：「白馬鞍」（Sin-i-sefeid）、「老婦人」(Pri-i-san)和「女兒山徑」(Kotel-i-dukhter)。有一回，我騎的馬不小心踩了一個空，人連同馬滾落山崖，所幸我及時從馬鞍上脫身，才沒有被甩離路面。

天氣熱得令人感到窒悶煩躁。山勢越來越平緩，慢慢地終於與平坦的海岸沙地連成一氣。有一個晚上，我又甩開跟班的馬夫（這次是個老人）獨自行動，這個地區不太安寧，經常有搶匪和歹徒虎視眈眈地等候獵物，幸好一切平安無事。在黎明曙光出現的瞬間，有一道亮晃晃的白光從我眼前劃過，彷彿一把銳利的劍刃。幾個小時之後，我策馬進入布什爾港（Bushire）；這一趟旅程我花了二十九天，走了九百哩路，正好橫越波斯大帝遼闊的江山。

【注釋】

❶西元前五四六年，為波斯王居魯士大帝所創建的首都，他死後陵墓也建在此地。

❷波斯的第一代王朝，由西元前七世紀初期的統治者亞契美尼斯建立。

❸西元前五四八～五六八，亞契美尼德王朝最偉大的君主。

❹西元前五一九～四六五，大流士一世之子。

❺位於今之伊朗西南部，爲西元前十三世紀極爲強盛的國家。

第四章

穿過美索不達米亞到巴格達

布什爾可能是我旅遊過的亞洲城市裡最令人厭惡的地方！這對必須住在那裡和在那裡工作的人，簡直是很大的一項懲罰。布什爾是個極度缺乏綠意的城市，充其量只不過有兩、三棵棕櫚樹；房子清一色是兩層樓的白色建築，巷弄的寬度窄得不能再窄了，為的是讓兩旁的房子製造可乘涼的陰影。這裡終年陽光曝曬，尤其到了夏天更是炎熱得難以忍受；有一次，我發現戶外陰影下的溫度竟高達攝氏四十三．三度，聽說最熱時還高到攝氏四十五度。布什爾最後一個令人厭惡的原因是，由於經年強烈陽光照射，導致溫暖、鹹度高的波斯灣，就像一片毫無生機的水沙漠。

我和幾個友善的歐洲人住在一起，這裡的床鋪四周都用蚊帳圍著，而且床鋪設在屋頂上，即便如此，每天我還是趁著太陽露臉之前趕回樓下的陰涼處，避免被太陽曬出疼痛難堪的白水泡。

這天來了一艘英國籍的汽船「亞述號」（Assyria），船停泊在布什爾寬闊的外港，為了節省急遽縮水的荷包，我訂的船位是在沒有遮蔽的甲板上。這艘汽船載運貨物和乘客往來於孟買和巴斯拉（Basra）❶之間。乘客蜂擁著上船，大部分是東方人，包括印度人、波斯人和阿拉伯人。這趟橫渡波斯灣的旅途並不長，甚至用肉眼就可以看到欲抵達的陸地；當我們靠近壯闊的沙塔阿拉伯河（Shat-el-Arab）河口時，船的速度漸漸放慢，駕駛員小心翼翼地駛著汽船在危險的泥岸之間行進；這裡的泥岸因遭水沖積形成一塊三角洲。沙塔阿拉伯河的上游是由底格里斯河和幼發拉底河兩大河匯流而成，河水夾帶大量的泥沙，在波斯灣淤積成一片三角洲，每年朝海裡伸展出一百七十五呎寬的新生地。

我們搭汽船順河而上。低矮的河岸上棕櫚樹叢生，居民在河岸兩旁搭蓋茅草屋和黑帳棚，豢養牛羊群；長著彎角的灰色水牛在爛泥中打滾。亞述號終於駛抵巴斯拉城外，大約有三十艘小船乘風破浪划近亞述號，因而濺起片片水花；這些小船主要用來運載乘客和貨物。外港河水很深，阿拉伯船夫划著五顏六色的寬槳，到了內港淺水處，他們便跳上船尾，用細長的竹篙撐船前進。

歐洲國家的領事館、商會和貨棧都設在河岸邊，我反正無事可做，便雇了一艘小木船，獨自沿著一條蜿蜒曲折的小溪往上划，穿過一片蓊鬱蔥蘢的棗椰林。叢林濃密蔽日，既潮濕又悶熱，透不進一絲絲稍可紓緩的微風，不過，空氣中卻散發出棗椰樹濃郁的芳香。有位波斯詩人曾指出，這裡有七十種不同品種的棗椰樹，用途卻高達三百六十三種。棗椰樹以有「伊斯蘭的福樹」（Islam's blessed tree）之稱而聞名，因爲它可口的果實是本地廣大人口的主要營養來源。

阿拉伯人所建的巴斯拉港曾於一六六八年被土耳其人征服，這裡的房子泰半是兩層樓有陽台的建築。婦女們透過格子窗觀望屋外狹窄街道上的景致。設有露天陽台的咖啡館，時常有土耳其人、阿拉伯人、波斯人，以及其他地區的東方人到這裡喝茶、咖啡，或抽抽煙。巴斯拉是個非常髒亂的城市，熱病肆虐，而豺狼和鬣狗是此地主要的「清道夫」，牠們在夜裡溜出沙漠的洞穴，潛入城市覓食，把街道上腐敗的垃圾和屍體清除乾淨。

離開巴斯拉前往巴格達

五月的最後一天，明輪船「美吉迪埃號」（Mejidieh）駛離巴斯拉，前往巴格達。我訂了上層的艙位。船上的高階船員都是英國人，至於工作人員則屬土耳其人；船上乘客除了我是白人之外，其他都是東方人面孔。站在船橋上，可見旅客集聚前甲板盡情享受悠閒的日子：阿拉伯商人正在玩雙陸棋，波斯人抽著煙斗，一邊吹著茶爐下的炭火，而他們的歲月就在縹緲裊繞的煙霧中悄悄流逝。從船橋上往下望，正對著一間女眷的內室，裡面有臨時懸掛起來的藍色帷帳，年輕的婦女們依著靠枕席坐在羽毛床上打發時間；她們邊吃零食，邊抽煙，或是喝茶。船上還有一位托缽僧，此刻正向一群圍著他而坐的男孩高聲講述寓言故事，講完之後，便托著椰子殼向乘客化緣乞食。

被稱爲天堂之河的底格里斯河和幼發拉底河在廓爾納（Korna）交會。根據阿拉伯人的說法，天地初始，伊甸園即位居兩大河之間的半島上，他們甚至能爲你指出「智慧樹」（Tree of Knowledge of Good and Evil）❷長在哪裡；另有一些阿拉伯人說，幼發拉底河是名男子，底格里斯河則是位女子，兩人選擇在廓爾納結婚。就地形上來看這兩條河流的形狀，很難不令人聯想到像是一對牛角；事實上，廓爾納這地名聽起來就像是拉丁文裡的「角」（cornu）。

幼發拉底河爲西亞最大的河流，約有一千六百六十五哩長，發源自亞美尼亞境內的高地，距離亞拉拉特山（Ararat Mountains）不遠，與較短的底格里斯河會合，形成了美索不達米亞平原，原意是「河間之地」（El-Yezireh），或爲阿拉伯人所暱稱的「島」。美索不達米亞平原上的每一寸土地，無不令人遙想起幾千年前，正值強盛的兩大強權帝國亞述和巴比倫在這裡掀起的世界大戰。古巴比倫帝國極爲繁榮興盛，狂妄傲慢的百姓便在巴比倫城建造一座巴別塔（Tower of Babel），欲與天齊高，因而激怒了上帝而降臨災禍。至今我們還可以在底格里斯河畔發現古城尼尼微（Nineveh）的廢墟殘跡——它曾是辛納赫里布（Sennacherib）、以撒哈頓（Esarhaddon）、薩丹納帕路斯（Sardanapalus）等亞述帝王時的首邑。

離開了幼發拉底河河口，汽船緩緩沿著彎彎曲曲的底格里斯河上游行駛。亞美尼亞高原和托魯斯山（Taurus Mountains）融化的雪水，匯聚成流順河而下，淹沒了底格里斯河河岸，因此，我們需要四天的時間才能抵達巴格達。河道有些部分水淺，再加上渾濁如豌豆濃湯的河水下沙岸變幻莫測，導致汽船經常擱淺，這時必須設法排出底艙裡的水，讓貨物與人員都先下船，以便使船身再浮起來，結果整段航程足足花了七天才結束。如果是從巴格達乘汽船順流而下，到巴斯拉只需要四十二個小時。

我們在以斯拉之墓（Tomb of Ezra）❸停泊上岸，河面上映照出棕櫚樹的款款丰姿，活潑的猶太男孩划著小船來接運貨物和乘客。岸上，半開化的游牧民族蒙帖菲克（Montefik）和阿布穆罕默德（Abu Mohammed）族人在此放牧牲口，他們手裡拿著長矛，頭戴馬鬃圈環好固定白面紗，不致被風吹得胡亂翻飛。

底格里斯河畔的以斯拉之墓

沙洲古城

迎著風的帆船以輕快的速度朝上游飛馳前進，白色的船帆被微風吹得鼓了起來。遙望遠方，庫德斯坦藍色的山巒盡收眼底，一群水牛正在游水渡河，趕牛的牧人用長矛試圖使牛群排列成行。在燃燒過的乾旱草原上，到處搭蓋黑色帳棚，熊熊的營火穿透黑暗的夜色晃著亮光。

太陽還沒有升起，大地已開始熱氣蒸騰，令人感到窒悶。夜裡，大夥兒被蚊子折騰得很慘，到了白天，成群如雲的蝗蟲漫天飛舞。一大批蝗蟲飛掠過河，有的停在船上，或鑽或爬，無所不在；連我們的衣服、手和臉都難逃騷擾，逼得大家只好關緊艙房的門窗，避免晚上有牠們「作伴」。有些蝗蟲撲上熱煙囪，羽翅燒毀紛紛跌落地面，不久，地上竟疊起一堆越來越高的蝗蟲殘骸。

在庫特阿瑪拉（Kut-el-Amara），有一批貨物上船，裡頭裝的都是羊毛。突然，船停了下來，原來是船在沙岸上擱淺了。船員再次把底艙的水排出，加上有流速二・五哩的水流推波助瀾，我們終於得以脫身。更往上游一些，河流劃出一條長長的彎道，我們花了兩個小時又四十分鐘才繞出彎道。如果是用徒步橫越彎道所包圍的沙洲，卻只需半個小時就能走到另一端。在這塊突出於河道的沙洲上，靜靜躺著泰西封城（Ctesiphon），這個城市相繼被帕提亞王朝（Parthian）❹、羅馬帝國、薩珊王朝（Sassanid）❺、阿拉伯人所統治過。除了泰西封古城，這裡還有一座美麗的城堡遺跡塔克凱斯拉（Tak-Kesra），或稱爲「郭斯魯之弓」（Khosru's Bow），是薩珊王朝的郭斯魯國王（Khosru Nushirvan，531-578）當年的建樹。

我想上岸走一走，美吉迪埃號的船長不反對，還派遣四個阿拉伯人爲我划小船，其中兩位陪我走到沙洲。沙洲上散列的彩陶碎片被我們踩得喀嗤作響，我在「郭斯魯之弓」城堡逗留了一個小時，將眼前的景致畫進我的素描簿。這裡曾經是泰西封城牆聳立之處，如今卻已被沙漠所吞噬。而當年的御花園至今仍是瑰麗繽紛，不過，在綠意盎然的中央地帶，居然有一塊地方只有叢生的雜草與野薊。

有個羅馬教皇特使對此深感迷惑，於是向國王請教緣由。國王的回答是，這塊荒蕪的園地爲一位窮寡婦所有，可惜她並不想出售。在這位羅馬教廷使節的心目中，這片野草遍生的土地卻是整座御花園裡最美麗的一個角落。

西元六三七年，葉茲狄格三世（Yezdigerd III）❻向大舉來犯的阿拉伯軍隊投降，在求和的談判過程中，葉茲狄格三世感慨地說：「我見識過許多民族，還沒有見過像你們這麼貧窮的；你們以蛇鼠爲食，以羊駝皮爲衣，怎麼可能征服我的國家呢？」阿拉伯使節回答他：「您說的沒錯，我們確實衣食匱乏，可是眞神賜予我們先知穆罕默德，他的宗教就是我們的力量。」

巴格達的廬山眞面目

我們慢慢接近巴格達了！眼前荒涼的景觀被濃厚的煙塵所遮蔽，我在腦海裡幻想《一千零一夜》的故事，阿拔斯王朝（Abbasid）的哈里發以巴格達爲首都，不知道要用多少的財富和氣派，才能堆砌出這個名氣響徹整個東方世界的城市。但是濃霧逐漸消散，我看到的僅僅是普普通通的土造房屋和棕櫚樹，剛才浮現腦海的美麗幻想霎時破滅。一座看似弱不禁風的浮橋橫跨底格里斯河，馬匹拉著水輪車將河水汲取上岸，用來灌溉田地。在河的右岸則有一座陵墓，叫作「柔貝依妲之墓」（Tomb of Zobeide），她是巴格達的拉什葉德哈里發最寵愛的妻子。美吉迪埃號在海關辦公大樓外下了錨，一大群像貝殼般的小船蜂擁而上，圍住美吉迪埃號，然後把所有旅客接到岸上。根據希臘史學家希羅多德（Herodotus）的描述，這種小船叫「古發」（guffas），既無船頭也無船尾，看起來倒像是一面盾牌。

巴格達爲權威蓋世的哈里發曼蘇爾（Abu Jaffar Abdallah al-Mansur）❼於西元七六二年所創建，當時，他爲這個首都取名爲「達瑞賽倫」（Dar-es-Selam），有「和平之居」的意思。截至他的孫子拉什葉德在位期間，在這位號稱「公正之君」的治理下，巴格達的繁榮興盛臻至巔峰。一二五八年，蒙古的旭烈兀率軍大肆掠奪巴格達，之後放火燒城；不過到了一三二七年，阿拉伯的伊本－拔圖塔（Ibn Batuta）初次到巴格達時，仍然爲這個城市的雄偉與壯麗驚嘆不已。然而就在一四〇一年，令人聞風喪膽的帖木兒兵臨巴格達城下，除了清眞寺之外，沒有一件東西得以倖免——不是被摧毀，就是遭受劫掠，他甚至下令用七萬顆人頭堆了一座金字塔。

自此之後，巴格達在哈里發全盛期的風華已經漸形褪色，如今，這個擁有二十萬居民的古城，留下的只有一座供商旅客宿的大旅館、一扇城門、柔貝依妲之墓，和一棟高聳於群屋之間的蘇克阿迦爾尖塔（Suk-ei-Gazl）。這裡的街道雖然狹窄，卻優雅如畫；我被人群推擁著前進，四周盡是穿著華麗長袍的阿拉伯人、貝都因人（Bedouins）❽、土耳其人、波斯人、印度人、猶太人與亞美尼亞人。在熱鬧喧囂的市集上，各式各樣色彩奪目的地毯、絲綢、壁氈、印花織錦，令人目不暇給；這些東西多半由印度進口。

巴格達的房子都是兩層樓高，設有陽台；並闢建地下室，炎炎夏日時可供人們避暑。室內的天花板垂吊著風扇，不時有童僕去拉動風扇的繩子，作用是搧涼和通風。屋外種植的棕櫚樹高過平坦的屋頂，夏風習習吹拂，在棕櫚樹的枝葉間逗弄著，發出陣陣的低吟聲。

【注釋】

❶ 位於波斯灣西北角，也是今天伊拉克境內底格里斯河的出海口。

❷《舊約聖經》中所記載亞當和夏娃偷食禁果的那棵樹。

❸ 以斯拉是西元前五至四世紀時，巴比倫希伯來的宗教領袖。

❹西元前三世紀建於幼發拉底河流域的王國，在中國史籍稱之爲「安息」。

❺波斯強國，於西元二二四年推翻帕提亞王朝。

❻薩珊王朝的最後一個君主。

❼七一四～七七五，阿拔斯王朝的第二任哈里發。

❽住在阿拉伯半島、敘利亞和北非沙漠中的阿拉伯游牧民族。

第五章

波斯冒險之旅

到了巴格達，我前往英國商人奚爾本（Hilpern）的家裡拜訪，他與夫人十分熱情地款待我。我在他們府上叨擾了三天。在巴格達這段時日，我每天城裡城外東逛西晃，划著「古發」小船遊河，回到奚爾本先生的家裡，又享受著如帝王般的美食佳餚。

我想，奚爾本先生大概會認爲我是個行事莽撞的年輕人，因爲我單槍匹馬來到巴格達，接著竟然又打算不帶任何隨從，騎馬穿越沙漠，以及隨時都有可能發生危險的庫德斯坦、波斯西部，然後回到德黑蘭。我實在很難啓齒向他解釋，這麼做其實是因爲我皮帶裡的錢只剩下不到一百五十克郎了。我決定寧可受雇當騾夫，完成這趟荒遠的路程，也絕不洩露自己阮囊羞澀的處境。

奚爾本陪我到市集邊的一間大客棧，院子裡剛好有幾名男子正在打包貨物，準備裝上鞍袋。我們向他們打聽要往何處去，他們回答要去「克曼沙」（Kermanshah）。

「上那兒要花幾天時間？」

「十一天或十二天吧。」

「你們商隊有多少人？」

「有五十隻騾子和貨物。隊上共十個商人，他們騎馬；另外，還有幾個從麥加回來的朝聖客、六個從卡巴拉（Kerbela）❶返回的朝聖徒，以及一個迦勒底（Chaldean）商人。」

「我能加入你們的商隊嗎？」我問道。

「好啊，只要你肯出個好價錢。」

「雇匹馬到克曼沙要多少錢？」

「五十克郎。」

奚爾本先生建議我接受這個價錢。於是，我待在奚爾本先生家裡等候六月七日晚上商隊來通知我何時出發。到了指定的時間，兩個阿拉伯人出現了，我把波斯馬鞍安置在雇來的馬背上，向好心的奚爾本先生和他夫人告辭後，便躍身上馬，隨著前來的阿拉伯人穿過巴格達市，來到市郊的商隊客棧。

加入商旅隊

此時正值回教的齋戒月，教徒在日落之前一律不能進食、飲水、抽菸，不過等到太陽一下山，回教徒就開始大開「吃」戒，藉以彌補白天禁食的缺憾。之後男人都聚集在市集的露天咖啡座上，依照宗教儀節進用晚餐。我們行走的路徑正好橫越波斯王國的領土，商隊旅人所吸的水煙斗飄盪著縷縷輕煙，縈繞於狹隘的山道中彷彿籠上一層薄霧，因而，油燈所發出的依稀亮光必須奮力不懈才能突破暗夜之幕。

直到凌晨兩點，騾子才再度馱負貨物，拉長的商旅隊伍浩浩蕩蕩繼續展開旅程。沿路果樹、園林越來越稀少，圍繞在我們四周的只有寂靜、黑夜和沙漠，還有帶路的騾子頸上銅鈴的叮噹聲。在黎明來臨前，偶爾可見道路兩旁若隱若現的陰影在探頭探腦，牠們是利用夜間外出獵物的豺狼和鬣狗，忙了一夜正要回到自己的巢穴。

清晨四點半，太陽已經高掛在沙漠上空。我們又走了四個小時的路程，來到班尼薩伊德（Ben-I-Said）客棧打尖休息；貨物從騾子身上卸除下來，趕路的人也利用一天裡最熱的這段時間躺下打個盹。

當我們的隊伍走到迪雅拉河（Diyala Rivwr）畔的小城巴庫巴（Bakuba）時，一隊戍守邊界的士兵突然將我團團圍住，他們說我的瑞典護照上並沒有入境簽證，所以不可以越過土耳其和波斯的邊界。眼見士兵試圖強行拿走我單薄的行囊，我像一頭猛獅般奮勇抵抗，接下來便是一場混戰。與我同行的阿拉伯夥伴們都為我撐腰，最後我們一起去見總督，總督批准了我的入境文件，代價是費用六克郎。

正在啃食駱駝屍體的豺狼

隔天夜裡，我騎在馬上拚命想甩掉瞌睡蟲，可是效果不大。騎了很長一段路，坐在馬鞍上的我竟然昏沉沉睡著了。有一次，馬兒看到路旁躺著一隻死去的駱駝，驚嚇之餘往後退縮，硬是不肯前進；我還不清楚到底發生什麼事時，人已經被摔落地上了。飽受驚嚇的馬匹在夜色裡狂奔而去，幸好被兩個阿拉伯人給及時抓住，這會兒，我整個人才眞正清醒過來。

六月九日晚上，先前落後的一位阿拉伯老頭趕上了我們的商隊，他騎著一匹純種阿拉伯馬。剛剛我才決定不再和商隊一起旅行，因爲一想到在往克曼沙的一百八十哩路程都得在伸手不見五指的黑夜裡趕路，就覺得意興闌珊。既然自己沒有能耐隻身完成這趟旅程，於是，我小心翼翼地同那位迦勒底商人和新加入的阿拉伯老頭攀談起來。迦勒底商人強烈說服我打消念頭，他說我們要是脫隊落了單，可能會被庫德族強盜攻擊和殺害；至於阿拉伯老頭倒是不害怕，可是卻以他的駿馬爲理由，向我開價每天二十五克郎，雖然我已經支付了全程旅費。我心想，跟著老頭走，只要四天就能抵達克曼沙，跟著商隊走則得再花九個晚上，這麼一來，我的錢包就眞的是空空如也了！不過，我打定主意走一步算一步，畢竟當下我還不會有餓死的危機。也許到了克曼沙，我可以在商隊覓個趕騾子的活兒，或者也可以學托缽僧沿路乞討啊！

快馬加鞭往克曼沙

不料，我的計畫被另一個阿拉伯人偷聽到，他向同伴洩露了我的秘密，結果商隊隊員堅決反對我們離開。他們反對倒不是因爲我們見異思遷，而是不願損失我座下的那匹馬。我佯裝順從商隊的意思，若無其事地繼續晚上的行程。月亮緩緩升起，時間的腳步也跟著移動，在單調的銅鈴聲中，疲憊不堪的商人一個個坐在自己的馬上，酣然進入夢鄉。起先還有幾個商人引吭高歌，希望藉此驅走睡意，但很快地，歌聲倏然靜了下來。似乎沒有人注意到，一路上我都和阿拉伯老頭並肩騎著馬，老頭被我亮閃閃的銀幣所引誘，決定背叛自己的同伴。我們慢慢地、不動聲色地騎到商隊前方，等到月亮落下，天色整個暗了下來，我們便一點一點地拉遠跟商隊的距離；銅鈴聲掩護了我們的馬蹄聲。我們逐漸加快速度，身後商隊的銅鈴聲越來越微弱，最後終至完全聽不到了；我用力夾緊馬的腹脅，與我的同伴飛馳直奔克曼沙。

太陽升起之後，我們停留在一個小村落稍作休息。嘴裡叼著青蛙的白鸛正要回巢，一晃眼的時間，我們又得準備上路了！忽然，天空下起一陣傾盆大雨，我們全身濕透，而腳下的大地也同樣得到雨水的滋潤。最後的棕櫚樹遠遠地被我們拋到身後，眼前我們已經來到危險山區，也就是盜匪橫行的地帶；我把隨身攜帶的左輪手槍先上好膛，不過，沿路只看到親切溫和的騎士、行人和商隊。

我們遇到一群騎騾子的朝聖客，他們正要前往巴格達、大馬士革和麥加朝拜。對這些人而言，他們一生最大的願望就是站在阿拉法特山（Mt. Arafat）頂上，向下俯瞰聖城，再到克爾白（Kaaba）❷面向神聖的黑石祝禱，之後，他們即可獲得「哈吉」（Hadji）的光榮頭銜，意思就是去過麥加朝聖的信徒。

在一個被認爲是特別危險的地區，我們加入一支與我們同方向的商旅隊，其中有一小段路，甚至有一隊波斯軍人隨行；他們身穿藍白相間的斗篷，皮帶上裝飾銀色的刺繡圖案。在表演各種精彩馬術之後，這些軍人向我討賞，說是當作救我一命的報酬；他們宣稱要不是有他們同行，我必然已經落入搶匪的手裡。我沒有錢可以給他們，只得指天發誓從來沒要求他們保護，藉此挽回顏面。

六月十三日，我們終於抵達克曼沙。當我們騎馬穿過熙攘嘈雜的市集時，必須使勁推開擋路的騾子、托缽僧、商隊、馬夫和忙著叫賣的商人。

到了商旅客棧的庭院，陪我來的阿拉伯老頭翻身下馬，我也跟著他下馬。我付給他一百克郎的租馬費，身上還剩下一些銀幣，可是老頭並不滿意，堅持我應該再多給他一些小費，因爲這趟旅程十分愉快而且順利（他說的確實有道理），所以我只好又花了點錢。如今，我身上只留下一個小銅板，價值約十五分錢；我用它買了兩粒雞蛋、一塊麵包和兩三杯茶當晚餐，然後向老頭辭別，把行李甩在肩上，獨個兒走進城裡。

絕處逢生

克曼沙城連一個歐洲人都沒有，我身上也沒有任何的介紹信，可拿來向回教徒自我引薦；即使身在沙漠中，我也未曾有過像此刻的孤單無援。我靠著一堵坍塌的土牆坐下來思考，一邊看著來來往往的人群；熙來攘往的行人看我的眼光，好像我是一頭野獸，他們慢慢往我身邊圍攏過來，而且議論紛紛。看來湧擠的人群中沒有一個比我還窮的。我到底該怎麼辦？再過幾個小時就天黑了，今晚要到哪裡落腳才不會被豺狼攻擊？群眾的心腸是冷酷無情的，誰會在乎一個信仰基督的異教狗呢？

「看來我得把馬鞍和毯子給賣了。」我心裡想。

就在靈光乍現的那刻，我記起一個曾在布什爾和巴格達耳聞過的阿拉伯富商哈珊（Aga Mohammed Hassan），他的商隊遍布整個西亞，東起赫拉特（Herat）、西至耶路撒冷，北從撒馬爾罕（Samarkand）、南至麥加。不僅如此，哈珊在波斯西部還有一個綽號是「大英帝國的掮客」（wakilet-dovlet-i-Inglis）；他，正是我要找的人！要是他不肯收留我，我只好去商旅客棧，想辦法在商隊裡謀個差事。

我站起身來，向一位面貌和善的男子打聽他是否知道哈珊的住處，他回答：「噢，我曉得。你跟我來。」我們很快就在一扇門前停下腳步，我敲敲門上一塊附有鐵環的牌子，門房把門打開；我向他表明來意後，他領我穿過一座花園，來到皇宮一般富麗堂皇的屋子。門房留下我逕自走上階梯，不久，他走了回來，告訴我富商願意接見我。

我被帶領穿過一間間豪華氣派的房間，每個房間都鋪上波斯地毯、喀什米爾的壁飾與紡織品，並且擺置長沙發和青銅器具。走到最裡頭便是哈珊的書房，他坐在一張地毯上，身旁散布一堆堆文件與書信；兩位秘書振筆疾書，記下哈珊口述的指示。另外還有幾個訪客靠牆站著。

上了年紀的哈珊蓄著一撮濃密斑白的鬍子，外表慈祥而尊貴，戴著一副眼鏡，頭上纏繞白色頭巾，身穿一襲鑲金線的白絲綢外衣。而我身上穿著的是僅有的破衣衫，足蹬一雙沾滿灰塵的長統靴。當我一腳踩在哈珊房裡柔軟的地毯上，哈珊起身表示歡迎，並伸出手來邀我坐下，垂詢我的旅程與計畫。對於我所有的回答，他一概點頭表示了解，唯一不明白的是瑞典這個國家及它的地理位置，我詳盡地向他說明，告訴他瑞典位於英國和俄國之間。

他思索了一會兒，似有所解地問我是不是來自「鐵頭」（Temirbash）當國王的那個國家？「鐵頭」是當時瑞典國王查理十二世（Charles XII）享譽東方的稱號。

我回答：「沒錯，我就是從『鐵頭』當國王的那個國家來的。」

哈珊一聽我這麼說，臉上立刻綻放出光芒。只見他低下頭，彷彿在向一段偉大的回憶致敬。然後對我說：「請你務必要留在我家裡作客，至少住上六個月；請把我所有的東西都當作是你自己的，一切但憑閣下吩咐。現在請原諒我必須回到工作上，不過，僕從會帶你去花園裡另一棟房子，我希望你把那裡當作自己的家。」

受到王子般的禮遇

於是，我隨艾芬笛（Khadik Effendi）與米薩克（Mirza Misak）來到附近一棟波斯風味的優美房子；房間布置精巧，地上鋪著舒適的地毯，還擺設黑色的絲緞長椅墊，天花板上的水晶吊燈閃爍耀眼。我大大鬆了一口氣，幾乎忍不住想要擁抱一下那兩位被哈珊指派來服侍我的僕人！想想半個小時以前，我還風塵僕僕、衣衫襤褸地站在大街上，被另一群比我好不到那兒去的人所圍觀。現在，阿拉丁神燈就在我眼前燃出熠熠光輝，命運的神奇力量把我變成了《一千零一夜》裡的王子。

受到阿拉伯富商哈珊的熱忱款待

正當我和隨從閒聊之際，幾個僕役像幽靈似的悄悄走進房裡，在地毯上鋪了一塊薄布，開始擺上晚餐。我一定要好好享用這頓佳餚美食。擺在眼前的晚餐有切成小塊的燒烤羊肉，幾只碗裡裝滿了雞肉、米飯、乳酪、麵包和椰棗汁，最後上來的是土耳其咖啡和波斯水煙斗。

等我好不容易想就寢時，發現床已經鋪好在花園裡了。那是一席靠著大理石牆的長椅墊，旁邊有個大理石噴泉。水池裡金魚悠游自在，噴泉向上噴湧而出的水注清澈如水晶、纖細如髮絲；水花在月光下躍動，亮閃閃勝似白銀。空氣中瀰漫著夏天的氛圍，摻雜著叢密嬌豔的玫瑰和紫丁香所散發的迷人香味，這片優雅美景較之髒亂的商旅客棧簡直是天壤之別！我感覺自己彷彿置身童話故事裡，或者是一場夢。

夜色固然甜美，我還是渴望清晨儘快到來，因爲我很想試試哈珊的駿馬。我等到覺得不致於太早打擾到僕役時，便即刻召來一個僕人，不消多久，幾匹已經上好馬鞍的馬兒早等候在門外了。在米薩克和一個馬夫的陪伴下，我們騎馬來到薩珊王朝歷代國王的避暑巖洞——塔吉玻斯丹（Tak-i-Bostan）。在巖洞壁上，我看到多位國王的浮雕肖像，涵蓋從西元三八〇年開始的歷代統治者；例如身穿盔甲、手執長矛、跨騎剽悍戰馬的「勝利者」郭斯魯二世（Khosru II Parvez，590～628）。壁上雕刻並且呈現出皇家成員狩獵的情景：他們騎乘大象追趕野豬，策馬捕捉羚羊，划船追逐海鳥，一景一物無不表現出當時完美的狩獵活動。

日子就在四處遊蕩與盛宴中度過，而我依舊囊空如洗，身上連一個施捨給乞丐的銅板都沒有，但我還是努力保持像紳士一樣冷靜、自信的態度，至少外表看起來如此。不過，這種情況不可能永遠持續下去。有一天，我終於鼓起勇氣，向艾芬笛透露自己窘迫的處境，我說這趟旅程比我原先的計畫還長，所以現下我是身無分文。艾芬笛感到驚訝，卻帶著一臉深表同情的笑意（莫非他早就對我的境況心存懷疑？），接著，他說了一句令我永生難忘的話：「不管你要多少錢，儘管向哈珊開口。」

我決定於六月十六日午夜過後啓程，同行的是一位信差，他自己帶著由三位武裝騎士組成的護衛隊，爲的是防範搶匪的劫掠。這位信差用懷疑的眼光打量我，而且認爲我可能會因受不了旅途勞頓而中途脫隊，因爲從克曼沙到德黑蘭將近三百哩的路程中，只容許在哈馬丹城（Hamadan）休息一天或一夜，至於停留其他驛站的時間則僅夠替換馬匹，吃點雞蛋、麵包、水果，以及喝喝茶充饑而已。年方二十的我如何服得下這口氣，所以即使冒著被馬兒震得粉碎的危險，我也要向信差阿卡巴（Ali Akbar）證明，我可以忍受任何的艱苦。

當天午夜，我與哈珊最後一次共度晚宴，席間盡聊些歐洲和亞洲的事物。哈珊還是那麼和藹慈祥，然而，我們兩人都沒有觸及令我感到尷尬的財務問題。我站起身來向哈珊致謝，準備離開，哈珊臉上掛著微笑祝我一路順風。後來，哈珊去世後安葬在某位聖人陵墓的附近，距今已經很多年了，可是我到現在還記得他的樣子，每次一想到哈珊先生，我的內心總是充滿敬愛與感激。

當我最後一次回到曾暫居過的「皇宮」時，米薩克交給我一個皮囊，裡面裝滿純銀的克郎；後來，我如數償還了這筆錢。我躍上馬鞍，與阿卡巴及三位武裝隨從在夜色中上路。

前往卡巴拉的送葬隊伍

行行復行行

這趟路果真窒礙難行！在開始的十六個小時裡，我們騎了一〇二哩路，到了第二天早上，皚皚白雪覆頂的艾凡德峰（Alvand，海拔一萬零七百呎）已然在望。我們在山腳下的哈馬丹城休息了一天。我利用半天的時間好好睡個覺，剩下的半天則用來拜訪古蹟「以斯帖之墓」，以及埃克巴塔納古城（Ecbatana）❸的舊跡。

我們經過一個村莊又一個村莊，每到一個休息站就累得跟死人一樣，趁著換馬和煮茶的空檔，只顧把沉重疲憊的身軀攤在壁爐旁休息，然後馬上又得出發趕路；翻越一山又一嶺，穿越園林村舍，渡過橋梁溪流。白天，大家必須忍受太陽無情的炙烤，夜裡還要驅走正在分食路旁獸屍的豺狼。每天，我們看到日出日落，也望見晚上月亮升起與沉落；在藍黑色的夜空，月亮宛如一枚銀色的貝殼浮游在眾星之間。有一回，我們甚至碰到一支送葬隊伍，其實，我們在很遠的距離便知道了，因爲騾背上裹在毯子裡的屍體惡臭沖天；他們的目的地是卡巴拉，墓地選在臨近伊瑪目扈山（Imam Hussain）的陵墓。

六月二十一日清晨，我們終於抵達德黑蘭。在這長達五十五個鐘頭的路程，我們當中沒有一個人闔過眼，而且每個人都騎癱了九匹馬。

經過一次完全的休養生息之後，我再度騎馬翻越厄爾布士山，來到裏海邊的巴爾福魯斯（Barfrush），然後乘船沿著土庫曼海岸線，先後抵達克拉斯諾佛斯克（Krasnovodsk）和巴庫。我在巴庫換搭火車，經過提弗利司和黑海沿岸的巴統（Batum），接著又換船來到君士坦丁堡（Constantinople，現稱伊斯坦堡）。爲了行囊中的素描簿，我還在亞得里亞堡（Adrianople）被逮捕。八月二十四日，我來到索非亞（Sofia），由於太過靠近城堡，差點被警衛開槍射中，原來三天前這裡才發生過革命，日耳曼王室貝騰堡（Bettenberg）家族的亞歷山大親王（Prince Alexander，1823~1888）痛失王位寶座。最後，我在德國北方的斯特拉桑（Stralsund）登上一艘瑞典籍輪船，回到家鄉，受到父母和兄弟姊妹的熱情歡迎，也爲我在亞洲的第一次長途旅行譜下休止符。

【注釋】

❶位於伊拉克中部，為什葉派回教徒的聖地。

❷參加禁寺內的回教聖蹟。

❸西元前六、七世紀裏海西南古民族米提人(Medes)的首都。

第六章

君士坦丁堡

現在我分別在烏普薩拉大學（University of Upsala）、柏林大學（University of Berlin）和斯德哥爾摩高等學校（Stockholm Högskola）攻讀地理學與地質學；我在柏林的老師便是李希霍芬男爵（Baron Ferdinand von Richthofen）❶，他以遊歷中國聞名於世，也是當代對亞洲地理最具權威的學者。

在此同時，我也在寫作方面初試啼聲，將先前波斯旅遊的見聞寫成書，並以自己的素描畫作爲書的插圖。以前我從來沒有爲出版社寫過任何東西，因此當一位慈祥的老出版商出現在我家，主動出價一百二十英鎊買我的旅行記遊出版權時，我簡直不敢相信自己的耳朵；原先我只是期盼不必自己出資，只要有人願意出版這本書就謝天謝地了，沒想到這位親切的老紳士竟然願意花錢買我的手稿，而且與我的經濟狀況比起來，這筆錢可眞多得嚇人。慶幸的是，我懂得把握這個千載難逢的機會，立即轉變成外交家的姿態，表示對方所出的這筆錢和我一路上的驚駭險境與艱辛比較，根本就不能相提並論。不過，最後我還是屈服了，接受這位出版商所提的價格，事實上，我的內心可眞是雀躍不已！

受到這次成功的經驗鼓舞，我著手翻譯並節錄俄國將軍普哲瓦爾斯基（N. M. Przhevalsky）❷的亞洲遊記，把這些書籍整理成冊出版。由於不是我原創的作品，因此只得到四十英鎊的報酬。

一八八九年夏天，斯德哥爾摩舉辦東方學者大會，街道上到處擠滿了亞洲與非洲的原住民。前來參加的有四位是傑出的波斯學者，受波斯大帝納瑟艾丁之命，來此向瑞典國王奧斯卡二世（Oscar II）頒贈勳章。能夠與這些波斯子民交談，我彷彿沉浸在故鄉和煦的微風中，比以往更加渴望能再度造訪他們的國家。阿拉丁神燈又重新燃起，綻放出與哈珊花園裡一般明亮的火花。

秋天時節，我與母親、妹妹在斯德哥爾摩海邊南岸的一個農場度假一個月；農場所在地達爾畢育（Dalbyö）屬於維加號英雄諾登舍爾的產業。有一天，我收到父親寄來的信，信上說：「你明天早上十一點鐘務必回城裡一趟，向首相致敬。國王將在春天派遣一支特使團去波斯覲見大君，你被指派陪同前往。太棒了！」

接下來，我們的度假小屋不斷響起歡呼聲，當天夜裡我睡得不多，因爲第二天清晨四點鐘就得起床。達爾畢育和斯德哥爾摩之間的路況很差，我必須徒步穿過森林，再划著小船穿梭於群島之間，航程長達七哩，才能夠抵達輪船碼頭。不過這天早上，我拚命跑過森林，像隻野鴨般橫越海水，準時到達斯德哥爾摩。

當時瑞典和挪威還是同屬一個國家，國王任命挪威籍的宮內大臣崔斯裘（F. W. Treschow）率領特使團，另外派蓋吉爾（C. E. von Geijer）擔任秘書，勒文霍普特伯爵（Count Glaes Lewenhaupt）擔任武官，至於我本人則負起通譯的責任。我們於一八九〇年四月初啓程，橫越歐洲大陸，在回教齋戒月裡抵達了君士坦丁堡。

一首由宗教敲響的哀歌

君士坦丁堡是世界上最美麗的城市之一，地理位置剛好扼守著狹窄的博斯普魯斯海峽。這道海峽連接兩個內海，卻分隔兩塊大陸，靠著金角港（Golden Horn）港口，對外通往馬爾馬拉海（Sea of Marmora）。

君士坦丁堡和羅馬、莫斯科一樣，城裡有七座山丘，最主要的一區是斯坦堡區（Stamboul）——那是個土耳其風味濃厚的城鎮，位處三角形地帶的海角上，靠近陸地的一面構築城牆保護，牆上並建有崗哨塔；靠金角港的那一面則被深灣將它和隔鄰的裴拉區（Pera）、迦拉塔區（Galata）分離開來。斯坦堡區的海岸浪花洶湧，市內的房屋盡是白色搭配著明亮鮮艷的色調；而清眞寺洋蔥型圓頂與高瘦的尖塔突立於民房之上，益顯壯觀雄偉。齋戒月入了夜之後，清眞寺即被萬盞燈火照得通亮；亮晃晃燈火經過精心設計，在尖塔之間拼成先知穆罕默德與神聖伊瑪目的名字。

斯坦堡區最美麗的廟宇是聖索菲亞教堂（Church of St. Sofia），就是一般人所稱的「智慧聖殿」，西元五四八年，由拜占庭皇帝查士丁尼（Justinian）所隆重敬獻。聖殿圓頂和迴廊由一百根巨柱支撐，有些柱子以墨綠色大理石為材質，其他則是暗紅色的斑岩。

當時，聖索菲亞教堂的圓頂上立著基督教的十字架，但是九百年之後，在一四五三年五月二十九日，一個溫暖的夏夜，「征服者」穆罕默德（Mohammed the Conqueror）❸率領一群粗野剽悍的暴民，高舉回教先知的綠色旗幟來到城堡外面。眼見強敵當前，羅馬帝國的最後一位皇帝君士坦丁大帝乃脫掉身上的紫色皇袍，領軍英勇抗戰，最後終究戰死沙場；屍横遍野，竟連君士坦丁大帝的遺體都無法辨認。大獲全勝的蘇丹在參觀過美輪美奐的君士坦丁皇宮之後，對於生命的無常陡地興起傷感情懷，不禁慨嘆地吟誦一首波斯詩歌：「蛛網結皇殿，夜鴞鳴暮曲，在阿法拉施亞塔（Tower of Afrasiab）上。」

十萬名受到驚嚇的基督教徒倉皇逃到聖索菲亞教堂避難，他們把門全部上了栓，然而，殘暴的土耳其人彷佛發了瘋似的，硬是將門敲破，蜂擁而入，一場恐怖大屠殺於焉展開。一位希臘主教站在隆起的聖壇前，他穿著祭袍，高聲爲亡者朗讀彌撒，最後，整個教堂就只剩下他這個基督徒還活著。在朗讀到某句禱詞時，他突然中斷，拿起聖餐杯登上通往樓上迴廊的階梯，土耳其人見狀竟似餓狼一般緊隨在後；主教走進一扇打開的門扉，隨即門便在他身後闔上。土耳其士兵手持長矛和斧頭，奮力砍擊那堵門牆，卻是無法動它分毫。四百五十幾年來，希臘人盲目地相信著，有朝一日，當聖索菲亞教堂再度回到基督教徒手裡那刻，那一扇門將會自動打開，而主教也會手執聖餐杯走出來，然後繼續主持他被土耳其人打斷的彌撒，並且就從中斷的那句禱詞接續下去。儘管如此，世界大戰末期❹，協約國軍隊攻占君士

希臘主教站在聖壇前，高聲為亡者朗讀彌撒

坦丁堡時，那位消失的主教並未現身。

皇宮居高臨下

我們造訪聖索菲亞教堂時，新月形的土耳其國徽依舊安然無恙地豎在圓頂與尖塔上，寺院的宣禮員按時在圓形陽臺上向信徒宣告祈禱時刻，他的聲音洪亮而清脆，四面八方都可以聽到回音：「偉哉阿拉！唯一眞神！穆罕默德是阿拉的先知！快來禱告，來領受永恆的喜悅。偉哉阿拉！」

被改建爲清眞寺的聖索菲亞教堂裡，迴廊上點著無數盞的油燈，我們在那裡目睹成千上萬虔誠的信徒，潛心誠意地禱告。

「征服者」穆罕默德爲蘇丹皇宮奠定了基礎，整整四百年過去了，蘇丹阿布都梅吉地（Abdul Mejid）❺在博斯普魯斯建立了多爾馬巴格奇（Dolma Bagche），截至今日已有二十五任蘇丹在此統治。蘇丹的皇宮盤踞在君士坦丁堡的最高點，黎明時分，皇宮的尖頂是最先被微曦染成紫色的地方，夜幕低垂時，也是最後淡去的景致。站在皇宮的陽臺往下眺望，景色之美令人嘆爲觀止；馬爾馬拉海、金角港、亞洲海岸線盡收眼底。

蘇丹皇宮由幾落成群的建築物與庭院所組合而成，彼此藉由大門區隔開來。「中門」

（Orta Kapu）位於禁衛軍宮殿（Court of the Janizaries），前後各一對門，兩對門之間是個關有地下墓穴的暗室；蘇丹每每召喚官員前來聽令，當官員過了第一對門，身後便會傳來上門聲音，但如果眼前的第二對門文風不動，完全沒有打開的意思，那麼，這名官員就知道自己大限已到，因爲被蘇丹賜死的官員都是在此接受極刑。

第三道門稱爲「幸福之門」（Bab-i-Seadet），門後就是儲藏金銀珠寶的國庫，包括黃金御座、珍珠、紅寶石、翡翠等等，都是蘇丹謝里姆一世（Selim I）從波斯的伊思邁爾大帝（Shah Ismail）那兒奪掠而來。而在皇宮僻靜的一個角落，珍藏著先知穆罕默德的旗幟、長袍、手杖、彎刀與弓；陌生人不許進入此處，唯有蘇丹可以每年一度前往這個神聖的地方瞻仰聖物。

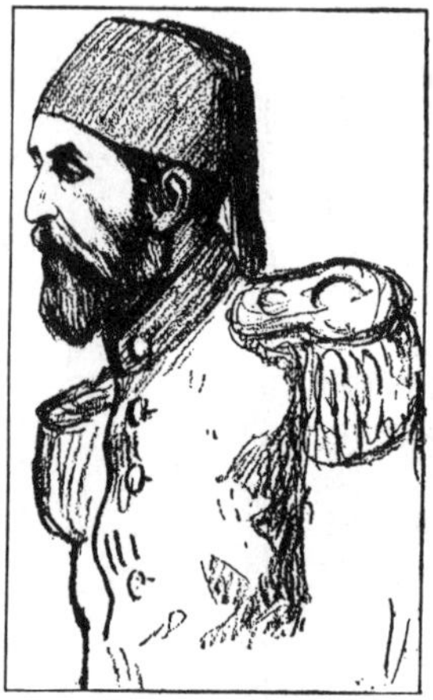

阿布都哈米德二世

參加晚宴

有一天，我們受邀參加蘇丹的「伊夫塔」（iftar），也就是齋戒月的晚宴，宴席設在宜爾迪茲露天夏屋（Yildiz Kiosk），擔任主人的是蘇丹的官員葛西（Osman Ghasi），他曾在一八七七年以寡敵眾對抗俄國大軍，成功地守衛普列夫納（Plevna）長達四個多月，英勇名聲不脛而走。夏屋的餐廳相當小，色調很深，不過光線倒是非常充足；屋外的日光逐漸隱沒，屋內所有的人宛如雕像般靜坐不動，個個傾身靠向自己面前的純金餐盤，等候宣告日落的槍響。好不容易，日落槍聲終於響起，僕役開始爲賓客奉上晚餐。

晚宴過後，阿布都哈米德二世（Abdu Hamid II）❻接見我們一行人。蘇丹的個兒矮小、輪廓細緻、面色蒼白，一撮鬍子黑中泛藍，眼珠子黑溜溜地、目光犀利，還長著一隻鷹鉤鼻；他戴著一頂紅色的土耳其帶纓氈帽，身穿深藍色的長軍服外套。蘇丹的右手放在腰間半月彎刀的刀柄上，他優雅地點點頭，接過敝國國王命我們轉交的親筆信函。

當然，我們也不會忘了去參觀「死人城」（City of the Dead）——位於斯坦堡之外的一座墓園，確切地點是在斯庫塔里（Scutari）。墳墓之間種植高大蒼鬱的柏樹，無數碑石底下是疲憊的朝聖徒安息之所。在平躺式的墓碑上經常可以發現一個碗狀的洞，下雨過後雨水聚集在洞裡，引來許多喝水的小鳥；也許小鳥們造訪時啁啾鳴唱的歌聲，多少可以撫慰在墓石下長眠的亡靈吧。

【注釋】

❶一八三三～一九〇五，德國地理與地質學家，對這兩個領域有卓越貢獻，曾經到過東亞與美國加州進行地理探勘，著有關於中國的重要作品。

❷一八三九～一八八八，俄國探險家，曾旅遊至中國中西部，重新發現羅布泊，遊歷之地包括西藏東部、黃河和長江源頭。他所發現的亞洲野馬，後世乃將其命名為「普哲瓦爾斯基馬」。

❸一四三〇～一四八一，即穆罕默德二世，鄂圖曼帝國的蘇丹，消滅拜占庭帝國，吞併大部分塞爾維亞、希臘，以及愛琴海眾多島嶼。

❹指第一次世界大戰。

❺一八二三～一八六一，鄂圖曼帝國蘇丹，曾與英、法締約結盟。

❻一四六七～一五二〇，曾併吞庫得斯坦、土庫曼、敘利亞、埃及，並征服過波斯的部分領土。

第七章

覲見波斯大帝

四月三十日，我們搭乘俄國籍的輪船「羅斯托夫—遨德薩號」（Rostov-Odessa）通過博斯普魯斯海峽，左邊是歐洲海岸線，右邊是亞洲海岸線，映入眼簾的盡是美不勝收的奇妙景致。臨近傍晚時分，最後一座燈塔也消失了，我們輕快地駛入黑海海域。接下來的路程我很熟悉。我們先停靠小亞細亞沿岸的一處小鎮，然後在巴統上岸，之後改搭火車，取道提弗利司抵達巴庫。沿途風光與我上次旅行一模一樣，商旅、騎士、牧人也都沒什麼改變，即便是那幅灰色水牛拉車的如畫景致，仍是不減往昔。

我們也利用這次旅程，造訪了諾貝爾兄弟在巴拉罕尼的油田。這時候（一八九〇年），此地油井已經增加到四百一十座，其中一百一十六座屬於諾貝爾家族所有；當中有四十座開始生產原油，另外二十五座油井還在繼續開鑿。有一座油井估計二十四小時甚至可噴湧出高達十五萬「普特」（pood，蘇聯的重量單位，一普特相當於一六・三八公斤）的原油。這些油井的平均深度在一百二十到一百五十帕碼（pumar）之間，最粗的輸油管直徑達二十四吋。巴拉罕尼每天有二十三萬普特的原油經由兩條輸油管運送到黑城，經過提煉以後，一天可生產六萬普特的石油。

五月十一日深夜，諾貝爾那邊有幾位工程師陪伴我們登上輪船「米蓋爾號」（Mikhajl），我們才剛坐下來聊天，就聽到從四面八方傳來刺耳的輪船汽笛聲。只見蒼白的火焰從黑城上空竄起，火燄上方冒著黑褐色的濃煙；那些瑞典工程師急忙趕上岸去，搭乘出租馬車趕往起火地點。在焰火的亮光中，米蓋爾號慢慢駛離岸邊；這回，我們的目的地是波斯的南方海岸。

禮炮迎佳賓

船在安采麗上岸，迎賓的小號齊鳴，伴隨著向我們致意的是四十響禮炮。岸上站著兩位朝廷高級官員，他們的制服上披掛著華麗的金色穗帶與飾品，羊皮帽子上綴飾太陽和雄獅的帽結。其中一位是禮賓官艾嘉將軍（General Mohammed Aga），他代表波斯大帝向我們一行人致達歡迎之意，並派遣一支聲勢浩大的護送隊伍，親自陪伴我們前往德黑蘭。

一群衣著寬鬆的縴夫拉著我們乘坐的船，朝雷什特前進；這些縴夫令我想起英國民間故事裡淘氣的小精靈，他們不斷在岸邊的灌木林與蘆葦叢間鑽進鑽出，快速敏捷令人看了眼花撩亂。總督殷勤招待我們，並且擺上一席有五十道豐盛餐餚的晚宴。五月十六日，我們離開雷什特，護送的隊伍可謂浩浩蕩蕩，四十四匹騾子馱著帳棚、地毯、鋪席、各式裝備與糧食；至於護送的波斯士兵清一色穿著黑色制服，配帶步槍、軍刀、手槍。他們還有自己的車隊。

眼前我們即將展開的旅程，唯有在古代的波斯故事裡聽到過：為了迎接強權大國的特使蒞臨，波斯人大方展示他們瑰麗的山河。此時正是仲春時節，森林中散放濃郁的芳香，清澈小溪潺潺而流，鳥兒也競相展喉高歌，清脆悅耳的歌聲，好似迎接我們這支威風的隊伍。我們把每日的行程分成早上與夜晚兩個階段，白天當溫度高達攝氏三十度以上時，我們就躲在通風的帳棚裡納涼，因爲帳棚都搭在橄欖樹和桑樹樹蔭下，感覺涼快多了。每次我們路過村落，一定會有蓄著白鬍子的老人出來歡迎，他們穿著及踝的長袍，頭上纏繞高高的白頭巾。

進入喀茲文市是大家前所未有的經驗。離喀茲文市還很遠，市長就已經率領大批扈從前來迎接我們，緊隨而到的是總督和他所帶領的一百名騎兵，我們的隊伍逐漸擴大爲規模驚人的騎馬行列，沿路策馬奔馳，時而消失在馬蹄捲起的灰黃塵煙之中。居前引導的是兩名傳令官，一個穿黑衣服，另一個穿紅衣服，兩人都戴著白色羊皮氈帽和銀色穗帶，尾隨在後面的則是吹小號的騎士；騎士兩側爲分列徒步奔跑的藍制服士兵。跟著前進的隊伍，他們表演一項又一項驚險萬分的技藝，眼見這會兒還在快馬的馬鞍上「金雞獨立」，下一刻卻是在馬背上表演倒掛栽蔥，拾起地上的東西。有時，他們將步槍擲向空中，手一接到立即開槍；有時，則舞動出了鞘的薄利軍刀，讓刀刃在陽光下閃爍著鋒利刺眼的光芒。我們的龐大隊伍就這樣喧天響地行經葡萄園與園林，通過喀茲文城門的陶瓷塔樓，再穿越城中市集，越過了一個廣場又一個廣場。

有一次，我們和一支由什葉派回教徒組成的送葬隊伍不期而遇，在前面開路的是兩面紅色旗幟和兩條黑色飄帶。走在後面的人手捧大托盤，裡面盛放麵包、米飯和甜食；盤子的角落插上點燃的蠟燭。接著的是一群悲傷哀慟的男子，嘴裡還哭喊著死者名字：「胡森哈珊」；而跟隨其後的是死者生前所騎的一匹灰馬，馬鞍裝飾得十分華麗，馬背披掛一幅刺繡的花毯子，鞍頭上纏著一條綠色頭巾，象徵死者是先知穆罕默德的後裔。擺放屍體的拱型高架上覆蓋一塊棕色毯子，按照習俗，任何一位路人都可以輪流去扛架子；由於死者是個德高望重的教士，因此路人爭相恐後要抬他的遺體。為整個送葬隊伍押後的是一大群頭纏白巾的教士，數量頗為驚人。

聲勢浩大的騎兵隊進入喀茲文市

我們在喀茲文受到空前的禮遇，之後，我們搭上馬車，啓程前往德黑蘭。途中，我們碰到一場冰雹，馬車濺滿了泥濘。還有一回，道路被一隊馱著地毯的騾車堵住了，一聽到後方馬車空隆空隆作響，驚慌的騾子便邁開步子小跑了起來，繫在牠們頭上與貨物之間的繩子頓時鬆開，於是地毯一匹接著一匹滾落滿地。由於背上的重擔減輕，騾子反而跑得更快；牠們邁著輕快的步伐開心地奔馳著，一溜煙似的就從馬車隊前面跑掉了。目睹這一幕，我們一行人笑到東倒西歪，幾乎快喘不過氣來了，不過，可憐的趕騾人卻哭喪著一張臉，沿路撿拾掉在地上沾滿塵土的地毯。

身分非昔日可比

我們到達德黑蘭的那一天，東方世界的奇絕華麗可謂達到巔峰，和我上次的旅行經驗相比，簡直不能相提並論！當時我只是個窮學生，現在則是瑞典國王的特使身分。前來迎接的騎兵連隊穿著畢挺的制服，聲勢壯大；步兵連隊則整齊分列街道歡迎我們到來。騎在馬上的樂隊演奏瑞典國歌，波斯的高級官員們在一座園林裡為我們接風。我們在這裡組成了一支騎馬隊，全是阿拉伯的純種馬，馬鞍上披掛鑲綴金銀絲線的繡花布巾，馬鞍下鋪著豹皮，這些都是我們收到的禮物。連馬兒都感受到音樂的魔力，邁著優雅的舞步穿過城門。似乎德黑蘭所有的人都跑出來觀看我們進城的盛況，遊行隊伍在一座庭苑花園裡停下來；這座庭園的奢華與堂皇是我過去從未見過的。庭園中央為莊嚴的海軍大臣官邸，也是我們暫住的地方。

主人擺設盛宴款待我們，一場接一場，連續十二天未曾間斷；不管我們想上哪裡，總是有波斯官員和騎士如影隨形陪伴我們、服侍我們。用餐時，波斯王的連襟亞希雅汗（Yahiya Khan）都以主人身分作陪，到了晚上，樂隊便在官邸前的大理石噴泉池旁演奏美妙的音樂。

在抵達德黑蘭幾天之後，我們奉召前往皇宮覲見波斯王。在宮內大臣與政府官員的護送下，我們搭乘皇家馬車前往，每一輛馬車由四匹白馬拉著，馬兒的尾巴全被染成了紫色。前導的傳令官與我們的距離很遠，他們身穿紅色制服，手持銀色棍棒與開路儀仗。

我們被引到一間接待室等候。過了幾分鐘，宮內一位侍臣來宣告大君陛下已經準備好要接見我們了。他帶領我們走進一個很寬敞的房間，室內布置著地毯與壁飾，屬於非常典型而精緻的波斯格調。幾面牆壁都有一些侍臣、朝廷大臣、將領靠邊站立，他們穿著老式的刺繡及踝長袍，每個人像雕像似的一動也不動。

波斯大帝納瑟艾丁此刻站在一堵外牆旁邊，牆的兩邊分別是一扇巨大的落地窗，以及著名的孔雀王座（peacock-throne）；這件稀奇的家具看起來像一張龐大的椅子，後面有靠背，座椅部分加長，整張椅子墊高起來，地板上搭建了幾級階梯，以方便波斯大帝登上王座。王座內外貼上一層厚厚的黃金，並以各種寶石鑲嵌成孔雀開屏的樣式。這張寶座是將近兩百多年前，波斯的納迪爾大帝（Nadir Shah，1688～1747）征討北印度時，從德里的蒙兀兒帝國那兒搶來的戰利品之一。

納瑟艾丁大帝身穿黑色服裝，胸前配戴四十八顆碩大的鑽石；兩肩上的肩章各鑲飾三顆大翡翠，黑氈帽上插著一枝鑽石鈿飾；腰際懸掛一把軍刀，刀鞘上同樣也鑲滿寶石。他目不轉睛地觀察著我們，一副皇族的尊貴身分；他昂然挺立的態勢就像他是個眞正的亞洲統治者，擁有至高無上的地位和權力。

我們特使團的團長呈上敝國國王致贈給這位波斯表親的綬帶，皇宮的通譯接過綬帶，並向納瑟艾丁大帝展示，大帝與我們每人都交談了一會兒，詢問一些關於瑞典與挪威的問題。他告訴我們，他曾經到過歐洲三次，下一次他計畫要去瑞典和美國旅遊。

納瑟艾丁大帝

整個接見儀式洋溢著古老的波斯魅力。距今十五年之後，我又有一次機會覲見波斯大帝，不過，那次覲見的是納瑟艾丁大帝的兒子慕沙法艾丁大帝（Shah Mussaffar-ed-Din）。令人惋惜的是，傳統的波斯儀節已經簡化許多，到了今天，更是蕩然無存。

接下來的幾天，主人爲了取悅我們，精心安排各項娛樂活動。有一次，皇宮特地擺設一桌豐盛的酒席，文武百官全部在座；波斯大帝本身雖然沒有參加酒宴，卻透過迴廊觀看我們。

歡迎活動應接不暇

我們並且受邀參觀波斯大帝的博物館，這裡平常不對外開放，只有特別貴賓到訪才會開館。館內收藏許多珍奇寶藏，其中有一顆稱為「光之海」（Sea of Light）的鑽石；還有一個直徑兩呎的地球儀，海洋部分用密集的翠綠色玉石鑲綴而成，亞洲地區則以多顆透明如水晶的鑽石來表示，另外用一顆寶石象徵德黑蘭。除了這些，我們還看到裝滿珍寶的玻璃管子，其中珍珠來自巴林群島（Bahrein Islands），翠綠色寶石來自尼夏普爾（Nishapur1），紅寶石則是產自巴達克山（Badakshan）。

波斯大帝的馬廄前面有個跑馬場，負責人向我們展示波斯大帝那九百多匹品種名貴的馬兒，每匹馬背上各坐著一位馬夫。

不過，最令我們嘆為觀止的，是在城外空地上進行的軍事演習。一萬四千名矯健的士兵排成一個四方形縱隊，我們搭乘波斯大帝的專用火車從旁駛過，藉此校閱演習隊伍。緊接著，波斯大帝在一頂紅色的大帳棚裡站定，我們跟著也進入旁邊的玫瑰紅帳棚裡就定位。步兵連隊踢正步通過帳棚前面，向他們的君王行禮致敬，騎兵隊也踢著馬刺向前狂奔。最壯觀美麗的是穿紅袍、紮著紅色髮帶的騎師，色澤炫麗奪目！

有一天，我們騎馬來到《多比傳》上所提到的古城拉傑茲（Rages）舊跡所在。這個古城在薩爾曼莎（Salmanasar）時代相當繁華興盛，亞歷山大大帝每次從裏海西岸的隘道「裏海門」（Caspian Gates）出發，走了一天的路程後，都會選在拉傑茲休息。經過了一千多年，阿拔斯王朝的哈里發曼蘇爾將這個城市修葺得更加美輪美奐，拉什葉德哈里發又在這個城市誕生，因此阿拉伯人歌頌它的榮耀，稱呼它為「大地的門中之門」（Gate of the Gates of the Earth）。到了十三世紀，拉傑茲遭受蒙古人摧殘毀滅，至今唯一被完整保留下來的，僅剩廢墟上的一座塔了。

我發現自己此刻在德黑蘭的心境有點舉棋不定，到底是該心滿意足享受這些笙歌宴飲，除了放煙火外無所事事？還是應該利用這次機會深入亞洲，繼續探索這塊大陸的心臟地帶？如果未來我想更上一層樓，這樣的旅途將會是寶貴的經驗。想要一步步走訪未曾被探訪過的沙漠地區和西藏高原的慾望，實在讓我難以抗拒。

與我同行的特使團成員准許我實踐這項計畫，於是我發電報向奧斯卡國王請求，懇請國王陛下同意我繼續往東行進，沒想到國王不僅同意，還允諾支付我這趟旅行的費用。

六月三日這天，特使團的其他成員離開德黑蘭，依循原路踏上歸鄉之路，我卻留了下來，暫時借住友人海貝奈特醫生家裡。這次，我荷包裡的錢足夠支持我走到中國邊界了。

第八章

盜取死人頭顱

瑣羅亞斯德教（Zoroastrianism）❶是世界上最古老的宗教之一，爲波斯預言家瑣羅亞斯德（Zoroaster，西元前628～551年）所創；該教聖典稱爲《阿維斯陀》（*Zend-Avesta*）。信奉這個宗教的是世上最強大的民族，強盛期長達一千年之久，爾後的一千年間勢力逐漸沒落，最後於西元六〇四年被歐馬哈里發（Caliph Omar）所殲滅。手執回教旗幟的歐馬在埃克巴塔納附近一舉擊敗波斯人，當歐馬的凱旋大軍還沒進占波斯之前，許多瑣羅亞斯德教徒早已乘船穿過荷莫茲（Hormuz）海峽逃到印度孟買。目前，印度還有大約十萬名虔誠的瑣羅亞斯德教徒，波斯則僅剩八千人，顯然維繫這個宗教的聖火並沒有熄滅。

崇拜「火」的宗教

在前面的文章裡，我曾提到去巴庫附近的蘇拉罕尼（Surakhani）拜訪一座不久前才遭廢棄的拜火教神廟，而在波斯的葉茲德（Yezd），這樣的神廟只有一、二十座。反觀古代的盛況，簡直是天壤之別；單以珀瑟波利斯城而言，就曾經擁有眾多的拜火教聖壇。根據希臘史學家色諾芬（Xenophon）❷的描述：

居魯士走出了他的宮殿，在他面前站著即將獻祭給太陽的馬匹和一輛裝飾白色花圈的馬車，後面又跟著一輛馬車，拉車的馬兒被裝扮成醒目的紫色；殿後的是幾名男子扛著一個巨大的火爐，爐火燒得正旺。之後馬匹獻祭給太陽，而根據麻葛（Magi）❸所流傳下來的習俗，他們也會爲大地獻上祭品。

早在瑣羅亞斯德的時代之前，麻葛教（Magianism）就已經傳到了波斯和印度，祭拜天體與火、水兩種自然元素，巫術與魔法極爲盛行。

瑣羅亞斯德的教義屬於二元論，崇拜的神祇是「善神」阿修羅瑪茲達（Ahuramazda）——所有光明與良善的創造之神，而與善神對立的則是「惡神」阿里曼（Ahriman），象徵黑暗、邪惡，並操縱其他的邪魔歪道。善神與惡神之間的爭執永不止息，凡是心懷正義感的人都有責任協助善神戰勝惡神。

瑣羅亞斯德教最古老的聖火就是在拉傑茲點燃的，太陽與火是神祇萬能的象徵。宇宙大地上再也找不出比火更神聖完美的東西，因爲火帶來了光、熱，並且淨化萬物。人死亡後屍體會汙染大地，因此必須把遺體埋葬在高塔之內，四周藉著高牆和外界隔離；通往高塔的道路當然也會受到路過遺體的汙染，破解之道是找一隻眼圈帶黑斑點的白狗或黃狗，爲送葬隊伍開路。瑣羅亞斯德教徒相信狗能驅邪，而聚集在遺體上的蒼蠅則是聽命於惡神的女妖怪。不過，如果死亡的是敵人，遺體並不會汙染大地，因爲他們親眼目睹善神戰勝了惡神。

在波斯的拜火教徒被稱作「帕爾西人」（Parsees），一直受到回教徒的歧視和憎恨，因此他們建立自己的村落，與外面的回教世界隔絕，藉以避免外人窺視、干擾他們的宗教儀典。許多帕爾西人從事商業買賣和園藝，幾千年下來，依舊遵循創教者瑣羅亞斯德的教誨，每間房子都點亮一盞燈。抽菸被視爲褻瀆火的罪惡，萬一房子失火了，也絕對不能將火撲滅，因爲平凡人類不容許去對抗火的力量。

帕爾西人死後，家屬要爲他穿上白袍，並且用白布包裹住頭部，然後點上油燈，把死者遺體放在鐵製屍架上，腳邊還要放一塊麵包。若是被放進陳屍間的狗把麵包吃了，表示死者眞正與世長辭；要是狗不吃麵包，代表死者的靈魂還留在體內，這時候必須等到遺體開始腐爛才可以進行殮葬。接下來，洗屍人開始清洗屍體。帕爾西人認爲洗屍人不潔淨，所以沒有人敢踏進他們的房子一步。

出殯時，由四個抬屍人——身穿經由流動的活水洗滌過的白衣服——負責把屍架扛到葬禮地點，也就是所謂的「死寂之塔」（Tower of Silence）。事實上，它並非一座眞正的塔，而是一座由圓周兩百二十三呎長、高度約二十三呎所圍成的圓牆。死者的遺體被放在牆內一個沒有遮蓋的長方形淺洞裡，最後，執事者把死者所穿的衣物解開，除去頭巾，此時參加喪禮的賓客走回牆邊，再各自返家。葬禮進行當中，兀鷹飛來棲息在牆垣上伺機而動，烏鴉也在塔上盤桓旋飛，等到典禮結束，一切恢復寂靜了，隨即輪到兀鷹和烏鴉上場。無需多久，屍體就只剩下骷髏，在烈日的曝曬下成了一堆枯骨。

據說帕爾西人是瑣羅亞斯德門徒的直系後裔，因此是印歐種族中血源最正統的代表。

盜取死人頭顱

在我離開斯德哥爾摩之前，一位著名的醫學教授、也是人類學家請我幫忙，看看能否帶幾顆拜火教徒的頭顱回去，不管用什麼方式。爲了不負所託，在六月中的一天，我和海貝奈特醫生出發前往位於德黑蘭東南方的一處死寂之塔，亦即拜火教徒的墓地。這時節正值酷暑，即使是在遮陰處，溫度計所顯示的氣溫也高達攝氏四十一度，我們選擇正午發動奇襲，因爲這個時候所有的人都會躲在屋內納涼。

我們帶了一只軟鞍袋，還在鞍袋的兩邊囊帶裡裝上乾草、紙張和兩顆人頭一般大小的西瓜。

我們駕著一輛馬車駛出「阿布都艾金大帝之門」（Gate of Shah Abdul Azim）。街道上空盪盪地好似乾涸的河床，駱駝在城外的大草原上遊蕩，吃著荒地上的野薊草，偶爾有一片塵雲飄過被太陽炙烤的大地上，好像是飄蕩游移的幽魂。

爲了向一個農夫商借一罐水和一把梯子，我們特地路過哈謝馬巴德村（Hashemabad）。

到了死寂之塔，我們把梯子靠在牆邊，不過梯子太短了，差三呎才能搆到牆垣頂端，我設法攀上梯子最上面的一級，在牆頂的遮簷上站穩腳，一躍跳上牆頭，然後回頭拉了海貝奈特醫生一把。

一股嗆鼻、令人作嘔的惡臭迎面撲來，海貝奈特醫生留在遮簷上監視馬車夫，以防他刺探我們的舉動，我自己則順著水泥梯往下走到葬禮處的環型凹地上。這裡一共有六十一個未加遮蓋的淺墓穴，其中有十個墓穴裡躺著腐爛程度不一的骷髏和死屍；沿著牆角邊，因長久經風吹雨打而泛白的人骨堆疊成小山丘。

經過幾番思考，我選了三具成年男子的屍體。腐敗程度最輕的屍體是幾天前才殮葬的，但柔軟的肌肉和內臟已經被鳥兒啄食殆盡，眼睛也已被掏空，臉部的某些部分雖然保留完好，不過已經乾掉，硬得像羊皮紙一樣。我把這具屍體的頭顱取下，倒空顱骨內的東西，第二具也如法炮製，最後一具因爲在太陽底下曝曬太久，腦髓都已經乾掉了。

之前，我們帶著鞍袋與水罐假裝是去野餐。我用水洗洗手，然後把鞍袋裡的東西掏出來，拿紙張把頭顱包裹起來，再放進原本裝西瓜的鞍袋裡，如此，鞍袋的形狀看起來便和先前一模一樣，不會引起馬車夫的疑心，問題是死屍的臭味實在太重了，恐怕很難不讓他胡思亂想一番。我們走回馬車邊，發現馬車夫在牆下窄窄的陰影裡睡得很沉；他並沒有背叛我們。回去的路上，我們把水罐和梯子還給農夫，繼續穿越仍舊死氣沉沉的街道，回到海貝奈特醫生的家裡。

我們把頭顱埋進地裡，等過了一個月，再挖出來放進牛奶裡煮沸，直到頭骨乾乾淨淨轉成象牙白為止。

這一切行動都必須保持秘密，理由很簡單，假如迷信的波斯人和帕爾西人知道我們這些異教徒跑到他們的墓地，偷走死人的頭顱，不曉得會做出什麼事來。再說，海貝奈特醫生是波斯大帝的私人醫生兼牙醫，他們也許會以為我們打算敲下死人的牙齒，用來修補波斯大帝那口尊貴的牙齒，這種事情一旦發生，恐怕會引發騷亂，甚至暴動，最遭的情況是，落到把我們交給人民處置的地步。慶幸的是，每件事都進行得很順利。

雖然如此，第二年，我在返鄉途中經過巴庫海岸時，險些在海關惹上大麻煩。因為海關仔細檢查我所有的行李，最後有三顆圓圓的東西滾到地板上，它們用紙張包著，摸起來、看起來都像是足球。

「這是什麼？」海關的檢查人員問我。

「人頭，」我眼睛眨也不眨地回答。

「你說什麼？人頭？」

「沒錯，如果你想看，請便！」

於是其中一個圓球被打開來，一顆齜牙咧嘴的骷髏頭赫然出現在檢查人員面前。手足無措的檢查人員瞪大眼睛你看我我看你，最後督察員終於對其他檢查人員說：「把東西包好，全部放回去！」然後轉頭對我說：「把你的行李收起來，馬上給我滾出去。」他可能懷疑那些頭顱是某樁謀殺案的證據，覺得最好不要牽扯進來才是明哲保身之道。

至於那三顆帕爾西人的頭顱，現在還保存在斯德哥爾摩「人類頭蓋骨博物館」（Craniological Museum of Stockholm）內。

【注釋】

❶即中國人所稱的祆教或拜火教。

❷西元前四三一～三五二，曾加入希臘傭兵團，跟隨波斯的居魯士王子對抗其王兄，戰敗回到希臘後，著有《居魯士遠征記》。

❸瑣羅亞斯德教的祭司。

第九章

攀登達馬文山峰

每年夏天，波斯大帝納瑟艾丁總會到厄爾布士山避暑，暫時逃開德黑蘭及郊外的酷熱。今年，他的避暑之旅訂在七月四日啓程。由於我是海貝奈特醫生的客人，因而我也受邀一同前往；我們預計在那裡停留一個多月。同行的還有另外一位歐洲人，他是法國籍的傅維耶醫生（Dr. Feuvrier），也是納瑟艾丁的私人醫生。事實上，很少歐洲人參與過這類皇家出遊的活動。

出遊隊伍浩浩蕩蕩

皇家排場果眞不同凡響，讚嘆之餘，不禁令人留下深刻的印象。在我們出發前一天，納瑟艾丁的宮內大臣來訪，除了告知這趟行程的路線之外，他還捎來一袋波斯金幣。原來這是一項慣例，意味著受波斯大帝邀請的賓客絕對沒有缺錢之虞。

我們的旅程是往東北部的山區走，進入嘉杰河（Jaje-rud）和拉俄河(Lar)流域，嘉杰河向南流入沙漠，拉俄河則往北注入裏海。沿途經過兩條地勢高峻的隘道，第二條甚至達到九千五百呎的高度。

一進入山區，我們順著蜿蜒的山徑穿越斷崖與狹坳，馳過河谷與牧場。驀地，我們發現前路完全被堵住，前進不得，原來是波斯大帝的出遊隊伍太過龐大了，除了人口之外，還有馱運皇族、大臣、僕役等人的行李，以及帳棚、糧食、用品的牲口——所有的駱駝、騾子、馬匹加起來，總共有兩千頭之多。而參加行旅的一千兩百人當中，有兩百名衛兵。等到夜裡紮營，寂靜的山谷無端冒出三百頂帳棚，儼然像個小城。

除了僕役之外，每個人都擁有兩副整套的帳棚，所以早晨拔營之後，不論我們趕路趕得多快，到了下一個紮營地點時，總是發現帳棚早已經架設妥當了。

納瑟艾丁大帝的帳棚由佩戴高高的紅羽毛的駱駝馱著；他用來裝衣物的箱子，上面覆蓋滾黑邊的紅布，由騾子負責馱運。他的馬也全裝飾著紅羽毛，白馬的尾巴亦染成了紫羅蘭的顏色。

帳棚的搭建有一定的秩序，這樣每個人都很清楚自己的帳棚在哪裡，也能熟悉帳棚之間的方位關係。除了居住用的大頂紅帳棚外，納瑟艾丁還有兩頂專用帳棚，一頂用來進餐，另一頂則作爲吸菸室；另外，還有幾頂帳棚供後宮妃子居住。納瑟艾丁究竟帶了幾名嬪妃一起旅行，實際數字我們並不清楚，有人說應該有四十人之譜，不過這包括後宮妃子的侍女在內。每天騎馬時，我們幾乎都會經過幾名皇妃的身旁，她們一定戴著厚重的面紗，騎在馬上；雖然根本看不到她們的臉，但基於禮貌和謹慎心理，每當這些嬪妃靠近，我們總是刻意把臉轉開。她們的馬隊前後都有太監和侏儒伴騎。

皇家帳棚的四周都以長竿撐起一面很高的紅色粗布簾，布簾圈圍的區域就是皇室內庭，至於外庭則被另一圈帳棚團團圍住；這些外圍帳棚是衛兵、補給品、廚房所在之處。這種安排帳棚的方式，和色諾芬書上所記載兩千四百年前居魯士的營帳一模一樣。

內政大臣愛密易（Emin-i-Sultan）負責維持隊伍行進與紮營的秩序，負責伙食和配給的是納瑟艾丁的親戚梅吉多夫列（Mej-ed-dovleh）。其他重要職務也都各有專司者，他們分別管理馬匹、馬廄、貼身警衛、服飾，以及大帝的御寢（負責御寢的是個老人，他一定是睡在大帝就寢的帳棚的入口處）、太監、清洗水煙筒的人、廚師、僕役、理髮師、灑水夫（此人得不斷在大帝帳棚周遭灑水，以免灰塵揚起）等等。當然，還有職司衛兵隊的隊長。

海貝奈特和我的帳棚位於整個營區的中央地帶。我們有一頂供居住的帳棚，另一頂當作廚房，還有一頂供僕役使用。每逢夜裡，這座帳棚城必定是一片騷亂景象，那種吵雜實在很難用言語去形容；不論走到哪個角落，耳朵聽到的盡是車夫和衛兵的呼喊聲、鈴鐺聲，以及馬匹、騾子和駱駝的嘶鳴號叫。晚上十點鐘，衛兵吹響小號，從此刻開始，只有知道當天通行口令的人，才准許進入納瑟艾丁大帝帳棚附近的警戒區；偶爾會有人未經許可擅自在營區走動，因而不時可聽到巡守警衛發出的警告聲。營區處處點燃燦亮的營火，洋溢著歡樂的氛圍；每個帳棚也都點著亮晃晃的火炬，任何人若想外出訪友，就會有人拿一盞紙糊燈籠爲他在前面開路。

營區裡由十分誠信可靠的人在主持正義，要是大帝的隊伍有牲口踩壞了村莊的農作物，只要地主提出申訴就能獲得賠償；不過，若提出不實的賠償要求，就會遭受鞭打之刑。

納瑟艾丁每天會和朝廷大臣一起商討國家大事，有時候，他也會要求他的首席翻譯官沙特奈（Etemad-e-Saltanet）高聲朗讀法文報紙上的新聞。納瑟艾丁經常帶著大批隨從去打獵，如果獵獲的是可食用動物，他一定大方分發給隨員；當然，他也不會忘記我們。出遊隊伍每經過一個村落，村裡的百姓一定跑出來爭睹「君王之王」（Shahinshah）的廬山眞面目，此時，納瑟艾丁就會發放金幣給村民。騎馬時，納瑟艾丁大帝通常穿著一件棕色外套，頭戴黑色氈帽，手裡拿著一把黑陽傘；座騎的馬鞍和鞍布都鑲繡著金線。

我們在拉伐河畔的垂釣大有斬獲，釣上來的鱒魚鮮美無比。鄰近區域有大批游牧民族在那兒紮營，帳棚顏色有黑色，也有繽紛的各式顏色。我有時會順道去拜訪他們，畫一些素描。有一次，我想爲一個漂亮的女孩素描，女孩的父親卻堅決反對，我問他擔心什麼，他答道：「如果君王看見了她的畫像，我擔心他會把她納作後宮妃妾。」

納瑟艾丁自己相當喜歡繪畫，因此，對我的素描頗感興趣，偶爾會要求我把素描簿帶到他的帳棚去。

在這趟旅程中，有個趣位十足的人物很值得一提，那就是亞西蘇易蘇丹（Asis-i-Sultan），意思爲「君王之摯愛」（the king's affection）。其實，他不過是個十二歲大、面貌醜陋、患有肺病的男孩，卻是納瑟艾丁的吉祥象徵；少了這個男孩，大帝哪裡也去不成，什麼也做不了，甚至也活不下去了！納瑟艾丁之所以幾近迷信地寵愛這個不討人喜歡的孩子，據說和預言有關係。預言指出，納瑟艾丁的壽命與男孩的生命惜惜相關，因此，他下令必須無微不至地照顧這個男孩，還賞賜給男孩專屬的宮殿、侏儒、弄臣、黑人奴僕、按摩女郎和僕役，以滿足他的任何需求。這個飽受寵愛的男孩甚至擔任陸軍元帥，正因爲他對大帝具有非比尋常的影響力，因此，每個人都竭盡所能地去取悅他，但是，私底下卻都巴望這男孩快點死。

納瑟艾丁似乎總是需要藉由某種生物來讓他的愛有所寄託，在「君王之摯愛」受寵之前，納瑟艾丁的最愛是五十隻貓咪。同樣地，這些貓咪都擁有自己的豪宅，不論納瑟艾丁到哪裡旅行，這些貓咪也會躺在天鵝絨鋪襯的籃子裡伴隨左右。最得納瑟艾丁寵愛的一隻貓叫作「虎貓」（Babr Khan），每天早晨在納瑟艾丁桌上陪他用早餐。隨著貓的大量繁殖，皇宮的地毯上處處貓頭鑽動，天可憐見！那些朝廷大臣總是得小心翼翼地走在地毯上，以免踩到貓兒！

大體上，我們的夏季假期過得眞是快樂。我到處溜達遊蕩，隨機畫畫和寫作，由於整個營區就我懂得英文，所以，有時候內政大臣會要求我翻譯英文快信。有一天，我們在離達馬文（Demavend）山峰不遠的拉俄河谷地紮營，剎那間，一股想攀登這座波斯最高峰達馬文山（高一萬八千七百呎，屬於厄爾布士山脈）的強烈念頭在我內心湧現——派駐德黑蘭的外交官經常攀登此山峰。

精靈之家達馬文山

據說達馬文山峰是座只噴發硫磺氣和蒸氣的火山，如今爆發的動力已經不再那麼旺盛。目前噴出的物質是粗面岩、斑岩和熔岩，硫磺成分的火山口圓周約半公里，外面則覆蓋著白雪。古代波斯詩人以歌謠來吟詠達馬文山峰；它的原始名字是「狄夫班峰」（Divband），意思是「精靈之家」（Home of the Spirits），直到現在，人們還是相信善良的精靈（jinn）和邪惡的精靈（divs）都住在達馬文峰頂上。

納瑟艾丁大帝對於我想攀登達馬文山峰的計畫極感興趣，不過，我事前既未作充分準備，又不攜帶大批隨從，因此對我能否成功登上峰頂抱持懷疑態度。於是他命令內政大臣寫一封信給登山口所在拉納村（Rahna）的長老，指示他竭盡所能幫助我完成壯舉。

七月九日早上，納瑟艾丁的手下賈法（Jafar）爲我帶路，我騎馬，他騎騾子，兩人出發前往當天夜裡落腳的拉納村。果不其然，拉納村的長老請我們儘管吩咐，他一定會照辦。我儘可能不去麻煩他，只是請他爲我們準備兩位可靠的嚮導和兩天份的食糧。長老立即指派塔吉（Kerbelai Tagi）和阿里（Ali）當我們的嚮導，他們兩人自稱曾經攀到達馬文峰頂三十

達馬文峰頂火山口隱約可見

次，為的是採集硫磺。

第二天清晨四點半，我們踏上攀頂之路，此刻的達馬文山峰籠罩在雲靄之中。嚮導手拿長長的鐵頭登山杖，背上還背著我們的補給用品和工具。

我們順著陡峭的碎石坡緩緩前進，沿路穿越岩石與溪流，就這樣，一天過去了；黃昏降臨，嚮導停在一個山洞前，打算在洞裡過夜。此處離山頂還很遠，所以我督促他們繼續前進。天色已是黑幕一片，地勢變得更加崎嶇峭險，我們只好在岩石之間徒步而行，天空開始飄起了雪花，我下令大夥兒停下來過夜。我們在灌木叢裡升起營火，緩緩揚起的煙霧好像一襲面紗掛在南邊山坡的上空，大夥兒吃完麵包、雞蛋、乳酪之後，便就枕著開闊的穹天酣然入夢鄉。

夜裡十分寒冷，風也很強勁，我們整夜燒著營火，像豪豬一樣蜷縮起身體取暖，並且盡可能靠近溫暖的營火。

隔天清晨四點鐘，阿里把我叫醒，還站在我身旁直喊著：「大人，我們快走吧！」我們喝幾口茶，吃了一些麵包，便開始順著斑岩和凝灰岩構成的山脊前進。達馬文山峰的形狀是非常典型的火山錐。在離水平線一萬一千呎的高度，我們踏上終年不消融的雪地，這片皚皚白雪彷彿帽子般戴在山頭上，而且順著岩脊向下延伸到山坡上。我們就是走在兩條這種下垂的雪舌之間，慢慢往山頂攻堅。

太陽在晴朗的天空中緩緩升揚，萬道金光灑遍這處令人讚嘆的曠野大地。西南方的普里普勒(Pul-i-Pulur)石橋邊，河床上露出斑斑白點，這些白點原來是納瑟艾丁營區的三百多頂帳棚，在前一天晚上才遷移過來。不過，天氣瞬間變得黑雲密布，冰雹霹里啪拉打在我們身上，好像被人鞭打一般，逼得我們不得不暫停下來，蹲伏在兩塊岩石中間，而冰雹還是落在我們的背上。

攻頂成功

待天氣轉晴，我們繼續攀爬陡峭的山坡。嚮導的步伐如同羚羊一樣輕巧敏捷，可是我的步伐卻沉重緩慢；我不擅長登山，事前又缺乏練習，過去也未曾攀登過任何一座高峰，所以每走十步，我就得停下來喘口氣，然後再勉強走個幾步。這時，我的太陽穴猛烈抽動，頭痛欲裂，整個人疲累得快死掉了。

石子路走到了盡頭，我們才真正進入雪地。才一會兒工夫，我便栽倒在雪地上。我開始懷疑自己是否眞能爬到山頂？我問自己如此辛苦所爲何來？現在就當機立斷折返，不是很好嗎？不行！打死我也不能在納瑟艾丁面前承認失敗。有那麼一會兒，我昏睡在雪地上，阿里立刻搖醒我，嘴裡再度喊著：「大人，我們快走吧！」我只好撐起身子，咬緊牙根繼續往前走。時間點滴流逝，在我的眼裡，達馬文山峰有時是那麼遙不可及，有時又清晰可見雲靄或漩渦似的飛雪緊緊密封著它。最後，阿里解下他的纏腰帶，自己抓牢帶子的一端，另一端讓塔吉抓住，我就夾在他們兩人中間，抓著腰帶跌跌撞撞地走著；如此，他們把我拉過雪地，說實話，這樣走起來的確容易多了。

滑下白雪皚皚的達馬文山山坡

天空再度清朗起來，山頂看起來近多了。經過十二個小時千辛萬苦的攀登，我們終於在下午四點半登上達馬文山峰，此時氣溫下降到攝氏零下兩度左右，山風強勁，空氣刺骨冰冷。我畫了一張素描，蒐集了幾種硫磺礦石，並在繚繞的雲霧間找尋隙縫，盡情飽覽遠方的景觀；北邊的裏海和南邊德黑蘭四周的平原景致，全都一覽無遺。

休息了四十五分鐘，我令大夥兒出發。兩位嚮導帶我到一處覆蓋積雪的罅隙起點，沿著緩降的山坡，白雪往下淌得遠遠的。嚮導在薄薄的雪地上蹲下來，用手杖的鐵頭尖戳戳雪地表面，然後以令人喘不過氣來的速度溜下山坡。我跟在他們後面如法炮製，往下溜的時候得用腳跟煞車，而腳跟所到之處激起的雪花，看起來就像輪船破浪前進時所濺起的浪花。就這樣，我們高速下滑了七千呎的高度，最後積雪變得越來越薄，我們只得換個方式，徒步穿過岩石下山。太陽下山之際，雲層升高了，我們在暮色低垂時抵達山洞，賈法和一些牧羊人早等候在那兒，連我的座騎也一併牽了來。幾分鐘不到，我已經進入甜甜的夢鄉。

過了幾天，納瑟艾丁召我前去。他端坐在龐大的紅帳棚裡，四周圍著幾名大臣，他們有些人懷疑我根本就沒有抵達山頂。納瑟艾丁看了我的素描之後，轉頭對大臣們說：「他真的走到了，確實登上了山頂。」大臣們一聽，深深作了個揖行禮，而所有的懷疑，一下子就像環繞達馬文山峰的雲霧，完全從他們的臉上消失無蹤。我們在清新的山裡又盤桓了些時日，才跟隨納瑟艾丁一行人回到首都德黑蘭。

然而，我對德黑蘭最後一段的回憶卻是血腥的。當時，城裡正在舉行慶祝儀式的犧牲禮（Kurban bairam），一匹戴著銀製鞍轡、裝飾高挺羽毛、覆蓋華麗刺繡布巾的駱駝被帶進露天廣場，成千上萬的民眾早已聚集在那裡。在樂隊的伴奏下，騎士靈活地躍上馬鞍，在廣場快速奔馳；前導衛隊手裡拿著長鞭，試圖維持群眾秩序。

負責獻祭的人把駱駝帶到群眾中央，強迫牠跪坐下來，接著，一束青草遞到牠面前，就在駱駝咀嚼青草的同時，牠身上的鞍轡被解下來。這時候，十個身穿圍裙、捲起袖子的屠夫出現在廣場，其中一人塊頭很大，只見他猛力一戳，手中的屠刀已刺進駱駝的胸膛，駱駝痙攣了一陣子，側身翻倒，頭部頹然垂掛到地上。另一個屠夫在此時走上前去，唰唰兩刀，瞬即把駱駝的頭割了下來，接下來開始剝皮、分割獸肉，而群眾竟像餓狼般撲在血淋淋的駱駝屍體上，爭著想要搶一塊肉，如願撕扯到小塊肉的人會立即退出，讓位給後面的人。不過幾分鐘光景，唯一能證明先前有一匹駱駝被犧牲的證據，只剩下地上的一灘血跡了；只是，在人們的心裡，合宜的犧牲禮已經奉上，主宰人類命運的至高神祇理當可以心滿意足才是。

第十章

陽光大地闊拉珊

一八九〇年九月九日，我啓程前往人稱「陽光大地」（Land of the Sun）的闊拉珊省（Khorasan）省會麥什特（Meshhed），沿路必須經過一條很長的馬車道，途中共有二十四處驛站；麥什特也是虔誠的帕爾西朝聖者最主要的朝拜聖地。

早在薛西斯和大流士時期，這條車道沿線就已經建立起郵務系統，到了帖木兒時代，傳遞訊息的信使往來於這條路線。當年的驛站和今天相去不遠。

這片土地溢滿了對前塵往事的回憶。亞歷山大大帝曾經在這裡追擊逃亡的大流士三世科多馬努斯（Codomannus）[1]；哈隆・賴什德率領他的軍隊在這裡發動過突襲；蠻悍勇猛的蒙古部落曾在此地燒殺擄掠；這兒的荒蕪遺跡顯露出納迪爾大帝當年的戰爭。還有，成千上萬疲憊不堪的朝聖者經過這條路到麥什特，向伊瑪目利札（Imam Riza）的陵墓伏地跪拜。

在出發前兩天，我向年邁的納瑟艾丁大帝道別，當時他在御花園的小徑上散步，手裡拄著一支金頭拐杖，他祝福我旅途愉快，說完又繼續在花園裡踽踽獨行。納瑟艾丁大帝的曾孫新近才繼位成爲波斯國王。納瑟艾丁統治波斯長達四十八年，而在他逝世後的二十八年內，王位的更迭歷經了四代。

朝聖之旅

這趟旅程預計有三千六百哩長，交通工具除了騎馬之外，還有雪橇、馬車和火車。我盡可能撙節開支，總共只花費了兩百英鎊。

我帶著三匹馬隨行，一匹當作我的座騎，一匹負責馱運行李，剩下那一匹則讓陪伴我旅行的馬夫騎乘。和上次前往波斯灣旅行一樣，我每到一處驛站就會更換新的馬夫與馬匹。

我們通過闊拉珊城門出德黑蘭，這扇城門建築四座鑲嵌黃、藍、白彩陶的小塔樓；我為了一枚錢幣折返城門，守門人好心地對我們大喊：「朝聖之旅愉快！」

在我們的右手邊是阿布都艾金大帝的陵墓，洋蔥型拱頂像個金球似的光芒四射；陵墓圓丘旁的「死寂之塔」已然在望。左手邊是達馬文山峰，此時峰頂營繞著輕柔的雲層，不久，達馬文山峰即將披上雪白的冬衣；游牧民族的黑色帳棚散列在大草原上。在薄暮時分，我們抵達庫貝甘貝德村（Kubed Gumbed），夜裡和貓狗睡在一處。

郵務員隨時會來到，他一旦抵達，便可享有優先挑選馬匹的權利，因此我們選在半夜上路。首先，我們讓馬慢跑一段路程後，再快速奔馳，最後下馬走路，以免累壞了馬匹。夜風清柔和煦，獵戶星座在天邊閃爍，月亮也緩緩上升，遠處隱隱約約傳來商隊的駝鈴聲，不多時，這些駱駝就像幽影般輕悄悄地越過我們身旁。

第二天大部分的時間我們都在策馬趕路，有時候，便在路旁的咖啡屋歇一會兒，有時則和打尖的商隊一起休息。游牧民族的帳棚也是我們歇腳的地方，帳棚四周總有古銅色皮膚的孩童和小狗、小羊玩耍嬉戲。有一次我睡著了，太陽下山時，我突然被一連串宏亮的「偉哉阿拉！」的呼喊聲給吵醒；下午五點，外面的氣溫仍然高達攝氏三十四度。

我們在戴怡納馬克村（Deh-i-Namak）被第一位郵務員趕上了，他是個典型的正人君子，主動開口邀我們加入他的行程，於是那天晚上我們與他一同出發，變成一支擁有五匹馬的隊伍。這條路線刻印著許多平行的軌跡，幾千年來，幾乎被無數來來往往的駱駝、馬匹和旅人的腳步所踩遍。我們經過一個又一個的村落，途經森南（Semnan）到達谷榭（Gusheh）。有一次，我們遇見二十四位纏著白色和綠色頭巾的托缽僧，他們正從麥什特朝聖回來，要返回位於敘詩特（Shuster）的家。還有一次，我們遇到一些鬍子斑白的朝聖者，由於年老力衰，因此被容許坐在駱駝轎子上完成他們的朝聖之旅。

經過荒漠野林

谷榭村裡只有兩棟房子：一棟是商旅客棧，另一棟是驛站。站在驛站的屋頂上往南方和東南方眺望，可以看到卡維爾（Kevir），亦即鹽漠（Salt Desert），恰似一汪冰凍大海。我花了一天時間騎馬到鹽漠邊上，想親眼看看那令人目眩的白色沙海。騎了約三十一哩路，我來到一處鹽層達九公分厚的地點，朝南走，眼前白色鹽層筆直延伸到地平線的盡頭。十六年以

在闊拉珊燒殺擄掠的蒙古人

後，我經由兩條不同的路線橫越這片可怕的沙漠。

再回到馬路上不久，我們又從一座山丘上望見丹干市（Damghan）和田園。這個城市曾經慘遭蒙古人的劫掠，至今還留有一座美麗的清眞寺，高聳的尖塔直立雲霄；另有一座老舊清眞寺雖然破敗，它的拱門與迴廊建築卻依然如詩如畫。

我臨時起意想轉往北方六十哩外的城市阿斯特拉巴德（Asterabad）❷，爲此我必須橫越厄爾布士山和山坡上的森林，我雇了一個商隊車夫和兩匹馬後，隨即毅然啓程。

在第二天的行程中，我們來到一個貧窮的小村落恰爾第（Chardeh），村子四周環繞著寸草不生的山丘。由於這個村子毒蟲猖獗，人盡皆知，因此車夫沒有帶我進村子裡，而在幾百碼外的一處園林落腳，整座園林被五呎高的土牆所圍繞，連一扇門都沒有，我們只好翻牆進入。車夫把我的地毯鋪在一棵蘋果樹下，再用毛毯、外套、枕頭疊成一張床，旁邊放了兩口皮箱，打理完後，他便牽著兩匹馬進村子買蛋、雞鴨、蘋果和麵包。過了一陣子，車夫偕同兩名男子一起回來，我們開始準備晚餐。晚上吃剩的東西都放在我床邊的皮箱上，至於他們三個人則又連袂回村子裡去了。

囂張的夜襲者

就著殘餘的天光，我坐在床上寫東西，四下完全看不見其他生物，只有偶爾隱約聽到遠處的狗吠聲。黝暗的黑幕籠罩而下，我躺下身慢慢沉入夢鄉。

夜裡不知道什麼時刻，皮箱邊傳來的嘎嘎聲把我吵醒，我坐起身來側耳傾聽，但四周靜悄悄地，於是我只好躺回床上。過沒多久，我又被一陣刮搔皮革的聲音吵醒，這次我嚇得跳起來，湊著星光模模糊糊看出是五、六隻胡狼，牠們警覺地退回牆角的陰影中。這下子我完全清醒過來，開始全神貫注地守望著。我注意到這群胡狼像影子一樣躡手躡腳，而且聽見牠們在我身後發出啪達的腳步聲，此時又有一些胡狼從垃圾堆和草原間冒出來，因而數量越來越多。

照理說，胡狼是無害的動物，可是當下我形單影隻，誰也料不定會出什麼事。為了打發時間，我想到乾脆繼續吃剩下的晚餐，這才發現皮箱上的食物已經被一掃而空，除了蘋果之外，胡狼把所有的食物都吃光了。慢慢地，牠們的膽子變得越來越大，正逐步逼近床邊，我拿起一顆蘋果，使上全身的勁力朝胡狼群投擲過去，只聽見從狼群中傳出一聲慘痛的哀叫，顯然其中一隻夜襲者被打中了。可是這群胡狼瞬間又轉回來，牠們更加囂張了，我抄起一根馬鞭用力鞭打皮箱，想藉此嚇退牠們。時間緩緩過去，我當然想再躺下睡覺，可是身邊有一大群徘徊不去的胡狼，說不定什麼時候會踩到我的臉上來，叫我怎麼能睡得安穩？

好不容易天已濛濛亮，恰爾第村的公雞開始啼叫，胡狼紛紛越過土牆走了，這次不見再轉回來，所以我才能睡回籠覺直到車夫前來叫醒我。當我們到達下一個紮營地，我聽到好幾個關於狐狼的傳說：不久前，有個騎騾子的男子要從他的村子到另一個村子去，在路上遇著十隻胡狼緊追在他後面不放，他費了很大的勁兒想趕走這些胡狼，卻奈何不了牠們。另外也有一些描述飢餓的胡狼如何殺害人類的故事。

土庫曼人的肆虐

我們騎馬穿越杜松子林，睡在露天的營火邊；我們沿路還經過濃密的橡木林、松樹林、橄欖園。馬路沿著陡峻的斷崖向前伸展，往北走，經過的山谷籠罩在白色的嵐霧之間。我們穿越一度強盛的土庫曼人（Yomud Turkomans）❸所居住的區域，最後終於來到阿斯特拉巴德，進入以梅森德蘭省（Masenderan）命名的城門。

我在此地停留好幾天，成了俄國領事的座上賓。大帝生日那天，我們受邀前往省長官邸，我永遠忘不了那場盛宴。夜裡，官邸施放五彩繽紛的煙火以資慶祝，騎士坐在紙紮的馬上進場，手持泡過瀝青的木棍展開比鬥；由銅鈸、橫笛、定音鼓、銅鼓所組成的樂隊齊奏，音樂喧天嘎響；裝扮成女人的小男孩盡情舞蹈，暫且將《可蘭經》的禁令拋諸腦後，每個人都盡興地喝乾美酒。

我們繼續往前推進，穿過茂密的森林，循著驚險萬狀的峭壁懸崖往東邊走，重新回到主要的商隊路線上，經過玻斯丹（Bostan）和沙路德（Shahrud）兩個城鎮。我們在玻斯丹發現好幾棟鑲飾靛綠色彩陶的古老建築，還有一座取名自巴耶塞特蘇丹（Sultan Bajazet）❹的清真寺，它有兩座著名的尖塔，世稱「顫慄之塔」（Trembling Towers）。

我們向東走，沿路是起伏不大的荒野與草原，由左方望過去可見綿延的山巒，形成波斯與北方土庫曼斯坦的天然界域。不過是五十年前的事，一提起「土庫曼人」，這一帶的居民仍是餘悸猶存。當時土庫曼人群聚勢力，南下波斯境內大肆掠奪民宅，然後把搶奪來的大批戰利品帶回北方；戰利品包括貨物、牛隻和奴隸。當時奴隸買賣十分盛行，在一八二〇年俄國大使穆拉維夫（Muravieff）派駐基發（Khiva）❺時，當地就有三萬個奴隸，都是波斯人和俄國人。拒絕改信回教的基督教徒若非慘遭活埋，就是耳朵被釘在牆上，活活餓死。一八八一年，俄國將軍斯科別列夫（Mikhail Dmitriyevich Skobeleff）❻占領哥特佩（Geok-Tepe）❼後，便釋放了兩萬五千名奴隸。

隨著我們行進的道路，路旁稱爲「布爾茲」（burj）的塔樓越來越多，高度約四十到五十呎。這些塔樓一度有波斯警衛戍守，負責瞭望北方和東方，一旦發現風吹草動，就趕緊警告鄰近村落的百姓逃亡或躲藏。人們把這個地區叫作「恐怖之徑」（Ja-i-kuf），因爲土庫曼人會不時前來肆虐。

波斯的駱駝

商旅隊與朝聖者

位在沙漠中央的「棉達什特」（Miandasht），其規模無疑是整個回教世界中數一數二的商旅客棧，往來東西方的商隊都選在此處歇腳，朝聖者也多半在這個客棧休息一、兩天。婦女、哭喊的娃娃、托缽僧、士兵、商人全都擠成一堆，他們鮮豔的服飾構成了一大片躍動的色彩。有些人爲了搶占較好的位置而爭吵，有些則忙著從院子裡的水井打水過來，還有一些人跑到小攤子去買水果。客棧裡隨時有商隊準備出發，也隨時有其他商隊的駱駝正要卸下貨物。我瞧見一位高雅美麗的女士坐在由兩匹騾子抬著的轎椅進入客棧，隨後有一些路人和騎士簇擁著她。

從這裡往東，出現眼前的是一片無垠的沙漠，我們騎馬經過一匹被主人遺棄已經奄奄一息的駱駝，還遇到四個托缽僧，他們把鞋子掛在肩上爲了不使鞋子磨壞。一群大烏鴉在我們前面盤飛了很久，就像是我們的前導衛隊。當晚我們找到一處可遮風避雨的地方過夜，揚舞的灰塵打著漩渦捲了進來。

在薩澤伐市集兌換錢幣的商人

下一個城市是薩澤伐（Sabzevar）❽，又稱爲「蔬菜之城」（City of Vegetables），擁有一萬五千名人口、兩座大型清眞寺和幾座較小型的清眞寺，還有木板搭建屋頂的市集，販售的商品琳瑯滿目。薩澤伐還有一座碉堡，由於土庫曼人的劫掠行徑已不再，現在只剩下頹圮遺跡供人憑弔了。這個地方有多處鴉片菸窟，因爲人們引以爲恥，所以都掩藏在地窖中。我

在地窖裡吸食鴉片

在一位亞美尼亞人的陪伴下，進入一個鴉片地窖，泥土地上鋪著地毯，只見兩個人四肢交叉躺在地毯上正在吸鴉片菸。鴉片菸管是一條長長的管子，末端有個泥土燒成的球，球上鑽了個小孔，把鴉片捻成豌豆大的丸子塞進小孔中，然後把菸管放在火燄上加熱，吸食者就著管子吸進菸氣；他們塞進一個又一個鴉片丸子，慢慢沉入令人欣喜的夢幻世界。此時，洞窟牆邊的陰暗處已經橫躺著四個迷幻茫然的吸菸客，我吸了幾口鴉片，覺得鴉片菸和牛角燃燒時所散發的菸味差不多。

在前往尼夏普爾（Nishapur）的路上，我們超越了一支由兩百三十七頭駱駝

組成的貿易商隊，接著又超越一群朝聖者；這支朝聖隊伍有十名婦女，她們坐在馱籃（kajeveh）裡旅行，男人則可以坐在騾子上睡覺。他們的領導人是一位教士，正要前往伊瑪目利札的陵墓朝拜，並且沿路為他們解說利札神聖的傳奇故事。

尼夏普爾在東方世界裡可說赫赫有名，原因是它出產世界上最美麗的土耳其玉（turquoises）。位於尼夏普爾北方的賓納魯特山（Binalud Mountains）蘊藏著銀、金、銅、白鑞（pewter）、鉛、孔雀石（malachite）等礦物。此城市在過去幾個世紀中曾經被數度摧毀，又數度重建，其中一位毀城的主導人物就是馬其頓的亞歷山大大帝。

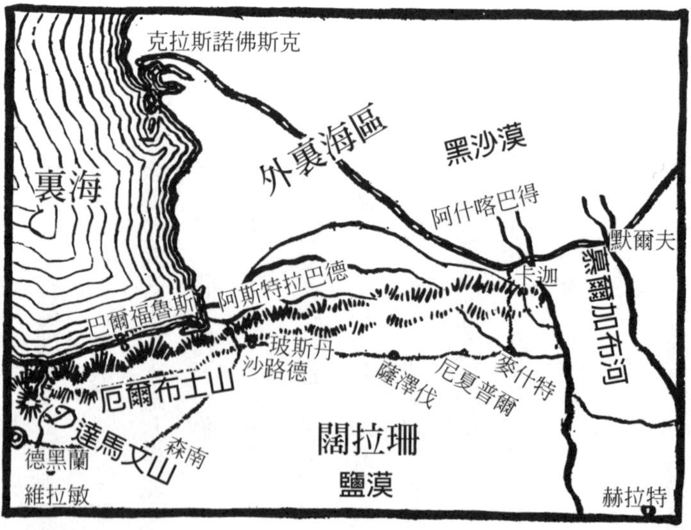

從德黑蘭到卡迦的路線

幾天後，我們終於來到「迎賓之丘」特普易薩拉木（Tepe-i-salam），多年以來，難以計數的朝聖者在此地跪拜祈禱，因為他們站在山丘上即可望見聖城，也就是「殉教之地」(Place of Martyrdom) 麥什特。每一個到此的朝聖者都會放一塊石頭在一龍石堆上，成千上萬個圓錐形和金字塔形的石堆都是朝聖者所堆疊而成，透過這項簡單的儀式，他們表達了心中虔誠的意念。

【注釋】

❶西元前三八〇？～三三〇，統治波斯六年，於西元前三三三年和三三一年被馬其頓的亞歷山大大帝打敗，逃亡途中遭到手下一位波斯貴族所殺害。

❷位於伊朗北方，今名古爾干(Gurgan)。

❸土耳其語系的一支民族，分布於西南亞，主要人口聚集在土庫曼斯坦，而現在的伊朗、阿富汗、土耳其東部、敘利亞北部、伊拉克北部仍有散居的土庫曼游牧民族。

❹一三四五～一四〇三，為鄂圖曼帝國國王，征服過保加利亞、塞爾維亞、馬其頓等地，並占領過君士坦丁堡，最後被帖木兒所敗。

❺前蘇聯境內，位於烏茲別克和土庫曼交界的綠洲城鎮。

❻一八四三～一八八二，曾征服土耳其斯坦，並在俄土戰爭時占領多處土地，後來還降服了土庫曼人。

❼前蘇聯境內，爲土庫曼斯坦南方的城鎮。

❽位於伊朗東北方，屬闊拉珊省，在麥什特西邊。

第十一章

殉教之城麥什特

有三位歷史上著名的人物埋葬在麥什特。西元八〇九年，因《一千零一夜》一書聞名的哈里發哈隆．賴什德即在前往麥什特的途中逝世，當時他正要前往該地敉平叛亂。九年之後，回教第八任伊瑪目利札也埋葬在麥什特城。波斯的什葉教徒們推奉先知穆罕默德的女婿阿里（Ali）與他的十一個繼承者為伊瑪目；阿里和他的兩個兒子胡珊（Hussein）和哈山（Hassan）為最早期的宗教領袖，利札是第八任，第十二任則是「神秘的瑪迪」(Mystic El-Mahdi) ❶。傳說當審判日（Day of Judgment）降臨時，瑪迪將在人世間重建「上帝的王國」（Kingdom of God）。

第三座陵墓為納迪爾大帝長眠之處。他原來是韃靼族的強盜，在大肆劫掠闊拉珊之後勢力迅速增強，並替波斯王大馬士二世（Thamas II）效力，為他收復所有被土耳其人侵占的省份，波斯領土因而得以向四面八方擴張。後來，納迪爾乾脆推翻大馬士二世，派人暗殺他；一七三九年，大馬士二世在德里被殺，死時渾身是血。納迪爾並且刺瞎了大馬士二世的兒子，用罹難者的人頭在清真寺屋頂上堆成尖塔。他下令鑄造自己的錢幣，在錢幣上鐫刻：「噢，錢幣啊，向世人昭告納迪爾已經統治全世界，是征服世界的君王。」一七四七年春天，納迪爾大帝率領軍隊兵臨麥什特城下，他對麾下波斯官兵的表現相當不滿，於是下令全部格殺勿論，後來這命令並未執行。波斯人無意中發現，軍中土耳其、烏茲別克、土庫曼、韃靼籍的士兵已經開始在磨刀擦劍，如此一來，他們除了謀殺納迪爾之外，別無自保之道。

一天夜裡，衛兵隊少校貝可（Sale Bek）偷偷溜進納迪爾大帝的帳棚，把納迪爾的頭砍了下來。他的屍體被埋葬在華麗的陵墓中，然而一七九四年，現代皇宮創始者阿嘉穆罕默德（Aga Mohammed Khan）❷奪權後，即命令掘開納迪爾大帝的陵墓，讓野狗啃食納迪爾的屍體。傳說納迪爾大帝的遺體如今埋在一個小山丘下，靜靜地在四株桑樹底下安息。

位處麥什特中心的聖地幾乎自成一個小城鎮，不過，整個城市最美的景觀是陵墓上方八十呎高、鑲綴金箔的洋蔥形拱頂、陵墓正面和尖塔貼飾的彩陶，和可容納三千個朝聖者的中庭凹室，以及中庭裡的水池與鴿子。帖木兒最寵愛的妃子在麥什特建造了一座清真寺，洋蔥形的拱頂採用藍色調，旁邊是典型的兩座尖塔。這些神聖的建築保留了價值難以估計的寶藏。當我拜訪麥什特時，聽說每年湧進這座聖城的朝聖者約計有十萬人次，而且每年有一萬具屍體被送到伊瑪目利札的陵墓附近下葬，希望復活日（Resurrection Day）降臨時，利札能帶領他們進入天堂。墓園附近不時可見胡狼徘徊，四處覓食，到了夜晚甚至進到城裡，侵入陵墓裡的花園。據估計麥什特共有八萬人口，每五個人當中就有三個是教士、托缽僧或朝聖者。鄰近陵墓的地方有人施捨食物給窮人，盲人得以重見光明，癱瘓的人也可以重新站起來。

麥什特可謂條條街道通聖地，而聖域四周都以鐵鍊圈圍起來，凡是在鐵鍊內的區域，所有帶罪之人皆可安全無虞，因此許多的殺人犯和強盜都設法躲進這個庇護所。

每天清晨，從那加勒卡納（Nagara-khaneh）或鼓樓傳出一陣陣奇怪的管絃樂，爲了迎接緩緩升起的太陽；傍晚，當太陽從遙遠的西方下沉，告別闊拉珊時，管絃樂隊也會爲一天的結束奏出道別的旋律。

【注釋】

❶回教徒相信瑪迪是他們的救世主。

❷於一七九四年創建卡加王朝(Kajars)，並統一波斯。

第十二章

布卡拉與撒馬爾罕

我在十月中旬離開麥什特。秋天的腳步正逐漸逼近，我帶著一位商隊車夫和三匹馬穿越赫薩邁斯吉特山脈（Hesar-mestjid Mountains）窄仄的峽道與隘口，通過堅實的天然堡壘「克拉特伊納迪爾」（Kelat-i-Nadir），一路朝北，到達目的地外裏海鐵路（Transcaspian Railway）的卡迦（Kaahka）車站。

在外裏海的首府阿什喀巴得（Askabad），我結識了軍方總督庫羅帕特金將軍（General Aleksey Nikolayevich Kuropatkin）❶。在俄土戰爭期間，庫羅帕特金將軍曾率軍攻打普列夫納（Plevna），對於征服外裏海地區戰功卓著，而日俄戰爭時，他並且擔任俄國陸軍總司令。之後，我又分別在撒馬爾罕（Samarkand）❷、塔什干（Tashkent）❸和聖彼得堡見過他好幾次面。每次一想到他，我內心總是充滿感激，因爲他在我的旅程中給予很多的幫助。

我在阿什喀巴得附近閒逛，觀察到土庫曼人已經從遊牧生活逐漸發展到農業生活，這從他們在村落外圍屯墾的田地可見一斑。我拜訪了安瑙（Anau）的清眞寺，這座美麗寺廟之所以聞名，在於它的正面鑲貼華麗彩陶，並以幾條交叉磐旋的黃色中國龍爲設計圖案。在這裡，我生平頭一遭看見「黑沙漠」卡拉庫姆（Kara-kum），它橫亙於裏海和阿姆河（Amu-daria）之間，北起鹹海，南止波斯境內的闊拉珊省；黑沙漠裡常有如野豬、老虎、胡狼之類的野生動物出沒。土耳其斯坦已有部分領土被俄國所征服，像基發和整個裏海東岸現在都已納入沙皇的版圖；不過卡拉庫姆沙漠仍屬於化外之境，在沙漠的各個綠洲只有塔克土庫曼人放牧的蹤影，目前還是在土耳其斯坦的管轄範圍。

慘烈的綠丘戰役

俄國人在對外征戰的初期慘遭挫敗。有一次率軍出擊，麾下原本擁有一萬八千頭駱駝，卻在戰役中損失了一萬七千頭，這使得土庫曼人更加傲慢自大，於是俄軍決定再發動攻勢，給予土庫曼人一次難忘的痛擊。斯科別列夫將軍受命誓師還擊，爲亞洲戰爭史寫下極爲慘烈的一頁；土庫曼族在此役中慘敗，直到列寧時代仍臣服於俄國的統治之下。

斯科別列夫將軍率領兵將七千、配備槍枝七十，於一八八○年十二月揮軍直搗沙漠，同時，安楠科夫將軍（General Annenkoff）以迅雷不及掩耳的速度，在異動難測的沙丘之間鋪設鐵軌，作爲俄軍行動的補給線。土庫曼人稱安楠科夫將軍爲「茶壺大官」（Samovar Pasha）❹，而將火車喚作「惡魔之車」（carts of the Devil）。爲數眾多的土庫曼人——多達四萬五千人——在綠丘堡壘迎戰，其中包括一萬名武

土庫曼男子

裝騎士，連婦孺也加入備戰行列；堡壘四周環繞著泥土砌疊的高牆。土庫曼人以馬丹庫立汗（Makdum Kuli Khan）爲首，他率領的士兵皆配帶長槍及腰間刀槍，還有一具發射石彈的大砲。

一八八一年一月，俄軍所挖掘的戰壕越來越逼近綠丘堡壘，他們在堡壘的城牆下埋設地雷，準備炸毀城牆；另一方戍守在堡壘之內的土庫曼人聽到從地底下傳來鑽動的聲響，確信俄軍會在牆上挖洞，然後一一爬進堡壘，因此便拔出軍刀躲在牆角邊守株待兔。結果，他們等待的這天終於來臨了，只是萬萬沒想到等來的卻是毀滅之日；成噸的火藥在牆底下轟然爆炸，造成許多的土庫曼士兵死於非命。

俄軍排成三列縱隊迅速穿過炸破的城牆，其中兩列縱隊分別由庫羅帕特金將軍和斯科別列夫將軍指揮。斯科別列夫將軍騎著一匹白馬、身穿白色制服、頂著一頭鬈髮，渾身散發出香水味，在軍樂隊演奏的進行曲中，簡直像是個新郎官。在這場戰役中，有兩萬名土庫曼人喪命，五千位婦女和小孩被俘虜，不過俄軍釋放了這些婦孺和同時被俘的波斯奴隸；至於俄軍則僅折損四名軍官和五十五個士兵。此後即使事隔多年，每當土庫曼人聽見俄國的軍樂聲就忍不住淚眼婆娑，因爲在土庫曼國境內，沒有一個人不在這場綠丘戰役裡失去親人的。

短短幾年時間，俄國即征服了距離赫拉特只有一天行程的所有領土；俄國在中亞地區快速擴展的情勢，不僅對印度已構成威脅，連帶地也引起了英國的恐慌。

綠洲城默爾夫

一八八八年，通往撒馬爾罕長達八百七十哩長的鐵路開始通車；十月底，我搭乘這列火車前往默爾夫綠洲（Merv Oasis）。《波斯古經》（*Avesta*）中記載，當時駐紮在馬爾迦（Marga）省的總督大流士．希斯塔斯普（Darius Hystaspes）❺把這個地方稱爲「默魯」（Moru）。

默爾夫位於土蘭（Turan）和伊朗的交界處，幾千年來的統治者不斷更迭，第五世紀時，有位聶斯托利派（Nestorian）❻的主教即居住在此。西元六五一年，薩珊王朝的最後一位君主伊嗣埃三世（Yezdigerd Ⅲ）帶著四千名扈從，一路上高舉著聖火，從拉傑茲逃亡到這兒，窮追不捨的韃靼人猛烈襲擊默爾夫，伊嗣埃三世一個人徒步倉皇逃命。後來有個磨坊主人答應收留他，條件是伊嗣埃三世必須爲磨坊主人清償債務，於是國王便解下身上的配劍和珍貴的劍鞘遞給他。就在當天晚上，磨坊主人因對伊嗣埃三世的華麗服飾起了貪婪之心，便將他給謀殺了。後來韃靼人被驅離默爾夫，而這位磨坊主人也落得身首異處。

博學的阿拉伯作家賈庫特（Jakut）曾經在默爾夫的圖書館苦讀，在他的作品裡常出現讚美綠洲泉水清澈、瓜果多汁、棉花柔軟的文句。一二二一年，成吉思汗的兒子托雷殘暴地蹂躪這個地區，直到一三八〇年，帖木兒終於把默爾夫綠洲納入版圖。默爾夫的土庫曼人個個心懷恐懼，所以在基發和布卡拉（Bokhara）❼的百姓盛傳一句話：「如果同時碰上毒蛇和默爾夫人，先殺了默爾夫人，再來解決毒蛇！」

我在默爾夫旅行期間，當地每週日會在綠洲有一次市集，不管是帆布棚或露天攤位，都有人販售當地土產，特別是美麗的地毯；地毯鮮紅的底色如同公牛的血色，上面編織著成排的白色圖案。市場上人聲鼎沸，構成一幅迷人的景致——頭戴高皮帽的男子、雙峰駱駝、著名的大頭細頸土庫曼種馬、騎士、商隊、貨車等等，在喧鬧的市場裡熙來攘往。此外，默爾夫舊城（拜剌默阿里〔Baïram Ali〕）的遺跡和洋蔥型拱頂也同樣美不勝收。

從默爾夫出發，火車在游移不定的沙丘之間蜿蜒前行。當地人在這些沙丘頂上種植檉柳和其他沙漠植物，以防止沙丘移位而掩沒了鐵軌。火車行經一座橫跨浩瀚的阿姆河、長達兩俄里（verst）❽的木橋。阿姆河起源於帕米爾高原，最後注入鹹海，總長度爲一千四百五十哩。

尊貴的布卡拉

下一站，我們來到了西亞另一個文化與歷史重鎮——「尊貴的布卡拉」（Nobel Bokhara），亦即布卡拉，它是世界上最珍貴的城市之一，有「亞洲的羅馬」之稱。

歷史上，希臘、阿拉伯及蒙古軍隊都曾經像洪流般肆虐過這個地區，希臘人稱它爲粟特（Sogdiana），羅馬人則稱作「河間地帶」。十一世紀，布卡拉是伊斯蘭教徒學習古典經文的中心，有句諺語說道：「在世界其他地方，光從上而下普照大地；但是在布卡拉，光則是由下向上騰升。」波斯詩人哈菲茲對布卡拉與其姊妹市撒馬爾罕的印象反映在他的詩句中：

Agger on Turk-i-Shirāzi bedast dared dill i ma ra
Be Khāl-i-hindū bakshem Samarkand va Bokhara ta.

如果夕拉茲的美女把她的手放在我心窩上，
因為她臉龐上的黑痣，我要把撒馬爾罕和布卡拉送給她。

布卡拉有一〇五所宗教訓練學校，三百六十五座清眞寺，如此，可供虔誠的教徒在一年內每天到一座不同的教堂朝拜。布卡拉也曾經遭受成吉思汗的劫掠與帖木兒的占領。一八四二年，斯托達德上校（Colonel Stoddart）和康諾利上尉（Captain Connolly）造訪此地，當時的首領納塞烏拉（Nasr-ullah）極爲殘忍粗暴，他下令逮捕這兩個英國人，並且施以酷刑，將他們丟進令人聞之喪膽的蛇窟，最後還砍掉他們的頭。一八六三年，凡貝利裝扮成托缽僧進入布卡拉，並對該地奇特的情景有所描述。

毛拉：有智慧的穆斯林老者

布卡拉的人口由各種不同種族組成，最重要的是擁有伊朗血統的塔吉克人（Tajiks），他們是受教育的階級，教士都隸屬這個民族；此外，是擁有蒙古血統的烏茲別克人（Uzbegs）和賈克提土耳其人（Jaggatai Turks）；而世居此地的眾多庶民則屬於血統混雜的薩爾特族（Sarts）。其他還有許多東方民族，像是波斯人、阿富汗人、吉爾吉斯人（Kirghiz）、土耳其人、韃靼人、高加索人和猶太人。

黎明的曙光總是從市集的拱門後浮現，東方世界的繁忙生活自有它繽紛的風貌，流連市集的遊客對布卡拉編織品藝術的巧奪天工驚嘆不已；骨董店裡擺滿希臘時代與薩珊王朝的銀幣、金幣和其他稀世珍寶。此地盛產的棉花、羊毛、羔羊皮和生絲大量外銷，在和市集毗連的商旅客棧庭院裡，打包好的商品堆積如山。城裡有相當好的餐廳和咖啡店，大老遠就可以聞到洋蔥和香料做成的麵餅香味，至於咖啡香和茶香就更不用說了。這裡一個小酥皮餡餅索價一蒲爾（pool）❾。

走在這些美麗的狹窄街道上，我永遠都不會覺得厭煩。街道兩旁排列著有點古怪的兩層樓房屋，行經的駱駝商隊得在川流不息的貨車、馬夫和熙攘的行人之間穿梭推擠。我常常停下腳步畫畫素描，有時畫的是清眞

塔吉克老人

寺，有時捕捉喧囂街景。每次我身邊總會聚攏吵鬧的群眾，這時跟隨我的俄國公使館僕役慕拉德（Saïd Murad）就會用他結辮的皮鞭替我擋住一些大膽逼近的孩童。有一回，我出門沒有帶慕拉德，這群頑童居然趁機展開報復，從四面八方突擊我，逼得我無法畫畫。他們把我推來擠去，拿爛蘋果、土塊和各種垃圾往我身上丟，我抵擋了一陣子徒勞無功，只好趕緊撤退回公使館，把慕拉德找出來保護我。

一二一九年，成吉思汗攻進大清眞寺（Mestjid-i-Kalan），下令格殺勿論，直到兩百年後，帖木兒才眞正重建這座寺廟。大清眞寺有一座專門關犯人的尖塔，截至三十五年前，高達一百六十五呎的尖塔頂上還不時傳出囚犯破口大罵的聲音，而審判的法官也是從尖塔頂端

高聲宣判犯人的罪行。如今高聳的尖塔上只有兩隻鸛鳥在那兒棲息築巢。由於從塔上可以俯瞰鄰近的皇室後宮，現在誰也不准到上面去了。

與大清眞寺相對而立的是中亞最富盛名的宗教訓練學校米爾—阿拉伯（Mir-Arab），築有圓柱形的塔樓，兩座洋蔥型拱頂外表貼飾明亮的綠色釉陶；主建築有四扇大門，共一百一十四個房間，可供兩百名教士居住。

使吾不死，世人皆顫慄！

然而，堪稱中亞「城市之珠」的非撒馬爾罕莫屬了，我在十一月一日抵達此地。在亞歷山大大帝征服鄰近各國以後，便在此區建立了粟特省，省會爲撒馬爾罕，當時稱爲「馬拉坎達」（Maracanda），即便到現在，撒馬爾罕的馬其頓名字「伊斯干德貝克」（Iskander Bek）依然被沿用。雖然撒馬爾罕動員了十一萬名武裝兵力抵抗成吉思汗的入侵，最後仍然不敵而降，整個城市被蒙古軍徹底摧毀。

與撒馬爾罕更緊密連接在一起的是它的第三個統治者，也就是誕生於一三三三年的韃靼人帖木兒。從基發逃難出來的帖木兒在卡拉庫姆沙漠闖蕩天下，寫下一頁英雄冒險的傳說。本名提慕爾（Timur）的他因爲在西斯坦（Sistan）❿受傷而跛了腳，因此被謔稱爲「跛子提慕爾」（Timur Lenk），久而久之便被發音成「Tamerlane」，而成了今日大家熟知的「帖木兒」。一三六九年，帖木兒在撒馬爾罕順利即位稱帝，從此展開擴張勢力的雄圖大業；他首先拿下波斯，在夕拉茲接見詩人哈菲茲。他利用兩次對外征討的空檔，在撒馬爾罕大興土木，建造舉世無雙的宏偉建築，爲這個城市塑造出獨特的風貌。即使到了今天，帖木兒所興建的建築物依舊屹立不搖，閃耀著綠色光芒的洋蔥型拱頂從花園蒼翠蓊鬱的草木間拔地而起；尖塔及深藍色圓頂彷彿綠松寶石，在淺藍色的天空映襯下，更是美麗壯觀。

布卡拉：一群人正圍著一個說故事的人

帖木兒於一三九八年越過興都庫什山脈（Hindu Kush），擊潰印度北方的馬哈慕德國王（King Mahmud），將德里洗劫一空，當他返回撒馬爾罕時，也是搶來的大象背上載滿掠奪而來的無數財寶。接著，帖木兒陸續攻下阿勒坡（Aleppo）⓫、巴格達和大馬士革。一四〇二年，帖木兒又在安哥拉（Angora）打敗巴耶塞特蘇丹。根據不太可靠的傳說，這位跛足的征服者俘擄了獨眼巴耶塞特

華麗的陵寢為帖木兒安息所在

蘇丹之後，便將他關在鐵籠裡，以便日後可在亞洲各城市展示他的「戰利品」。在帖木兒從德黑蘭取道麥什特回撒馬爾罕的行程中，由西班牙卡斯提爾里昂（Castile-Leon）⓬亨利三世（King Henry III）所派任的大使柯拉威尤（Ruy Gonzales de Clavijo），一路上都緊隨著帖木兒，以便記錄帖木兒征戰之旅的詳細過程。

一四〇五年十一月，帖木兒從撒馬爾罕出發，這是他有生之年最後一次出征；這次他攻打的對象是中國明朝最強盛的明成祖永樂皇帝。沒想到出師未捷身先死！才渡過錫爾河（Sir-daria）⓭，帖木兒就死在東岸的歐察爾（Otrar），享年七十二歲。帖木兒的部屬把他的遺體運回撒馬爾罕，並依照他生前自己的設計，為他建造了一座世界上數一數二的華麗陵墓。帖木兒的遺體上塗滿麝香和玫瑰香水，然後用亞麻布包裹起來，安放在象牙棺木裡。陵墓的洋蔥型拱頂下即是埋葬帖木兒的墓穴，外面覆蓋一塊六呎長、一呎半寬、半呎厚的堅硬玉石，是至今世上所知最巨大的玉石。陵寢內有一面用雪花石膏砌成的牆上，浮刻著一行阿拉伯文句子：「使吾不死，世人皆顫慄！」

永生國王的傳說

在回教創立初期，先知穆罕默德有一位後人阿拔斯（Kasim Ibn Abbas）來到撒馬爾罕宣揚教義，豈拜被當地不知感激的人們抓住並砍下頭顱，但見阿拔斯把自己被砍下的頭夾在脅下，然後消失在一個地底洞穴中。後來，帖木兒就是在這個洞穴上方建造他美輪美奐的夏宮，七個藍綠色的洋蔥型拱頂所勾勒成的優美線條，至今依舊輝映著這片黃色的大地。帖木兒常在夏宮舉行酒宴，宴席中最擅長飲酒的人便可得到「伯哈德（bahadur）」（即武士）的封號。傳說透過夏宮的一個罅隙，可以看到阿拔斯腋下夾著自己的頭顱在那個地底洞穴中走來走去，因此人們稱他爲「薩易信德」（Shah-i-sindeh，意思爲「永生國王」），即便到今日，人們還是習慣用這個名字來稱呼這座夏宮。當俄國勢力逐漸蠶食亞洲之際，有人預言在俄軍抵達撒馬爾罕時，即是「永生國王」從洞穴中復活之日，他將高舉被砍下的頭顱收復帖木兒的城市。後來俄國將軍考夫曼（Konstantin Petrovich Kauffmann）⓮占領了撒馬爾罕，可是阿拔斯卻一直沒出現，從此這位永生國王在回教徒心目中的地位跌落不少。

撒馬爾罕有三所宗教學院，分別是米爾扎・烏拉・貝克（Mirza Ullug Bek）、提拉卡

（Tillah Karch）和馬德拉沙・易・瑟達（Madrasah-i-Shirdar），創建於帖木兒時代以後；它們環繞著世界上最美麗的曠野雷吉斯坦（Registan）[15]。這些宗教學院擁有最華麗的彩陶設計，俄國畫家魏列夏庚（Vasily Vasilyevich Verestchagin）[16]便曾將這些洋蔥型拱頂與尖塔富麗多彩的身影捕捉入畫。

我拜訪了撒馬爾罕城外一座清眞寺，帖木兒最寵愛的妻子，也是中國的公主比比卡哈蘭（Bibi-Khanum）[17]即埋葬在此。此座清眞寺於一三八五年建造完成，如今雖已殘破失修，但雄偉的氣勢依然不減當年。

有天晚上，我在一位法國人的陪伴下走到北卡帕克（Pai-Kabak）去參觀格調不是很高的舞孃表演。我們被引進溢滿香水味的房間，地板鋪著地毯，長沙發沿著牆邊擺置；房間裡有美麗的女子彈奏齊特琴（zither）[18]和吉他，只見她們纖柔細指輕巧地撥動琴弦。其他的女子猶是技藝精巧、體態優美，叮叮咚咚拍響鈴鼓。爲了讓鼓面保持緊繃，她們得不時把皮鼓舉在一個燒紅的火缽上。

夜裡樂聲悠揚，身著飄逸衣衫的舞孃在燈光下舞動，舉手投足無不優雅柔媚。她們當中有些是波斯人或阿富汗人，有的則具有韃靼人的血統；和著弦樂的節奏，舞孃波浪般搖擺身體盡情舞蹈，彷彿夢境裡的仙子，爲人們帶來天堂才有的歡愉。

【注釋】

❶一八四八～一九二一，俄國將軍，因俄土戰爭而聲名大噪，曾任俄國國防部長，日俄戰爭中敗給日本後被解除陸軍指揮權。

❷位於烏茲別克東南方，爲中亞最古老的城市，盛產茶葉、葡萄酒、紡織品等產品。

❸烏茲別克東方的城市，出產棉花和水果，曾是蘇聯在中亞地區的主要工業、交通中樞。

❹「samovar」是俄國人自古以來用來煮茶的銅壺。

❺爲波斯國大流士一世之父，在居魯士大帝二世和岡比西斯二世時代，擔任波斯總督，曾隨居魯士出征。

❻君士坦丁堡主教聶斯托利所創之教派，流傳於敘利亞、美索不達米亞及波斯一帶。

❼位於烏茲別克的西方，盛產天然氣、棉、絲，爲貿易與文化重鎮；曾經被阿拉伯人、波斯人、韃靼人、俄國人統治過。

❽每一俄里爲一．〇六七公里。

❾六四蒲爾＝二〇卡培克(copecks)＝一坦吉(tenge)；二〇坦吉＝一提拉(tillah)＝四盧布(rouble，俄幣單位)。

❿橫跨今天伊朗東部與阿富汗東北部的區域，主要地形爲沼澤地。

⓫今敘利亞西北部省份，爲交通與工商業中心，位於大馬士革以北三百五十公里。

⓬中世紀時位於西班牙西北部的王國。

⓭或作Syr Darya，位於今吉爾吉斯烏茲別克和哈薩克境內。

⓮一八一八～一八八二，一八六八年攻克撒馬爾罕，將俄國版圖擴張至阿富汗邊境。

⓯位於今之阿富汗南方的廣袤沙漠地帶。

⓰一八四二～一九〇四，曾經參與高加索戰爭和俄土戰爭，畫作多數以印度歷史和俄軍在土耳其斯坦、俄土戰爭的戰事爲題材。死於日俄戰爭中。

⓱土耳其語，原意爲後宮第一夫人。

⓲扁型古琴，有三十至四十條琴弦。

第十三章

深入亞洲心臟地帶

在拱形洞上鏗鏘作響的鐘聲中，我驅車離開撒馬爾罕；隨著馬車的漸行漸遠，藍色洋蔥型拱頂逐漸隱沒於天際，初升的朝陽為阿法拉施亞（Afrasiab）山丘平添不少盎然的生機與色彩。

我駕駛的是一輛三匹馬拉的馬車，沿途盡是浸浴在紅、黃秋色中的園林。我渡過灌溉撒馬爾罕和鄰近綠洲的澤拉夫尚河（Zerafshan），穿越人稱「帖木兒通道」的狹窄石徑以及「飢餓草原」（Hunger Steppe）。飢餓大草原位於克孜庫姆沙漠（Kizil-kum）（又稱紅沙地）的一角，而克孜庫姆沙漠則處於俄屬土耳其斯坦兩條大河——阿姆河與錫爾河之間。

我們搭乘一艘巨大的渡輪越過錫爾河，渡輪上同時運載了十隻駱駝和十二輛安上馬匹的馬車。在換了幾次馬匹之後，我們終於抵達俄屬中亞的首都塔什干。

過去有段時間，塔什干曾經是成吉思汗的兒子察合台統治下的領土；一八六五年，俄國的切爾尼亞耶夫將軍（Mikhail Grigoryevich Cherniaieff）❶收服塔什干，使這個城市納入俄國的轄治範圍。當時塔什干有十二萬人口，但是切爾尼亞耶夫將軍卻只帶了兩千名士兵，便輕易攻下此城。在接受投降的那天晚上，切爾尼亞耶夫將軍到薩爾特族專用的澡堂洗澡，並在露天市集裡吃晚飯，如此膽識在當地居民心中留下十分深刻的印象。

當我旅行到塔什干，正逢駐紮此地的總督是瑞夫斯基男爵（Baron von Wrewski），因此在停留當地期間，我便暫宿男爵的官邸。瑞夫斯基男爵給了我一些地圖、一本護照和推薦信，他的仁慈與好客的熱忱令我極爲感動；男爵曾在一八七三年造訪斯德哥爾摩，是當時參加瑞典國王加冕儀式的俄國外交官之一。

我們接著換搭新車繼續旅程，再次橫渡錫爾河來到闊仁特（Khojent），準備前往位於豐饒的費加那谷地（Ferghana Valley）❷的浩罕（Khokand），參觀末代可汗廓狄爾汗（Khodier Khan）的皇宮，以及吟唱托缽僧所居住的茅舍。從那兒再轉往一個可以讓人好生吹噓的城市馬爾吉蘭❸（Margelan），因爲亞歷山大大帝的陵墓就在那裡。

決定遠征極西之城

在皎潔的月光下，叮叮咚咚的鈴噹聲伴隨著我們直抵歐什（Osh）❹，這裡的地方官是杜布納上校（Colonel Deubner）。我決定遠征中國最西邊的城市喀什（Kashgar）❺；銜接天山與帕米爾高原的巍峨山巒峰峰相連，而喀什又遠在群峰的邊陲境地。其中海拔最高的隘口素有「極地隘道」（Terek-davan）之稱，來往穿梭的商隊可經由這條隘道，從俄屬土耳其斯坦的歐什向東行抵中屬土耳其斯坦❻的喀什。高度有一萬三千呎。

杜布納上校告訴我，最後一支商旅隊伍已經離開，因爲暴風雪的季節即將來到；況且向來只有生性強韌的吉爾吉斯人識得路徑，膽敢冒險通過隘道。但他這番話並不足以阻撓我的決心，於是上校只得動用他所有權勢竭力幫忙我，希望讓我的旅程順利一點。我買了糧食、一件皮裘和幾件毛毯、租了四匹馬，一匹馬每天的租金是六十卡培克；另外我還雇用三個僕人，分別是馬車長堅恩（Kerim Jan），馬夫巴夷（Ata Baï）和伙夫阿蘇兒（Ashur）。

十二月一日，我們穿著厚重的衣物和軟氈靴子啓程。雪下得又密又大，山脈與平野覆滿雪花，潔白有如白堊；放眼眺望，雪白的大地映襯著點點黑影，正是吉爾吉斯人所住的拱型毛氈大帳棚。騎得最久的一天是前往蘇非庫爾根（Sufi-kurgan）的路上，我們破記錄一共走了四十二哩；在這兒，我們借宿吉爾吉斯人的帳棚。和我們住在別的帳棚時沒兩樣，大夥兒均圍繞著令人雀躍的營火吃喝、休息和睡覺。蘇非庫爾根有個由五十頂帳棚形成的小村子，老族長科特・比很友善地招待我們。阿蘇兒就著他的營火煮了一鍋「五指湯」，因爲湯濃稠到可以讓人用手舀來喝；材料包括羊肉、包心菜、紅蘿蔔、馬鈴薯、米飯、洋蔥、胡椒、鹽，把所有材料全放進水裡熬煮就對了。

十二月五日，我們告別蘇非庫爾根，頂著相當寒冷的天氣（攝氏零下十四・五度）前進極地隘道。我雇用的僕人們個個穿上寬大的皮褲，足以把所有的衣服都往裡頭塞，連皮裘也不成問題，事實上，這種褲子可以往上拉到腋下。

遇到結冰的小溪，必須仰賴脆弱狹窄的木橋渡過；就在我們經過的河谷兩旁斜坡上，遍地是樺樹和杜松。我們來到一條二十呎寬不到的山路，兩側是峻峭的山壁，也就是著名的

「達凡賽」（Darvase）大道。陡峭的山道呈之字型在雪地蜿蜒伸展，當我們費盡力氣騎到山路頂端時，一天幾乎就快過完了。而掩埋在這片皚皚白雪下，不知有多少人類和馬的屍骨，無異是對致命的暴風雪一種緘默的印痕。

伊爾喀什坦的吉爾吉斯人

向東方與南方望過去，壯闊的景致綿延開展，荒野的山巒層層疊疊形成了迷宮似的地貌。在溫暖的季節裡，有些溪水向東流入羅布泊，有些則往西注入鹹海。

當我們走下山坡時，不小心驚嚇到一群野山羊，牠們以極為優雅的動作逃開，迅即消失在斜坡後面。我們繼續往前走，經過一個又一個帳棚，順著山谷走下山，途經俄國邊界的堡壘伊爾喀什坦（Irkeshtam）和噴赤河，來到茂密的林區納加拉察地（Nagara-Chaldi）；這裡住了一百位吉爾吉斯人，他們分住在二十頂帳棚裡，族長邀請我們共進晚餐，吃的是酸牛奶、油膩的羊肉、牛肉清湯和熱茶。

我們的下一站是中國邊界要塞烏魯格柴特（Ulugchat），由一支軍隊戍守，共有八十個吉爾吉斯人和二十五個中國軍人，全歸柯安統領指揮。夜裡柯安統領來拜訪我，陪同前來的還有三位長老和十二名男子，並帶來一隻肥尾綿羊作為禮物相贈。

種族多樣的喀什

隨著一天又一天的行程，映入眼簾的山川風光也跟著漸形廣闊，朝東方望去，無止盡的曠野直伸入遠方的沙漠裡。十二月十四日，我們騎馬經過喀什綠洲周邊的第一簇村落；此地也設置俄國領事館，就在喀什的城牆外。當我們到達俄國領事館，一位蓄鬍子、戴著金框眼鏡和綠色圓錐帽、身穿長斗篷的高個子老人走了出來，在領事館前庭殷勤地迎接我們；他是俄國的樞密大臣、也是東土耳其斯坦皇家總領事的裴卓夫斯基（Nicolai Feodorovitch Petrovsky），我在他家住了十天。後來我舊地重遊仍以喀什為中心，而且和裴卓夫斯基成為眞正的好朋友。

喀什歷經多位征服者的統治，因而居民的血統摻雜了多種不同的種族，如雅利安人（Aryan）和蒙古人；而置身在這個城市中，也會使人回想起成吉思汗與帖木兒的時代。中國人曾在不同的朝代治理這個區域；從一八六五年到一八七七年間，來自俄屬土耳其斯坦的侵略者阿古柏・貝克（Yakub Bek）❼兼併了西藏到天山之間的廣大領土，實施殘暴的統治，自他去世之後，中國便接著控制這片疆土，直到現在。

喀什是一個非常獨特的城市，因為它與海洋的距離比世上任何城市都來得遠。喀什的道台是一位中國人，然而最有權勢的卻是裴卓夫斯基，當地土生土長的薩爾特人給他取了一個綽號叫「新察合台可汗」。而俄國領事館則誇耀他們駐紮當地的軍隊中，有四十五位哥薩克士兵與兩名軍官。

在喀什朋友當中，對於另外四位我同樣十分懷念，而且心存感激與同情，其中有兩位已經病逝，其他兩位也因爲世界大戰失去音訊。後面提到的兩位分別是楊赫斯本上尉（Captain Younghusband）❽和麥卡尼先生（Mr. Macartney）❾。楊赫斯本上尉最近剛完成他個人首度橫越亞洲的長途旅行，順利通過慕士塔格隘口（Mustagh），目前住在喀什城牆外；他沒有房子，住的是一頂巨大的拱頂毛氈帳棚，木頭地板上鋪著地毯，牆上懸掛昂貴的喀什米爾披風與毛氈。麥卡尼爲楊赫斯本作中文翻譯，隨員中還有阿富汗人、廓爾喀人（Gurkhas）❿和印度土著。在喀什的那段期間，我和這兩位親切的英國人度過許多值得懷念的夜晚。

有一天，我們在領事館的圖書室裡聊天，一位蓄鬍子、戴眼鏡、穿著褐色長僧袍的教士走了進來，用幾句瑞典話跟我打招呼，原來這位韓瑞克神父（Father Hendricks）是荷蘭人，一八八五年，他從托木斯克（Tomsk）⓫取道伊犁（Kulja）來到喀什，隨行的還有一位波蘭人依格納提耶夫（Adam Ignatieff）。自從來到了喀什，韓瑞克神父從來沒有收過任何信件，他的過去似乎充滿神秘，沒有人知道他的來歷，而他本人更是三緘其口。至於依格納提耶夫，他的個子很高，臉上總是刮得乾乾淨淨的，雪白的頭髮修剪得一絲不苟，脖子上掛著十字架項鍊；這裡的每個人幾乎都知道，他因爲在波蘭革命時期曾協助吊死一位俄國教士，所以才被流放到西伯利亞。依格納提耶夫住在靠近領事館一間簡陋的草棚裡，不過每天三餐都是到領事館解決。

喀什的印度商人

韓瑞克神父住在一家印度人開的商旅客棧裡，他的房間一樣簡陋，泥土地板、紙糊的窗子，房間裡只有一張椅子、一張桌子、一張床，還有幾桶葡萄酒——他是個釀酒專家；房裡的一面牆上懸掛著十字架，平常這裡也充當教堂。韓瑞克神父從來不會忘記舉行彌撒，他唯一的會眾就是依格納提耶夫，韓瑞克神父對著依格納提耶夫講道持續了好幾年，後來因爲兩個人吵架，神父不准依格納提耶夫再到教堂來，於是神父再也沒有會眾，只好對著光禿禿的牆壁和滿滿的酒桶望彌撒，而可憐的依格納提耶夫只能站在外面，把耳朵僅貼在鑰匙孔上聆聽講道。

「聖人」之墓的趣聞

喀什有幾座城門由中國士兵守衛，不過大部分衛兵都駐紮在七哩外的英吉沙（Yangi

Shahr）。喀什以種族雜混的露天市集最具特色、最吸引人，在市集可以看到有些臉上沒有蒙上面紗的婦女。黃灰色的土屋間偶爾會出現一座清眞寺，爲單調呆板的景色增添點變化。哈茲瑞特．阿帕克（Hazret Apak）清眞寺外種植一些桑樹和梧桐，阿古柏．貝克便長眠在這些樹木底下；據說中國人收復喀什時，曾經焚毀阿古柏．貝克的屍體。事實上，喀什附近有許多聖徒的墓地，數量多到連當地人都覺得荒謬。

最近才發生一樁令人莞薾的趣聞：有一位族長向來在喀什外圍一個聖徒的墓園向信徒講授《可蘭經》，有一天一個信徒跑去見族長，他說：「長老，請給我錢和麵包，我要去外面的世界闖蕩一番，試試看我的運氣。」族長回答：「除了一頭驢子以外，我沒有別的東西可以給你，把驢子牽走吧，願眞主保佑你一路平安！」年輕人於是騎著驢子日以繼夜地流浪，最後終於越過了大沙漠，但就在此時，驢子卻愈來愈羸弱，終究不支倒斃。年輕人感到悲傷又寂寞，他在沙地上挖了一個墳埋葬好驢子，自己便坐在墳墓旁哭了起來。剛好有一些富商趕著商隊路過此地，他們問年輕人爲何哭泣，年輕人說：「我失去了唯一的朋友，我最忠實的旅伴。」商人被他的忠誠所感動，決定在山坡上豎起一塊巨大的紀念碑，接著由大批商隊運來磚塊和彩陶，開始搭建神聖的建築；從此，熠熠閃爍的洋蔥型拱頂和尖塔矗立沙漠中，高聳入雲。很快地，新聖人墓地的故事馬上傳遍各地，聞名前來的朝聖客從四面八方湧至。多年之後，喀什的那位老族長也來到此地，他驚訝地發現，自己以前的信徒如今已經成爲聖人墓地備受景仰的族長了。他對眼前的信徒說：「告訴我，我保證絕不洩露出去，在這拱頂底下安息的是哪一位聖人？」信徒壓低嗓門回答：「只是你給我的那頭驢子罷了。現在換你告訴我了，以前你教我們《可蘭經》的那個墓園，又是哪一位聖人的安息地？」老族長回答：「是你那頭驢子的父親！」

【注釋】

❶一八二八～一八九八，曾經參加克里米亞戰爭。

❷中亞西部的谷地，位於天山西麓，塔什干東南方。

❸又作Margilan，位於烏茲別克東部，為中亞重要的絲品交易中心。

❹吉爾吉斯東部的城市，為中亞農業重鎮，盛產棉與絲。

❺喀什，舊名喀什噶爾(Kashgar)，為新疆西部的主要商業城市。

❻編按：指今日的新疆地區。

❼一八二〇～一八七七，生於浩罕的軍人，利用回民叛變在喀什自立為王，曾與英俄簽訂商約，一八七七年左棠

堂平定新疆，阿古柏・貝克自殺身亡。

❽後來被封爲法蘭西斯爵士(Sir Francis)。

❾後來受封爲喬治爵士(Sir George)。

❿廓爾喀爲一七六八年在尼泊爾建立的一個王朝；廓爾喀民族驍勇善戰，擅長使用彎刀。

⓫西伯利亞西部城市，爲重要的產品集散中心。

第十四章

結識布卡拉酋長

聖誕節前夕，我展開了一段愉快的旅程，利用馬匹、雪橇、馬車玩遍整個西亞，那是一次狂放不羈而飛快的逍遙遊。三個在領事館服役退伍的哥薩克人，正準備返回鄰近俄國、位處「七河之鄉」塞米爾耶金斯克（Semiryetchensk）的納林斯克（Narinsk）；我要和他們一同出發，開始這趟新鮮的探險旅程。

在冰天雪地中前進

我們乘坐馱馬拉的小型馬車往北走，沿途穿越狹隘的山谷，天寒地凍，溫度降到攝氏零下二十度。我們渡過的河流只有部分結了冰，此時正足以證明哥薩克人的重要性，他們騎馬沿著岸邊的冰塊行走，直到冰塊裂開才策使馬匹跳下水去，像海豚一樣在大冰塊之間浮沉。我總是擔心馬的肚子會被尖銳的冰緣劃開，河水深及馬鞍的一半高，爲了使毛氈靴子保持乾燥，我們得蹺起腳坐在馬背上力求平衡。

繼續往上游走，河水完全凍結了，馬兒在水晶一樣的冰河上溜來溜去，像是在瘋狂地舞蹈。我們穿越中國邊界，通過圖魯嘎特隘口（Turugart，高度一萬二千七百四十呎）、冰雪封凍的察提爾庫湖（Chatyr-kul），並且走過塔什拉巴特隘口（Tash-rabat，高度一萬二千九百呎）。我們彷若置身於迷宮般的重重山谷，四周全被巍峨的荒山所包圍，顯然我們已經來到天山山脈了。

山路從塔什拉巴特隘口開始急轉直下，在邊緣銳利的石岬和分水嶺之間，隨著難以數計的轉彎，地勢逐漸往下降；在這種季節裡，多半地方都覆蓋著雪或冰。我們有一匹馱馬在這裡滑倒，跌下懸崖摔斷了頸子，最後還是死在掉落的地方。

這裡經常下雪。一八九一年的元旦，綿密的雪花彷彿一張編織細密的白紗，嘩啦啦地從天上罩了下來。我們的隊伍在納林斯克解散，接著我獨自騎馬走了一千哩路回到撒馬爾罕。乘雪橇滑行實在棒透了！通常雪橇用兩匹馬拉曳，若雪積得太深又過於鬆軟時就得用三匹馬來拉。駕駛雪橇的車夫坐在右邊的位子上，兩隻腳懸在雪橇外面，一邊甜言蜜語地哄著馬匹：「好啦，小鴿子，就是這樣，我的好孩子，再試試，多用點勁兒，小大人。」雪橇上的鈴鐺輕快地叮叮噹噹響，雪花密密實實地飄下，把我們全籠罩在白紗中，道路兩旁的積雪也被風堆成好幾呎高。我們行進的速度快得嚇人，雪橇像船一樣在顛簸的馬路上東搖西晃，但是因爲橇上裝了兩支持平的安全滑刀，每當雪橇快要翻覆時便充當緩衝器，所以並不容易傾覆。只有一次，我們是腳底朝天整

我們騎馬躍進結冰的河流中

個翻覆過去；那次發生在晚上，整個雪橇翻倒在被雪覆蓋的溝渠裡，不過我們很快就把雪橇扶正，選了一條比較平坦的坡道，繼續摸黑搖搖擺擺地前進。

我們抵達了伊塞克湖（Issik-kul）❶，它的原意是「溫暖的湖」，由於流入這個湖的河水相當溫暖，再加上深度的關係，冬天不會結冰。我決定前往朝拜偉大的俄國旅行家普哲瓦爾斯基（Przhevalsky）安息之處，就在一百二十六哩外的城鎮上，而這個城鎮現在也改名爲普哲瓦爾斯基鎮了；他的墳上立著一個黑色的木頭十字架，上面有耶穌像和月桂花環。普哲瓦爾斯基逝世快兩年了，他辭世的這片蠻荒地帶正是探索亞洲心臟區域，另一段發現之旅的門戶。

我們沿著亞歷山大山脈（Alexander Range）❷北邊的山麓向西行，來到小鎮歐里艾達（Aulie Ata）❸。從淺灘橫渡阿薩河（Asa River）時，旅人和易碎的行李都安置在附有兩個高輪的拉車上，才能渡過深達三呎半的河水，至於空的雪橇則讓馬拉著，像船一樣漂浮到對岸。

雪越下越大，溫度下降到將近零下二十三度，只是積雪沒有結冰，因此雪路上還是鬆鬆軟軟的，三匹拉車的馬必須在幾呎高的雪堆間跳躍，雪橇飛濺起的雪花看起來就像泡沫一般。不過越靠近欽姆干（Chimkent）❹和塔什干，路旁的積雪越來越稀薄，到了塔什干以西，地上甚至連一點積雪都沒有，我只好放棄雪橇，改乘四輪馬車繼續旅程。

我抵達錫爾河畔的齊納斯（Chinas），由於河面上遍布浮冰，渡輪無法行駛，只能靠一艘弱不禁風的小船。我和一個來自庫爾蘭（Courland）❺的年輕上尉上了船，船上有三個結實的漢子手持鐵頭篙爲我們划船，在浮冰和冰塊的裂縫間穿梭。

渡河之後，我們各自乘一輛三匹馬拉的馬車離開。我的下個目的地是米爾撒拉巴特（Mirsa-rabat）驛站，可是才走了一半路程，馬車的後車軸竟然斷裂，有一隻車輪應聲鬆脫，使得車身拖墜在地上；受到驚嚇的馬匹瘋狂似的往大草原方向奔馳而去，馬車蹦跳地在山丘間撞來撞去，我拚命抓緊馬車，生怕小命就此休矣。幸虧馬兒跑到筋疲力竭終於停了下來，車夫和我趕快把散開的行李搶救回來；我們把所有東西綑綁在其中一匹馬的背上，丟棄已經摔壞的車廂，然後倆人騎著沒有鞍件的馬匹繼續前進，當我們到達米爾撒巴特時，那位庫爾蘭的年輕上尉已經等候在那兒了。

屋漏偏逢連夜雨

當天晚上，我們又在吉賽克河（Jisak River）遇上另一樁災難。天空雲層密布，強風狠狠地颳著，凜冽的寒意直教人吃不消。午夜來臨前我們抵達河岸邊，水位高漲，到處都是浮冰，我們的兩輛馬車停在淺灘上，眼下見不到任何生物跡象。

上尉帶頭涉入浮冰四散的河水裡，他的馬車才前進幾個車身距離，就被破裂的冰塊卡住了，許多冰塊積壓在馬車上，馬匹絲毫動彈不得；上尉掙扎幾次仍是徒勞無功，最後只得把馬匹的韁轡解開，他和車夫取回行李，騎馬安全回到岸邊，至於車廂就不得不捨棄了。看來在春天來臨河水解凍前，這個車廂很可能會繼續卡在那兒，不然，碎裂的冰塊也會把它擠扁。

其中兩位車夫曉得可以渡河的另一處淺灘，也就是吉賽克河分叉成兩條支流的地方。上尉的兩匹馬加入我的馬車隊伍，他的行李也和我的放在一起，他自己坐在馬車夫的位置，背對著馬匹，在車篷的前緣部分努力讓自己坐得平穩。

等一切就緒，我們出發跋涉第一條支流，當沉重的馬車嘎啦嘎啦前進時，河上結凍的冰層發揮完美的支撐作用，馬蹄躂躂躂揚起粉狀的碎冰。有一匹馬突然打滑，所幸及時恢復平衡。一切都進行得很順利，可是到了第二條支流問題就出現了，這條支流的河岸非常陡峭，河邊的坡道急降，然後又驀地向右彎轉。

車夫慌亂粗野地吼叫，馬鞭舞得嘶嘶響，使勁催促馬匹前進。只見馬兒口濺白沫，前腳提起後腿直立地嘶鳴著，牠們身上每一條肌肉都在抽搐，接著奮力往下坡直衝，直到一半身體浸在水中才停下來。我們來到河道轉彎的地方，這時馬車右邊的兩個輪子仍然在結冰的坡道上，而左側的兩輪卻已滑入水裡了。這一切都在瞬間發生，眼看馬車橫衝直撞，我死命把

當晚在吉賽克河又發生意外

身體緊靠著車篷右側，這當口馬匹全速向右轉，馬車在三呎深的河裡顛簸，由於衝力太猛，車篷頓時摔裂成片；前導的兩匹馬跌倒，韁繩雜亂地纏繞在牠們身上，差點慘遭溺斃。就在千鈞一髮之際，車夫縱身跳進河中幫跌倒的馬解開韁繩，河水深達他的腰部；突然，上尉從座位上被甩了下來，和一塊冰塊撞個正著而血流如注。我的行李箱在水裡載浮載沉，只有箱子角露出水面，箱子裡的毯子、毛皮外套和毛氈差點被河流給沖走。我們有很多行李都被損壞，每樣東西全濕淋淋的，包括我們自己在內；好不容易才從河裡一點一點把行李撈上來，放在馬背上過河，我們自己則跟著馬匹，從這塊浮冰跳到下一塊浮冰，終於安然渡過這條支流。上岸的地方離下個驛站並不遠，我們在那兒晾乾隨身物件；我在河邊竭盡所能搶救行李，可憐的上尉就沒這麼幸運了，他可是差點連命都撿不回來。當我們送他到撒馬爾罕醫院時，他還一直發著高燒。

酋長的盛情隆誼

布卡拉的酋長賽伊達・阿布杜・艾哈德（Emir Saïd Abdul Ahad）邀請我前去拜訪；每年這個時節，艾哈德酋長都會住在撒馬爾罕五十哩外的夏里撒巴（Shar-i-sabs）城堡。夏里撒巴的名氣主要是來自帖木兒，這位偉大的征服者於一三三三年誕生在這座城堡裡，如今我要去覲見的正是帖木兒的後代，只不過他永遠也比不上他的祖先帖木兒——事實上，艾哈德向俄國沙皇稱臣，而且曾到莫斯科參加亞歷山大三世的加冕典禮。有人問他對什麼最感興趣，他回答：「冰鎮檸檬水。」

有一支騎兵隊已在邊界等著迎接我，他們陪我騎過一個又一個村落，沿途因護衛隊伍的加入聲勢變得越來越龐大。夜裡停下來歇腳時，我們發現房間鋪著地毯，溫暖又舒適，而且每到一處都有人奉上接風餐點（dastarkhan）招待我們，包括成堆的糕餅、葡萄乾、杏仁、水果、甜點，肉類食品就更不用說了。宮裡一位大臣錫果爾（Shadibek Karaol Begi Shigaul）

土耳其斯坦的托缽僧

偕同一群身穿紅、藍絲絨長斗篷的紳士前來迎接，他們的坐騎都披著金線刺繡的鞍掛。他們表明是代替酋長前來向我致歡迎之意。我們的馬隊一路上浩浩蕩蕩，所到之處，當地百姓萬頭鑽動，夾道圍觀。

到了奇塔布（Kitab），地方官員爲我舉辦了一席盛宴，席間人們頻頻問起我的國家，也很想知道瑞典和俄國的關係。稍後我與酋長會面，發現酋長對瑞典知之甚詳，原來都是先前的賓客提供了詳盡的訊息給他。

西班牙大使柯拉威尤於帖木兒時代出使撒馬爾罕時，曾撰文描寫他在途中被招待的細節；根據他的文章，事隔將近五百年後的今天，這項儀式並沒有多大改變。在印度斯坦（Hindustan）❻蒙兀兒帝國（Mogul Empire）❼第一位蘇丹巴伯爾（Sultan Babeur）的回憶錄中提到，以前的夏里撒巴和奇塔布被同一道城牆所環繞，每當春天來臨，城牆上爬滿蓊鬱茂密的植物，因而有「翠綠之都」（Verdant City）的稱號。

酋長撥出一棟堂皇富麗的宮殿供我使用，在爲我接風的餐宴足足擺上三十一個碩大的盤子，裡面裝滿了豐盛的食物。我的臥床鋪著紅色絲緞，地板上鋪的

酋長艾哈德

則是大張美麗的布卡拉地毯。眞希望他們能讓我帶一、兩張這樣的地毯回家！

盛裝赴宴

覲見儀式訂在隔天早上九點鐘，我穿上最體面的衣服，騎馬穿過艾克宮（Ak Seraï）大門，這裡曾經也是帖木兒的宮殿。穿著藍色制服的軍官伴隨在我身邊，五十位軍人舉槍致敬，同時有三十名樂師組成的樂團隨隊演奏助興。我們的隊伍由兩列衛隊在前面引導，他們穿著繡金線的長斗篷，手裡擎著金棍棒。

我們穿過舊城堡的三座中庭，才來到新城堡，這時宮裡的官員已經在此等候。我被引進一個寬敞的接見廳，大廳的中央放置兩張扶手椅，只見艾哈德酋長已經端坐在其中的一張椅子上；他站起身來，以波斯話向我表達歡迎之意。酋長個子高大、英俊，留著黑鬍子，從他的容貌特徵不難看出他是很典型的亞利安人。他頭上纏著純白的緞面頭巾，身上披一襲藍色絲絨長袍，而且配戴肩章、皮帶和一把短彎刀，鑲綴在衣服上的鑽石閃閃發亮。

我們花了二十分鐘聊我的旅程、聊瑞典，也聊俄國和布卡拉。隨後市長爲我舉辦一場令人咋舌的盛宴，共有四十道精美的佳餚。席間市長轉交酋長送給我的一件金飾紀念禮物，並且當眾發表演說，開場白非常地冠冕堂皇：

「赫定大人此刻從斯德哥爾摩來到土耳其斯坦，目的是要看看這片土地。基於我們與俄國沙皇大帝堅固友好的情誼，赫定大人獲准進入神聖的布卡拉領土，而且對於他能來到我們面前，與我們結交為好友深感榮幸……。」

我沒有什麼可以回報酋長和他的官員，因為我的旅行經費負擔不起奢侈的開銷，我唯一能做的只是盡量謹言慎行，努力讓主人深信，瑞典人確實欣賞帖木兒的後人這種仁善卻無能的統治。

接下來，我在俄國駐布卡拉大使萊薩爾（Lessar）的官邸叨擾了一週；在俄國出使亞洲地區的官員之中，萊薩爾是極為博學而高尚的代表人物。

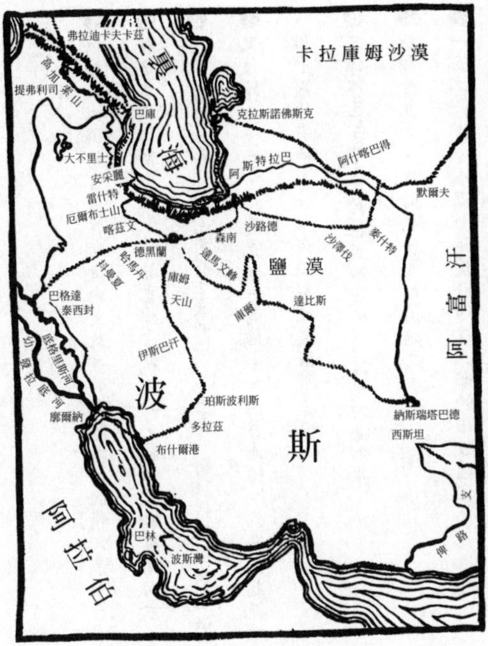

波斯

我最後的行程是再度穿越卡拉庫姆沙漠、裏海，再經過高加索地區、諾弗洛西斯克（Novorossiysk）❽、莫斯科、聖彼得堡、芬蘭，然後回到故鄉斯德哥爾摩。

【注釋】

❶位於天山山麓吉爾吉斯境內東北方的內陸湖，面積六千兩百平方公里，深七百〇二公尺，終年不結冰。

❷舊名吉爾吉斯山脈，位於吉爾吉斯北方，延伸至哈薩克南方，最高峰四千八百七十五公尺。

❸又名Zhambyl，位於塔什干東北方，土耳其斯坦到西伯利亞鐵路線上。

❹又作Shymkent，哈薩克南方的城市，因盛產鉛、鋅而興起提煉工業，也是紡織、藥品產地，曾是商隊往來中亞和中國的中樞，一八六四年被俄國所占據。

❺又作Kurland，位於拉脫維亞境內波羅的海沿岸。

❻指印度北方，有時指全印度的意思。

❼一五二六～一八五七，建於印度北部的回教國家。

❽歐俄南方濱臨黑海的港口城市，爲俄國海軍基地。

第十五章

兩千哩馬車之旅

一八九一年春天當我回到家鄉時，覺得自己就像個擴張版圖的征服者，因爲我走過了高加索地區、美索不達米亞、波斯、俄屬土耳其斯坦、布卡拉，甚至進入中屬土耳其斯坦。因此，我自覺信心滿滿可以再度出擊，從西到東征服整個亞洲。亞洲探險的實習歲月誠然已成爲過去，而橫阻在眼前的則是艱難且嚴重的地理問題，然而我的內心再一次燃起濃烈的渴望，迫不及待想出發從事荒野探險。經由更深入世界上最大陸地的核心區域之後，我的野心越來越大，現在能滿足我的只有一個目標，那就是親自踏勘歐洲人從未涉足過的路徑。

終於我的願望實現了。這趟旅程歷時三年六個月又二十五天，我所規畫的路線全長一萬〇五百公里，比北極到南極的距離還長，相當於地球圓周的四分之一。我準備了五百五十二張地圖和表格，全部加起來的長度是三百六十四呎，在規畫的整個旅途中，將近有三分之一（即三千二百五〇公里）的土地完全不爲人所知。全程的旅行經費還不到兩千英磅。

不過，在我的老師李希霍芬男爵將亞洲地理完整傳授給我之前，我不希望冒然行動，因此直到一八九三年十月十六日這一天我才告別家人，往東方的聖彼得堡出發。

告別家人重新出發

從沙皇首都聖彼得堡到奧倫堡（Orenburg）❶二千二百五十公里的路上，我們快速穿過莫斯科和塔波夫（Tamboff）森林地帶，渡過橫跨窩瓦河長達四千八百六十七呎的橋梁。奧倫堡是奧倫堡哥薩克人的首府，管轄當地的總督也是哥薩克人的首領。此地種族混雜，有巴什基爾人（Bashikirs）❷、吉爾吉斯人、韃靼人，充分說明了這裡正是亞洲的入口。

我的第一個目的地是塔什干，由於我已熟悉裏海以南的路線，這次想嘗試穿越吉爾吉斯大草原裏海北邊的路線，路程爲二千〇八十公里，分成九十六段；爲了避免每走一段就上下搬運一次行李，所以我選擇全程搭乘四匹馬所拉的馬車。一般而言，旅行者大都會攜帶自己的車廂和備用零件，也必須攜帶潤滑油和糧食等補給品。所有驛站的站長都是俄羅斯人，至於車夫則多數爲韃靼人或吉爾吉斯人，他們一年的薪水是六十五盧布，每個月外加一．五俄磅的麵包和半隻羊。驛站供休息的房間通常有桌椅、躺椅，旅客可以在這裡過夜。我房間有個角落掛著一幅聖像，桌上還擺一本聖經，是普哲瓦爾斯基留下來的禮物。

當年安楠科夫將軍所建造通往撒馬爾罕的鐵路，很快地就延伸到塔什干，這條鐵路一通車對於貫穿吉爾吉斯大草原的馬車道造成重大打擊，不過由於戰略關係，馬車道至今依然在使用，也許有一天將會完全被鐵路所取代。

正因爲如此，我在奧倫堡以七十五盧布買了一輛馬車，到達馬其蘭後再以五十盧布的價格將它賣掉。我的行李有三百公斤重，行李箱外縫上草墊綁在車廂後面，也有一些綁在車夫的座位上。其中兩口沉甸甸的箱子裡裝的是彈藥，若非守護天使的眷顧，我一定早就被炸死了，因為馬車激烈的顛簸把彈藥匣裡的火藥震了出來，在這種情況下，彈藥箱居然沒有被引爆，可眞是奇蹟。

十一月十四日，我離開奧倫堡時氣溫是攝氏零下十度，冬天的第一道冷鋒正在發威。我坐在一小束鋪著毯子的乾草上，全身裹緊毛皮和毛毯；被風捲起的雪花紛紛飛進撐起的車篷底下，攏聚成雲霧令人窒息。那天晚上，一個鬍子灰白的老信差趕上我，他在這條路上來來回回已經跑了二十年了，每年要在奧倫堡和歐爾思克（Orsk）❸之間跑上三十五趟，總長度相當於地球到月亮的距離再加上六千哩。老信差身上沾滿細白的雪花，鬍子上也結了白霜，他坐在煮茶的茶壺邊，在短短的休息時間內，一口氣連喝了十一杯滾燙的熱茶。

歐爾思克是烏拉河（Ural River）❹在亞洲這岸的小城鎮，當馬車駛離鎮上最後一條街時，我心裡想著：「再會吧，歐洲！」我們接下來要穿越廣漠的吉爾吉斯大草原，它的範圍在裏海、鹹海、烏拉河和額爾濟斯河（Irtysh）❺之間，草原上孕育許多野狼、狐狸、羚羊和野兔。吉爾吉斯的遊牧民族趕著牲口在大草原上逐水草而居，他們搭建黑色如蜂巢狀的毛氈帳棚，也在流入鹽湖的眾多小溪畔搭建蘆葦帳棚。一個稱得上富裕的吉爾吉斯人通常擁有三千頭綿羊和五百匹馬，一八四五年俄國人征服這部分大草原時曾興建過一些碉堡，至今仍有少數軍隊戍守。

車輪輾過結了冰的雪地發出軋軋聲，馬兒或狂奔或慢跑，使得馬車經過的道路積雪消融，一路上不曾稍緩的顛簸把我震得七葷八素的。我們走了又走，可是馬車仍然繞著一望無際的平原中心打轉，偶爾車夫會停下來休息一下，讓汗如雨下的馬匹喘口氣，有時候他會用馬鞭指著我們前進的方向說：「過一會兒，我們會碰到南方來的一輛馬車。」

我用望遠鏡仔細觀看地平線那端，除了一個微小的黑點以外，什麼也看不出來，可是車夫竟然連來車的馬匹是什麼顏色都知道，看來吉爾吉斯人長年生活在大草原上，他們的感官功能已被磨得十分敏銳，簡直到了令人嘆爲觀止的地步；即使漆黑無光、濃雲蔽天的半夜，他們照樣可以找對路。除了暴風雪，什麼也擾亂不了他們的方向感。當然，馬車路旁的電報桿具有一定程度的指標作用，然而一旦遇到狂烈的暴風雪，旅人可能在找到下一根電報桿前就迷路了，碰到這種情況，唯一的辦法只有在原地等候天亮。況且在這樣的夜晚，旅人更應該特別留意野狼的行蹤。

我們在檀迪（Tamdy）驛站休息了幾個小時，站長把曬乾的草原植物放進火爐裡燃燒，野狼趁機溜進來偷走了三隻鵝。

十一月二十一日，氣溫下降到攝氏零下二十度，這是我前往塔什干的路上所碰到最冷的一個晚上。下個停靠站是康斯坦丁諾夫斯卡亞（Constantinovskaya），這裡比較簡陋，只有兩頂毛氈帳棚。從這兒開始馬路沿著鹹海海岸伸展；鹹海大小和維多利亞湖（Victoria Nyanza）❻相當，湖中魚類豐沛。我們穿過的大小沙丘整整有七十二哩路，於是我們改由三匹雙峰駱駝拉車，車夫騎在中間那匹駱駝背上，看牠們跑步時駝峰從一邊歪向另一邊的模樣，實在很有趣。

不久，我們開始接近比較溫暖的地區，那兒下著雨，駱駝的厚蹄啪啶啪啶敲著濕潤的泥沙，我們就這樣來到錫爾河畔的小鎮卡札林斯克（Kazalinsk），這裡是烏拉山區哥薩克人捕捉鱘魚的地方，特產的魚子醬爲他們帶來許多財富。馬路順著錫爾河岸往下走，在這片濃密到幾乎無法穿越的莽林棲息著數量眾多的老虎、野豬和雉雞；有個獵人用行動證明他高超的狩獵技術——他送給我的雉雞足夠我吃到塔什干了。

距離土耳其斯坦（Turkestan）❼還有一百〇八哩路時，我們馬車的前車軸卻故障了，經過暫時的修復，我們小心而緩慢地駛抵這個古老的城市。此地有一座建有洋蔥型拱頂和尖塔的美麗清眞寺，是帖木兒下令興建的，目的爲了紀念吉爾吉斯的守護聖者哈茲瑞（Hazret Sultan Khoja）❽。

旅程漫漫路迢遙

接下來的旅程仍是路迢迢，漫長沒個止境。我們一天比一天更深入大草原；有一次馬車深陷泥淖之中，三匹拉車的馬絲毫動彈不得，那眞是個毫無指望的晚上。車夫只好騎上一匹馬，回到前一個驛站搬救兵；我獨自在夜風呼嘯的荒野裡等候，時間一小時又一小時地過去，我等了又等，不知道野狼是否會趁機撲上來。最後，車夫終於帶了另一個人和兩匹馬回來，經過一番努力，我們才得以脫困繼續上路。

我們搭乘渡輪越過愛莉絲河（Aris River）。這裡的地勢略有起伏，我們改搭一輛普通的馬車，由五匹馬拉著，還有一名男子騎在帶頭的馬上。沉重的馬車往山坡下疾駛，速度快得讓人頭暈。全速奔馳的馬兒令我膽戰心驚，萬一領頭的馬兒跌倒，馬夫豈非要命喪車輪下？幸好沒有任何意外發生。我們終於抵達欽姆干，由於是舊地重遊，我像識途老馬般再度遊歷了幾個好地方。十二月四日，隨著叮叮噹噹的鈴聲，我們朝塔什干奔馳而去。

到了第十九天，我已經旅行了經度十一．五度，經過三萬根電報桿，雇用了一百一十一個車夫，用過三百一十七匹馬和二十一隻駱駝，從西伯利亞的寒冬旅遊到日溫攝氏十二度的地方。

到了塔什干，我再次到瑞夫斯基總督府上叨擾，在馬其蘭則暫住在費加那省總督帕伐洛許維科夫斯基將軍（General Pavalo-Shweikowsky）的府邸。我利用這段時間採買比較重的行李，如：帳棚、毛毯、皮裘、毛氈靴子、馬鞍、糧食、烹煮器具、新彈藥、亞俄地圖等等；另外還買了一些準備送給土著的禮物，像衣服、洋裝、左輪手槍、手工具、小刀、匕首、銀杯、手錶、放大鏡和其他新奇的玩意兒。由於行李多而且重，我又買了外覆皮革的木頭箱子，這種當地人用的木箱可以安放在馬鞍袋上。

我決定取道帕米爾前往喀什。帕米爾高原可說是亞洲內陸最崇峻的山脈之一，全境有許多白雪覆頂的山嶺，以此爲中心，向四面八方延展形成地球上最巍峨、雄渾的山脈：天山聳立於東北方，東南方則雄峙著崑崙山、穆斯塔格山、喀喇崑崙山和喜瑪拉雅山，西南方有興都庫什山迤邐綿延；帕米爾高原因而有「世界屋脊」之稱，的確名副其實。

俄屬土耳其斯坦、布卡拉、阿富汗、英屬喀什米爾、中屬土耳其斯坦等地的政治利益都集中在帕米爾，在我動筆撰寫此書之際，該地區正是俄羅斯和英國之間政治關係高度緊張的關鍵。英國和阿富汗在帕米爾的西方和南方各自擁有相當強勢的掌控力，中國的勢力則盤踞在帕米爾東邊。一八九一年，俄國人以展現軍備武力來宣稱他們擁有帕米爾的北部；兩年之後，他們在阿姆河上游的支流慕爾加布（Murgab）河邊興建帕米爾斯基哨站（Pamirsky Post）碉堡，此地緊張的情勢可說一觸即發，任何可能被解讀爲挑釁的怠慢舉動都會迅速挑起戰端。

從馬其蘭到帕米爾斯基哨站有二百九十四哩路長，雖然不算遠，可是到了冬天路況很差，由於天氣嚴寒、大雪紛飛，一到晚上，連溫度計裡的水銀都凍結了。每個人都警告我，認爲我絕對無法活著走出阿萊河谷（Alai Valley）❾的深雪，只有往來於馬其蘭和碉堡的吉爾吉斯信差才可能通過，即使是這些識途老馬也經常遭遇到可怕的意外和傷害。

儘管如此，我還是堅持原意；和「世界屋脊」的冬雪一爭勝負，對我而言是個無可抗拒的誘惑。帕伐洛許維科夫斯基將軍派遣一位信差策馬到沿途吉爾吉斯人的帳棚村落先行打點，關照他們必須好好招待我，並且盡可能協助我；碉堡指揮官賽茨夫上尉（Captain Saitseff）也接到了我即將造訪的通知。

我並沒有需要精心料理或沉重累贅的物品，只帶了三個人隨行：貼身僕役雷辛（Rehim Baï）和兩位車夫，其中一位叫伊斯嵐（Islam Baï），在我日後漫長艱辛的旅程歲月中，成了我最忠實的僕人。我雇了一匹供騎乘的馬和七匹馱運貨物的馬，每匹馬每天要價一盧布，省了我照顧馬匹和餵馬的責任。而車夫又多帶來三匹馬，專門用來馱運糧秣和乾草，是車夫自己花錢準備的。

馬兒跌落山谷

一八九四年二月二十三日，正式啓程。我們穿越伊思法仁河（Isfaïran River）河谷，這條河貫穿阿萊山脈北麓，越往高處爬路況越差。我們離開了最後一處有人居住的聚落，以及最後幾座脆弱的木板橋；河谷越來越窄，到後來只剩下一條走廊似的山峽，依傍著山坡往上爬升，時而在河谷右側，時而轉至左側。當走到一處險峻的坡道上，隊伍裡的一匹馱馬不慎跌倒，牠朝山谷連翻了兩個觔斗，脊椎撞擊突出的山岩，登時在河床上氣絕斃命。

有一群土著從上個村莊一直尾隨著我們——而我們確實也需要他們的幫忙！山路惡劣得令人打冷顫，就像是沿著懸崖搭建的飛簷，有些路段埋在積雪下，有些地方甚至披覆著冰雪；一路上，我們是冰鑿和冰斧不離手，最滑溜的地方還得灑上砂子以防滑倒。暮色悄悄籠罩下來，夜晚已經降臨，可是離紮營的地點還有三個小時路程；我們手腳並用，在深不見底的淵谷邊緣攀爬和滑行，每一匹馬都由一個人牽著，再由另一個人抓住馬尾，如此，萬一馬兒滑倒就可立即支援。野獸的咆哮聲在山谷中迴盪著，我們往前行進卻是步步維艱，譬如馬兒在懸崖邊滑倒，我們就得有人緊緊抓住牠，等到援手來到才能解下馬背上馱運的行李。此外，這時候也是雪崩季節，隨時都有被鬆弛的積雪活埋的危險，因此山徑四周躺者許多馬匹的骸骨，事實上，整支商隊連人帶馬被崩雪活埋的例子時有所聞。

好不容易走到河谷開闊些的地方，當大夥兒看到遠方煙霧騰升的營火時，心裡眞有說不出的舒坦，個個都鬆了一口氣。經過十二個小時艱困的「行軍」之後，我們抵達藍嘎爾（Langar）已是疲憊不堪。還好吉爾吉斯人爲我搭了一頂舒服的毛毯帳棚。

我先調派八名吉爾吉斯人前往阿萊山脈的坦吉斯白隘口（Tengis-bai Pass），讓他們攜帶鐽子、冰鑿和冰斧，爲馬匹挖出一條通道。第二天，我們騎馬到拉巴特（Rabat），那是個標高九千五百五十五呎的避風小屋，爬到這個高度，我和幾個手下對頭痛、心悸、耳鳴、反胃這些高山症狀已經很熟悉了，一看到晚餐我就想吐，晚上睡得也很不安穩。後來去西藏，我已經習慣了這種稀薄空氣，即使到達海拔一萬六千呎的高度，也不會覺得有任何不適。

翌日清晨，我們沿著吉爾吉斯人挖掘的小徑前進，眼前阿萊山的山脊凌空拔起，高聳地矗立在我們的上方。我們走入一條陡峭的上坡通道，山岩白得像粉筆；吉爾吉斯人在六呎深的積雪中踏出了一條狹窄步道，路基脆弱得有如沼澤上的浮板，不小心踩個空就會深陷積雪中。我們繞著之字型的步道千迴百轉之後，才來到標高一萬二千五百呎的坦吉斯白隘口，從這裡向下俯瞰，雪白的廣袤山脊盡入眼簾，景觀美極了。南邊的阿萊河谷地夾在阿萊山脈和外阿萊山脈（Trans-Alai）之間，分向東、西兩方綿延伸展開來。

僥倖逃過暴風雪

順著通往阿萊河谷的一彎峽谷繼續行進，我們利用小橋和積成拱型的雪徑來回渡過一條小溪；行進中馬匹經常脫隊跑散，我們必須全體動員才能拉住牠們，重新把行李綁好。就在前天，這裡發生過巨大的雪崩，雪堆滿峽谷，把道路完全遮蔽；吉爾吉斯人連連恭喜我們躲過了這場雪崩。現在大夥兒可以走在崩落的雪面上，踩在腳底下的積雪可能有二、三十碼深。

我們從達勞庫爾根（Daraut-kurgan）進入阿萊河谷，這裡有個搭建二十頂毛毯帳棚形成的小村子。往遠處望去，可以看到一場暴風雪正在坦吉斯白隘口頂上肆虐，吉爾吉斯人再次向大夥兒道賀，因爲我們又幸運地逃過了一劫。如果我們早到一天，恐怕現在早已葬身雪崩之中；要是晚來一天，現在也必然被暴風雪困住，準被凍死無疑。

三月一日的前一天晚上，有一場暴風雪襲捲達勞庫爾根，差點把全村的帳棚夷爲平地，所幸帳棚用繩索和石頭牢牢固定住，才得以安然無恙。當我從睡夢中醒過來時，赫然發現枕頭上堆出一小堵的雪牆，原來整個帳棚已經被埋進一碼深的雪堆裡了。

休息了一天，我們和吉爾吉斯的嚮導繼續往下走。嚮導用長木棍敲擊雪面以探測虛實。眺望遠方，在無盡頭的銀色大地上露出一個小黑點，我心滿意足地望著它，那兒正是我們今晚要過夜的毛毯帳棚；帳棚裡正燃燒著營火，煙霧裊裊從帳頂開口處飄了出來。那天晚上，一位吉爾吉斯人彈奏弦樂器來娛樂大家。夜裡，暴風雪又再度襲擊大地。

我們的路線繼續向東沿著阿萊河谷走，阿姆河上游的支流噴赤河也是順著河谷向東奔流。在這裡我們必須先派出四隻駱駝爲馬匹開路，有時遇到駱駝完全陷入雪堆裡，就得重新探出一條積雪較淺的路徑。

距離隔天晚上紮營的地點只不過一百五十步的路程，可是這麼短的路卻走得千辛萬苦；橫阻在我們和帳棚之間的是一條深谷，谷地上積滿九呎深的雪，走在最前面馱負物件的馬一腳陷進去，徹底被雪給淹沒，我們先卸下牠背上的箱子，然後用繩子硬把牠拉了出來。用鏟子在雪地裡劃出一條路來根本行不通，吉爾吉斯人於是想出了一個變通辦法，他們拆下帳棚上的毛毯，一塊塊鋪在雪地上，然後循序領著馬匹一步一步走過去，等到所有的馬匹都走完，那時間感覺好像過了一輩子那麼久。

晚上溫度降到攝氏零下二十度半，毛毯帳棚完全被雪牆所包圍。第二天早上，我望見外阿萊山脈最高峰、海拔二萬三千呎的考夫曼峰（Kaufmann Peak），氣勢雄渾、儀態萬千地矗立在前方。

我從營地派遣一名吉爾吉斯人出去求援，可是他的馬兒一跨出步子就陷進厚厚的雪堆裡，深度到達馬上騎士的膝蓋；這麼深厚的雪太危險了，不久這位吉爾吉斯人只好放棄。看來我們眞的被雪困住了，除了等待別無他法。

雪原鬥士——吉爾吉斯人

後來終於來了幾位帶著駱駝和馬匹的吉爾吉斯人，而且幫忙我們好一會兒，還告訴我們碰到更深的積雪也是常有的事，他們用犛牛來開路，在雪地裡鑽出一條隧道，然後人和馬再跟著走。

他們告訴我們，在上次的暴風雪中，他們有一個朋友的四十隻綿羊都被一頭野狼咬死了，另一個人最近也才剛損失一百八十隻綿羊。野狼是吉爾吉斯人最凶狠的敵人，一頭野狼可以在暴風雪中偷襲羊群而把整群羊咬死。野狼的嗜血殘暴是難以克制的天性，不過一旦被吉爾吉斯人活捉，野狼的下場就很悽慘了。吉爾吉斯人會先用繩子把野狼的頸子綁在粗樁上，然後在牠嘴裡塞進一塊木頭，再拿繩子纏繞野狼的嘴巴，接著鬆開綁住野狼脖子的繩子，猛抽牠鞭子、用火燙的煤塊弄瞎牠的眼睛、拿乾鼻煙灰塞牠嘴巴。有一次吉爾吉斯人折磨一隻野狼時，我正好在場，因此有機會早些殺死野狼，以便減少牠的痛苦。

許多野生的綿羊（當地人叫牠們孛羅羊，是取自馬可孛羅的名字）常被野狼撕裂成碎片。野狼熟諳系統化的狩獵，牠們建立前哨站，先把羊趕到陡峻的峽坡；吉爾吉斯人說，被逼上絕路的羊隻看到背後吐著氣、紅了眼的殺手，通常情願冒險縱身越過峽谷，而牠們利用強韌且形狀優美的羊角根部軟墊著地，確實常可讓牠們安然逃過摔死的命運，儘管如此，綿羊並未因此能夠逃過狼吻，因爲其他的狼群早已等候在峽坡底下，等綿羊一落地就上前撲殺。

陪我旅行的一位吉爾吉斯人去年冬天也曾穿越阿萊河谷，他被十二隻野狼攻擊，所幸他和同行的夥伴都攜帶槍枝，在開槍射傷兩隻野狼之後，剩下的狼群立刻把受傷的同類啃食精光。

不久前，有位吉爾吉斯人要從一處營帳到另一處營帳，從此他再也沒有回來，人們四處搜索，結果在雪地裡發現他的頭顱和殘骸，旁邊還有他的皮裘，從屍體旁的血跡可以看出他曾經無助且絕望地掙扎過。我的腦海中一直揮不去那位獨行者的影子，整個晚上輾轉反側，不斷想著當這位吉爾吉斯人發現自己被狼群包圍時，那種孤立無援的心情是何等苦澀啊！他一定努力試圖跑到帳棚村落，但無疑的狼群是從四面八方發動攻擊，他可能拔出匕首想刺殺左右兩邊的野狼，孰料卻更加激起攻擊者的憤怒和嗜血天性。截至最後他的力氣必定逐漸消竭，腳步踉蹌，眼前漆黑一片，當最靠近他的野狼把慘森森的白牙扎進他的喉嚨那一刻起，無休無止的黑夜便永遠地籠罩著他。

銀色世界

噴赤河沿岸有一條巨大的冰帶，再往河心走，河流又湍急又深邃，我們選擇從冰帶上過河，馬匹必須從滑溜的冰塊上跳進湍急的河水裡，然後使盡全身力量躍上彼岸的冰塊。

我們在離過河地點不遠的地方紮營，雪還是很深厚，必須剷除一大片積雪才能騰出搭帳棚的空地。夜裡天氣極爲清朗、平靜，星光閃爍，白雪映照生輝，夜色美麗宜人；此時帳棚外面溫度只有攝氏零下三十四度，我對馬兒感到十分抱歉，因爲牠們得站在外頭受凍。

我們騎馬向東邊前進，我發現我右半邊的身體被太陽照得暖融融的，而落在陰影裡的左半側身體居然凍傷了。臉上的皮膚凍裂脫落，終至變得僵硬，和羊皮紙一樣堅韌。

博多巴（Bordoba）是往來此地的信差所搭蓋的一間小泥屋，我和一位吉爾吉斯人率先趕到那裡。我們在三呎深的積雪開路前行，直到深夜才抵達，還在附近雪地上發現七頭野狼的足跡。

地勢從這兒往上爬升到外阿萊山脈海拔一萬四千呎的喀吉爾隘口（Kizil-art Pass），山頂上豎著一塊石標和一些飄著旗幟的旗杆，同行的吉爾吉斯人都跪下來感謝眞主阿拉保佑，使他們能平安穿過這條神聖但令人喪膽的隘口。後來我在西藏也經常見到相同的習俗——同樣的石標，同樣的旗杆旗幟，以及對山神同樣的尊崇。

隘口以南的積雪少多了，在整個行程中，我們遇到的最低溫度是攝氏零下三十八度，那時我們就在闊克賽（Kok-sai）泥屋裡。

第二天早上我們渡過一座門檻似的小橋，佇立橋拱上，整個喀喇湖（Kara-kul）——意爲「黑色之湖」——盡收眼底。太陽正緩緩沉落，西邊山脈的影子很快就蓋滿了這片荒涼清冷的土地。

三月十一日，我帶領四個人、五匹馬和兩天的糧食，踏上喀喇湖浩渺的冰凍湖面，然後前往湖的東南岸和其他同伴會合。喀喇湖面積有一百三十平方哩，長十三哩，寬九哩半；我想量量它的深度，便在湖的東端用測錘經由冰上的洞口測量水深。那天晚上，我們在一個岩石小島上過夜，冰塊發出奇怪的聲音，聽起來好像有人正在搬動大鼓和低音六弦琴，也像是有人把汽車的門用力甩上，我的隨員則相信那是大魚用頭敲打水面上的冰層所發出來的聲響。

待測量完湖西一大片內灣的深度之後，確定最深的地方是七百五十六呎。我們緊緊跟隨其他夥伴留下的足跡前進，他們已經遠遠走在前頭了。暮色開始與黑暗的夜色融合為一，這裡光禿的地表再也看不出來前面夥伴的足跡，等走到雪地上時，已經完全失去他們的去向；我們騎了四個小時的馬，不斷扯高嗓門吼叫，但是沒有一點回應。後來我們只好在乾燥草原植物生長的地方停下來，升起營火，不只為了取暖，也當作其他人馬辨識的指標。我們坐著聊天直到凌晨一點，期間沒有吃一塊麵包，也沒有喝一滴茶水，只是輪流講著有關野狼的故事嚇嚇彼此；聊完天我們各自裹在皮裘裡，在營火前慢慢沉入夢鄉。

第二天早上我們發現商旅隊伍。我們馬不停蹄朝穆斯可（Mus-kol）山谷邁進，這條山路通往阿卡白妥隘口（Ak-baital Pass），高度為一萬五千三百呎。山谷中有「冰火山」，也就是水上升結成冰，一層一層堆積起來形成火山似的圓錐體，其中最大的有二十六呎高，底部圓周達一百五十呎。

隘道上的雪花被風捲起，像漩渦一樣漫天飛舞，宛如新娘的白紗；我們在這裡被迫捨棄一匹馬。帕米爾斯基哨站的翻譯員馬梅提耶夫（Kul Mametieff）在隘口的另一端和我們會合，他是個活潑、友善的吉爾吉斯人，在俄國接受教育。等我們騎了一段路之後，他手指南方慕爾加布河一處寬闊的河谷說：「你看見那邊飄著的旗子嗎？那裡是帕米爾斯基哨站，全俄國最高的碉堡！」

【注釋】

❶俄國西南方城市，位於烏拉河畔，爲工業與交通中樞，煉油工業和機械、皮革工業十分發達。

❷歐俄東方、烏拉山南部的巴什基爾自治共和國人民。

❸歐俄東部的城市，位於奧倫堡以東，爲工業重鎭。

❹爲歐亞大陸的分界河，起源於烏拉山脈南麓，向南注入裏海，長約二千五百三十五公里。

❺又作Irtysh，起源於中國境內的阿爾泰山，向西北流進哈薩克，在亞俄西部與鄂畢河匯合，總長度五千四百一十公里，是亞洲最長的河系。

❻位於東非烏干達、肯亞、坦尚尼亞境內，面積六萬九千四百八十二平方公里，爲世界第二大淡水湖，也是尼羅河的發源地。

❼哈薩克南方的城市，位於錫爾河東方。

❽原意爲蘇丹的導師哈茲瑞。

❾阿姆河流域的一處河谷，位於阿萊山脈南方。

第十六章

吉爾吉斯人

帕米爾斯基碉堡是用泥塊和沙包堆砌而成，碉堡四個角落的砲台上均架著槍械，當我們靠近碉堡北邊的正面時，戍守衛隊的所有一百六十名士兵與哥薩克人都站在護牆上歡呼。碉堡指揮官是賽茨夫上尉，他曾經擔任過斯科別列夫將軍的副官，現正與六位軍官幹部在碉堡的大門迎接我們。

戍守衛兵在這兒的生活非常單調，因此對於我的到來相當歡迎。在漫長的冬天裡，我是他們看到的第一個白種人，對他們來說，我彷彿是上帝從外面世界送來的禮物，他們表現出無比熱情的歡迎和招待，而我也樂意做個「囚徒」，在這裡待上二十天。

那真是一段令人心曠神怡的休息！我們聊天，騎馬郊遊，到臨近的吉爾吉斯部落拜訪長老；我也寫生、拍照。星期天大家聚集起來玩遊戲，衛兵和著手風琴的樂音翩然起舞；每到星期二，我們用望遠鏡觀望北方的地平線，希望發現信差的身影。駐紮在這裡的每個人莫不盼望信差帶著信件和報紙前來。

不知不覺當中，這段愉快的悠閒時日已接近尾聲。四月七日，我向大夥兒道過珍重後再度上馬出發。我們一小群人往東北方的朗庫爾湖（Rang-kul）前進，當晚就在湖畔紮營過夜，帳棚上方沒有排煙口，形狀呈圓錐形。朗湖雖然只有六呎深，湖面上卻覆著三呎厚的冰層，不過泉水注入的地方，湖面並未結冰，經常有大群的野雁和野鴨在此地棲息。

進入中國的領土

再往東，我們從瞿喀台隘道（Chugatai Pass）翻越薩里括山（Sarik-kol Mountains）；在山更遠的那一面，我們借宿在第一個吉爾吉斯人的帳棚村落。這裡已經是中國的領土，從附近布倫庫勒（Bulun-kul）堡壘來的三位長老前來與我們見面，他們清點完我們的人數，而且仔細盤查之後，便返回布倫庫堡壘。當時俄軍正調派軍隊準備攻打中屬帕米爾的謠言甚囂塵上，甚至有人相信我們是俄軍所喬裝，箱子裡還藏著武器。不過，這些人因親眼看到我只是一個帶著少數幾位土著的歐洲人，終於確定我不是間諜。

到了離布倫庫勒不遠的地方，中國軍隊的指揮官喬大林親自帶了十名扈從來拜訪我，他對我繼續前往慕士塔格峰(Mustagh-ata)西麓的計畫並未表示反對，不過他要求我留下一個人和半數的行李作爲擔保。我只能經由一條路到達喀什，那就是穿過蓋茲河谷（Gez-daria Valley），而這條路的起點正是布倫庫勒。

這裡的中國人疑心相當重，他們派遣守衛和間諜整晚監視著我們的帳棚，不過倒是不太打擾我們。四月十四日，我帶了四名隨從和四匹馱馬往南走，穿過薩里括河谷，行經屬於喀喇湖、美麗玲瓏的小山湖，然後抵達吉爾吉斯人的帳棚村。村裡的長老塔格達辛（Togdasin Bek）非常好客，而吉爾吉斯人聽說有個歐洲人來了，都紛紛跑到附近來紮營，他們到我的帳棚來要我替他們治病，我只好用奎寧和其他無害的口服藥品盡力爲他們醫治，結果證明效果的確非凡。

慕士塔格峰矗立在我們上方，山名的原意是「冰山之父」（Father of the Ice-Mountains），最高峰海拔二萬五千五百呎，峰頂罩著一層閃亮永不消融的白雪，彷彿一頂皇冠；從東方的沙漠中遠眺，慕士塔格峰的峰頂就像一座燦亮的燈塔，巍然聳立在南方知名的喀什山脈（Kashgar Range）之上。喀什山脈位於帕米爾高原的邊緣，一直延伸到東土耳其斯坦山麓。

「冰山之父」

吉爾吉斯人流傳許多關於慕士塔格峰的傳說，他們相信它是巨大的聖人之墓，摩西和阿里都在此安息。好幾百年前，一位老智者攀登這座山，他在山頂上發現一座湖和一條河，並且見到一頭白色的駱駝在河邊吃草。一些身穿白衣、神態莊嚴的老人在李子園裡悠閒地漫步，智者摘了一顆果子吃，這時有個老翁走過來向他道賀，因爲智者並沒有漠視這些果子的存在；假如他沒有吃這果子，就必須和其他老人一樣永遠留在果園裡。然後一位騎白馬的人將智者拉上馬鞍，快馬加鞭往山坡下疾馳而去。

我曾兩度試圖攀登慕士塔格峰

吉爾吉斯人甚至相信，「冰山之父」的峰頂其實是一座城市，名叫賈奈達（Janaidar），城裡的居民過著極爲快活的日子，既不知寒冷，也不會老死。

不論我走到哪裡，也不論是在哪一個吉爾吉斯人的帳棚村歇腳，都會聽到關於這座聖山的新故事，連帶地激發出我內在無法抗拒的慾望，想要更加親近這座山，親自去踩踩它那陡峻的山坡——不一定要攀上巔峰，但是至少要走上一程。

於是在山谷中我暫時拋下馬匹和兩個隨從，另外挑選六個矯健的吉爾吉斯人，雇用九頭壯碩的犛牛，把我的帳棚往高處移動兩千呎，這裡沒有積雪，地基爲岩石和石礫堆，冰河流動發出低沉的聲音。第一個晚上，我們就在露天的乾柴營火旁度過。

不過我首次想親近這座巨山的企圖，並沒有圓滿收場。我們在犛牛的幫助下，艱辛地涉雪爬上陡峭的山壁邊緣，山壁下就是北方巨大的顏布拉克（Yam-bulak）冰河的深塹；從這裡我們可以飽覽西邊薩里括河谷的壯麗景色，以及源自山頂盆地的宏偉冰河，這條冰河白色中泛著微微的藍光，順著峭峽往下滑動，從我們的腳下淌過，然後像帝王一般驕傲地從石河床上流洩出來。

可惜我們沒時間流連欣賞眼前美景。風吹起，暴風雪開始在較高的山坡上發威，濃密的雪雲在我們頭頂上高速旋轉，而且越來越黑；我們必須趕快回到紮營的地點。

在我們離開營地期間，塔格達辛長老帶了一頂毛毯大帳棚來拜訪我們的營地，他到的時機極爲湊巧，因爲就在他到達不久，整個山區全被暴風雪所籠罩，伸手不見五指，而他帶來的帳棚剛好可以幫我們抵擋強風。

我知道天氣也許要很久才能好轉，在此之前根本不可能再一次向上攀登，因此我派了幾個吉爾吉斯人下山谷去帶糧食回來。

偏偏倒楣事兒接二連三壞了我所有的計畫，先是我的眼睛急性發炎，迫使我不得不找個溫暖的地方，而且一刻也不能拖延。於是我們的登山之旅半途夭折，我蒙著眼罩和一小支隊伍往回走，經過喀喇湖和布倫庫，走到更遠處順著蓋茲河荒野峽谷走下去；此地可說惡名昭彰，因爲有許多強盜和逃逸的小偷都藏匿在這裡。

我們有時得穿過滔滔的蓋茲河，河流湍急、白浪滾滾，在大石頭之間洶湧奔流。吉爾吉斯人下水幫助馬匹過河，否則馬匹可能會溺死。橋梁只在幾個地方看得見，其中有座橋用一塊巨大的石頭當棧橋（pier），當馬匹走上那危顫顫的橋面時，構成一幅有趣的畫面。

現在溫度開始急遽升高，我們下了山也走進了夏天的氛圍，溫度計顯示攝氏十九度；當我們終於在五月一日抵達喀什時，我的眼睛幾乎已完全復原了。

在此我僅描述幾項對喀什之行的回憶，這段時間，我泰半與老朋友裴卓夫斯基總領事在一起，也和好客的麥卡尼先生、詼諧的韓瑞克神父往來密切。

我的第一項任務是拜訪張道台，他是喀什和這個省份的總督，我第一次來喀什時就認識他，是個十分精彩的人物。這次他仍然很和氣、友善地接待我，慷慨答應我所有的請求，包括護照和自由旅行的許可。

第二天，張道台登門拜訪算是禮尚往來，我就像在戲院裡看戲一樣，看著他五顏六色的出巡隊伍走進領事館前庭：先是一支前導的騎兵隊，每走五步就敲一聲響亮的銅鑼，接著是一群步兵，手裡拿著鞭子和七首爲大人開路；張道台坐在一輛騾子拖的小車上，布簾遮住他的身影。車子兩邊有僕人跟隨，他們打著遮陽傘和黃色官旗，旗杆很長，旗子上繡著黑字。在隊伍後面壓軸的是另一支騎兵隊，他們騎著白馬，身上的制服相當華麗。

有一天，依格納提耶夫領事和我受邀到張道台府上參加一場官方的晚宴，和中國官員的出巡隊伍比起來，我們的俄國隊伍平凡多了；騎在隊伍最前面的是西土耳其斯坦商人的長老(aksakal)，其後是手擎俄羅斯帝國旗幟的騎士，隨後就是我們所乘坐的馬車。我們的馬車後面有兩位俄國軍官擔任護衛，另外有十二名穿著白色制服的哥薩克人。我們就這樣穿過整個市區、市集和雷吉斯坦市場，也行經「跳蚤市集」（Flea Bazaar），你可以在這裡買到舊衣服，還會免費奉送跳蚤、蝨子之類的害蟲。

我們到達總督官邸時，主人以兩響禮砲表示歡迎；進到內院，道台和其他官員正在等候我們。用餐的大廳中央擺一張大圓桌，主人搖搖椅子，藉以證明這些椅子足以承受我們的重量，他又把手掌滑過桌面和椅子上，表示每樣東西都撣過灰塵，質地光滑。他接著拿起象牙筷子碰碰額頭，然後又把筷子放回原位。

我們坐下來，慢慢地吃完四十六道菜。吃飯時，不時有人爲我們斟上溫熱的烈酒。依格納提耶夫的食量驚人，他那不醉不歸的豪邁態度更令在座賓客大爲傾倒，只見他連喝了十七杯烈酒仍然若無其事。牆上貼了一行字：「把酒論事」（Drink and tell piquant tales），我們只好恭敬不如從命，暢快地飲酒作樂。我擔心我們的行徑犯了中國人講究禮數的大忌，若非主人等人自幼就是風乾桃子般的黃皮膚，這會兒大概連臉都翻白了。筵席間一直有支由各種民族組合成的樂隊在一旁伴奏助興，等最後一道菜用完，我們便告辭離去。

喀什的一支樂隊

熱情的吉爾吉斯人

現在已經是盛夏時節，溫度上升到攝氏三十五度。我始終忘不了「冰山之父」山頂上終年披覆的白雪，還有那泛著幽微藍光的冰河，於是我偕同僕人伊斯嵐帶著小型旅行隊，在六月離開喀什。我騎馬到達顏吉息撒（Yangi-hissar）小鎮，當地的辦事大臣警告我狹窄的河流在夏季裡水位暴漲，爲了讓我的行程更順利，他派了幾個吉爾吉斯人協助我，負責的人名叫尼亞斯（Nias）。

我們深入山區，受到基普恰克族（Kipchak）吉爾吉斯村落居民的熱烈歡迎，有些聚落是泥土和石頭搭建的小屋，也有些是錐形無排煙口的帳棚村。當我們行走山中，經常可見慕士塔格峰令人目眩的白色峰頂昂然冒出，落在較低的山頭後面。這裡的山谷相當寬闊，風景如詩如畫；河流都很深邃，河面上盡是滾滾泡沫。所幸這趟旅程十分順利，沒有發生任何意外。在寬敞的河谷中，有些村落建在豐美的綠草地上，野生的玫瑰盡情綻放，野山楂和樺樹一樣欣欣向榮。正當大夥兒停留在帕斯拉巴特（Pas-rabat）村時，暴雨突然來襲；大雨過後，河流水位即刻暴漲，洶湧的河水霎時變成了灰褐色，怒吼著穿越河谷。

穿越檀吉塔（Tengi-tar）峽谷一段是這條山路艱難的部分，狹窄的走廊緊挨著陡峻山壁蜿蜒而行，而兩側山壁只隔幾碼的距離，河水溢滿整個谷地，使得想前往帕米爾的旅人只有被迫走水路。高漲的河水在滾動的石頭之間流洩，震耳欲聾的激流回音充塞於局促的峽谷。馬兒不太確定應該在何處落腳，只能靠觸覺小心翼翼地在大圓石之間行進，牠們不時跳上一

高聳石壁形成的艱難路途

塊岩石，然後鼓起全身肌肉爲跳到下一塊岩石作準備，而且牠們背上的行李箱總能維持平衡。在特別難走的地方，必須有兩個人在水面上放置一些石塊，然後跳上這些石塊，各自護著馬匹的一邊，引導並協助馬兒過河。

原本從灰色花崗岩山壁頂上才能窺探到一線的藍天，慢慢地，隨著峽谷的漸形開展、山勢變得較平滑，映入眼簾的藍天也越來越寬廣了，這讓我們大大鬆了一口氣。離開高達一萬五千五百四十呎的寇克莫依納克隘口（Kok-moinak Pass）之後，我們發現自己又來到了「世界屋脊」，在塔嘉爾瑪河谷（Tagarma Valley）寬敞的谷地上，一些吉爾吉斯長老很親切地招待我們。

浸淫在清朗、純淨的空氣中，高山的輪廓和生物都展露出最美麗的面貌。慕士塔格峰的冰河像舌頭般，從深窄的裂縫間吐了出來；冰河清澈如水晶，緩緩淌下山坡，流過青翠的牧場。牧場上可見犛牛和綿羊成群結隊在吃草，還有大約八十頂已經搭建好的圓錐形帳棚。

入境隨俗

接下來的目的地是北方的蘇巴喜（Su-bashi）平原，我們還在那兒巧遇老朋友塔格達辛長老，他把自己很好的一頂帳棚借給我們使用。接著將近三個月的時間，我和吉爾吉斯人一起生活，起居作息和他們沒兩樣；我騎他們的馬匹和犛牛，吃他們的食物（羊肉和酸奶），變成了他們眞正的朋友。經過這些日子，他們異口同聲說：「現在你變成道地的吉爾吉斯人了。」

塔格達辛長老爲了表達他的歡迎之意，在六月十一日於蘇巴喜平原上舉辦了一場比鬥，參加者穿著色彩豔麗、鑲綴金邊的華麗長斗篷，區內所有的長老都齊聚在我們的營地。在四十二位衣著光鮮的騎士扈從伴隨下，我騎馬來到即將有一場狂野騷亂的地點；當我們抵達時早已有大批群眾在那裡等候，一百一十一歲的人瑞廓特（Khoat）和他那五個也已髮鬢斑白的兒子一起混雜在人群中。

騎著馬的英勇好漢在平原上齊聚一堂，他們急切地等待開始的信號。信號一發出，一位騎士全速向我們衝過來，在我們面前兜繞圈子，用膝蓋引導座騎；他的左手拎著一隻活山羊，右手抓著一柄犀利彎刀，忽然凌空一記精準的劈刺，迅即削斷了山羊的頭，羊身子垂在騎士的腰間，扭曲且滴著鮮血。

這位騎士跑完一圈場地，再度向我們狂奔而來，這回後面跟著八十位騎士；在雜沓的馬蹄噠噠聲中，大地開始震動起來，他們越來越接近，偶爾消失在揚起的塵霧裡，一直到離我們只有一分鐘的距離，速度仍未曾稍減，眼看我們就要被亂馬踐踏而死，好比崩落的雪堆落在我們身上一般。就在幾步之遙他們倏地轉開，此時馬蹄揚起的沙土已經快撲到我們的臉上，領頭的騎士把羊屍體扔在我的腳邊，隨即策馬回隊遁入塵土蔽天的平原上。

才不過幾秒鐘光景他們又轉了回來，騎士們爭奪羊屍體的比鬥正式揭開序幕。我們這些觀眾全都迅速往後退，騎士必須從馬鞍上搶奪羊身並策馬離去，這是我見過最精彩的打鬥，所有參加的八十位騎士全擠成一堆，有的馬匹連同騎士直立起來，有的馬則摔倒在地上，被拋出馬背的騎士得趕快掙脫重圍，以免被馬踩死。這時，其他在旁觀看的吉爾吉斯騎士開始從圈子邊緣往前逼近，騎著馬慢慢鑽進圈子裡，使得已經擁擠不堪的馬群變得更擠了，不知情的人也許會把他們當作燒殺擄掠的匈奴呢。

終於由一個強壯的吉爾吉斯人搶到了羊，他拎著羊在平原上狂野地兜著圈子，其他人則像飢餓的狼群般緊追不放；這樣的景象一再上演。

塔格達辛長老越看越興奮，驀地跳起來加入戰局，可是才跑到一半，他和座騎就摔了個四腳朝天，人們在他額頭上貼了一張中文紅字符，表示他已被判出局了。

比鬥結束後，我們享用了一頓精緻的招待大餐，有羊肉、米飯、酸奶和熱茶，然後由我頒發獎品給所有獲勝者，給的是一些銀幣。優勝者當中有兩位魁梧的吉爾吉斯人名叫耶興（Yehim Baï）和莫拉（Mollah Islam），都被我招攬來爲我做事。

暮色低垂，騎士們回到他們的帳棚，又一個新的夜晚降臨，漆黑的夜色落在慕士塔格峰山腳的平原上。

第十七章

與「冰山之父」搏鬥

我給了自己一項任務，那就是規畫前往「冰山之父」慕士塔格峰附近地區的路線。在僕人和幾位吉爾吉斯朋友的陪同下，我到了喀喇湖畔；在紮營地點，我獨自使用一頂錐形毛毯帳棚，也在此處紮營的鄰居則提供酸奶、鮮奶、發酵馬奶、綿羊給我們。吉爾吉斯人白天忙著下田，晚上就跑到我們的帳棚來，我竭盡所能讓他們講述對自己國家的認識，只要是颳大風、下大雨的日子，我一定留在帳棚裡作筆記，不然就是爲吉爾吉斯人畫像。

有一天，我們從費加那帶來的看門狗失蹤了，過了不久，當我們在喀喇湖附近遊玩時，有隻黃中帶白、形貌憔悴的吉爾吉斯狗向我們走來，伊斯嵐和其他人對牠扔石子想把牠趕走，可是沒一會兒又見牠跑回來，所以我讓牠留下來。這隻狗很快就學會撿拾我們扔給牠的肉塊或骨頭，慢慢地竟變成營地裡每個人的寵物。我們管牠叫「尤達西」（Yoldash）——「旅伴」的意思，牠很忠實爲我看守帳棚，整整十個月沒有離開過我一步，是這段期間我最親密的朋友；然而尤達西的離去卻很悲劇性，這個故事稍後再說。

兩位吉爾吉斯男孩

吉爾吉斯人在慕士塔格峰附近放牧綿羊、犛牛和馬，每一戶人家都有固定的夏季和冬季草場。雖然他們篤信回教，婦女卻不用蒙面紗，臉上也無需遮掩，只除了頭上纏繞白色頭巾。吉爾吉斯人的生活幾乎全以照顧牲口的健康爲重心，每到日落，他們就把綿羊趕回羊棚，半帶野性的家犬則保護羊群不受野狼傷害；即使婦女所做的粗活都和綿羊、羔羊有關，而牲口的飼料也是由婦女負責照料。至於男人的時間泰半花在馬鞍上，到處拜訪別人，騎馬到喀什趕集，或是監督婦女照料馬匹和犛牛。孩子們在帳棚四周玩耍，他們大多很討人喜歡，長得也漂亮。有一次，我們看到有個八歲大的男孩一絲不掛地走來走去，全身上下只有一頂羊皮帽和他父親的靴子。

走過冰河，翻越雪山

我們穿過迷濛霧氣往慕士塔格峰北邊的山坡行進，坡上有的冰河狀似舌頭往下垂掛，又像是許多的手指，伸向下方的薩里括谷地。這樣的山徑只有犛牛可用來騎乘和馱運東西，學騎犛牛要有相當的耐心，雖然牠們的鼻子軟骨上穿了一個鐵環，上頭又套了韁繩，可犛牛的脾氣頑固得很，使起性子來就只能由牠高興怎麼走了。

看過了北邊的冰河，我們拔營轉往西側山脈，徒步在巨大的冰河間遊走。溪流裡滿是融化後的冰塊，它們漫過藍綠色的冰層，清澈得像是水晶；冰河之中經常可見深邃的罅隙張開大口，有些地方巨大的岩石變成了美麗的冰桌。

八月六日，我隨著太陽升起的腳步，開始攀登顏布拉克冰河北側一處陡峻的懸崖，同行的有五個吉爾吉斯人和七頭犛牛。天氣好極了，才八點鐘我們就已經登上比白朗峰（Mont Blanc）❶更高的位置——一萬六千呎的地方，我們碰到了雪線，越過雪線，積雪深度迅速增加，表面已經結了一層冰。我們緩緩前進，犛牛不斷停下腳步調整氣息，其中兩頭因爲過於疲累，我們只好捨棄牠們，任由牠們自生自滅。

我們又來到一處懸崖的邊緣，一萬二千呎高的顏布拉克冰河就在我們的腳底下。再往上一千呎，莫拉和其他兩位吉爾吉斯人躺臥在雪地上睡著了，我只好先撇下他們，繼續和兩位吉爾吉斯人帶著兩頭犛牛往下走；犛牛顯然相當不滿我們這種在無垠雪地上漫無目標攀爬的愚蠢行爲。

已經到了標高二萬〇一百六十呎的地方了，我們必須暫停，休息一段比較長的時間。站著休息的犛牛把舌頭垂掛在嘴巴外面，牠們的呼吸聲聽起來就像鋸木頭的聲音。我和吉爾吉斯人坐在地上吃雪，大家都感到頭痛欲裂。現在我了解，如果我們還要往上攻堅一、兩千呎，務必得補充糧食和帳棚，在標高兩萬呎的地方過一夜再繼續走。我下定決心要捲土重來，此刻唯有暫且先返回營地。

二度攻堅失敗

再度於冰河間走了幾天後，我們終於在八月十一日二度攻堅穆斯塔格阿特山。這次我們改走另一條路，沿著察爾圖馬克（Chal-tumak）冰河南邊騰空突起的峭坡往上爬。我們攜帶一頂小型的毛毯帳棚，還有食物與燃料；犛牛和吉爾吉斯人奮力攀爬，直到抵達標高一萬七千呎處才歇腳作較長時間的休息。

拯救一頭陷入罅隙的犛牛

突然之間，一聲震耳欲聾的巨響充塞整座深谷，回音持續好久。巨響傳自與冰河走廊北邊相連的飛簷式懸崖，看來應是高處山壁突出的部分凍結成冰，重量越積越重，終至無法支撐而斷落在冰河河面上。巨大的冰塊掉下來擊中突出的岩石，瞬間的衝力把岩石撞擊成粉末，潔白如同起泡沫的河水，而且動盪激烈。

更往上，我們發現四頭野山羊，牠們似乎受到驚嚇而慌張失措，以迅捷的速度橫越積雪，逃逸無蹤；在此之前我們才剛看到兩匹野狼，牠們有很大的淡灰色眼珠子，顯然是在終年不融的雪地上追逐山羊，但因爲體力不濟才沒有追上我們所見到的山羊。

地面冰層上的積雪又增厚了兩呎，使得我們的攀登路程比先前更加艱難。莫拉帶著一頭犛牛在前面領路，犛牛背上馱了兩大綑草原植物，吉爾吉斯人稱之爲「泰瑞絲坎」（teresken），堅硬可比木頭。忽然，犛牛憑空消失了，就像牠腳底下有個陷阱，機關門突然打開似的；我們趕緊搶上前去，發現犛牛靠右後腳、牛角和背上馱載的泰瑞絲坎卡在一條罅隙上。原來這裡有條寬一碼的裂縫，底下是黝黑的萬丈深淵，由於積雪漸寬覆蓋在上方而形成了危險的雪橋，不知情的犛牛踩了個正著，所幸牠縱然嚇壞了，還能不動停在原地，否則早就摔死了。吉爾吉斯人用一條繩子套在牠的肚子上，然後把繩子栓在其他的犛牛身上，使勁想把陷住的犛牛拉上來。

每個人無不小心翼翼地邁著前進的腳步，另有一頭犛牛卻差點跌入深淵，還有一位吉爾吉斯人也差點遭到相同命運，幸好他及時抓住罅隙邊緣撐住身體，才幸運逃過一劫。我們來到另一處冰河罅隙，寬三、四碼，深約七碼，兩邊是海藍色冰塊凝成的陡峭山壁，這次大夥兒步步爲營地挪動腳步；我們發現罅隙的兩端延伸到視線所不能及的遠方，這一來所有前進計畫都必須被迫取消。這時的高度是一萬九千一百呎。

奇絕美景竟在眼前

在折返營地的路上，我決定再試一次，而這次決定從以前攀登過兩次的顏布拉克冰河北坡往上攻頂。

我們花了一天時間爬到標高二萬〇一百六十呎的地方，也就是上次到達的深淵邊緣，現在我們必須決定是否要繼續往上走；由於我們帶來的十頭犛牛已經累得不成樣兒了，所以大家決定先在原地過一夜，第二天早上再繼續攻頂。

我們把犛牛栓在雪地上突起的少數幾塊板石（slate-rocks）上，然後在下傾的山坡紮了一頂小帳棚，並用繩索把帳棚固定在一些石頭上。帳棚裡升起的營火把我們的眼睛都熏痛了，原因是這種帳棚沒有通風口，棚裡的空氣悶得令人窒息。營火四周的雪融化了，在地上積成一灘水，不過晚上營火熄滅後，那灘水馬上結成了一塊扁平的冰塊。有兩位吉爾吉斯人覺得不舒服，我讓他們移到山下空氣較不稀薄的地方，而其他所有的人也都出現高山症的徵狀，包括耳鳴、脈搏加速、體溫低於正常溫度，還會噁心、反胃。

太陽下山了，最後一絲紫色光芒隱沒在慕士塔格山西邊的山坡後。當冰河南面的半圓弧石壁上方升起一輪滿月時，我步出帳棚走進黝黑的夜色裡，陶醉在眼前這片我在亞洲所見過最壯觀的景色之中。

此時，慕士塔格山峰頂終年封凍的雪原、冰河發源的山麓，以及它的最高點全都沐浴在月亮的銀色光輝裡，然而漆黑的冰流卻靜臥在深邃的峽谷中，被濃重的陰影隔絕於月光之外。薄薄的白雲飄過起伏的雪原，彷彿有許多山裡的精靈正翩然起舞，也許他們是去世的吉爾吉斯人羽化的靈魂，在天使的守護下，正要從艱辛的人世飄升到喜樂的天堂，到那吉爾吉斯人所讚頌的化外之境賈奈達之都；這些精靈在雪光映襯下，圍繞著「冰山之父」踢踏輕靈的舞步。

我們的高度已經快接近青坡拉佐山（Chimborazo）❷的頂峰，比吉力馬札羅山（Kilimanjaro）❸、白朗峰，或世界上至少四大洲的任何山峰都高了，換言之，高過我們目前所站位置的只有亞洲和南美安地斯山的最高峰；而世界最高峰的聖母峰還比這裡高出八千九百八十呎。雖然如此，我還是相信眼前這片綿延的曠野奇景，絕對超越地球上其他任何地方；我覺得自己站在無垠太空的邊緣，神秘的宇宙就在這裡永恆地運轉，天上的星辰月亮是那麼地接近，似乎伸手就能觸摸得到；我能感受到腳下的地球，這個被不可逆的重力法則所約束的球體在夜晚的宇宙中順著軌道旋轉、旋轉、旋轉……。

帳棚和犛牛的影子清晰地斜映在雪地上。被拴在石頭上的犛牛靜靜地站著，只有當牠們偶爾用下顎的牙齒磨蹭上顎的軟骨時，才會發出軋軋的聲響；有的時候牠們改變姿勢時，蹄子踩破腳下的冰雪，也會傳來喀喀的聲音。牠們的呼吸雖然靜默無聲，但從鼻子呼出的白色煙霧可以看出牠們的氣息沉重。

吉爾吉斯人在兩塊大石頭間升起的營火已經熄滅，這些飽經風霜、堅韌耐勞的山地居民都已經沉入夢鄉；他們的身體蜷縮成一團，臉部朝下，前額碰到地上的雪，嘴裡還偶爾發出喃喃呢語。

我在小帳棚裡試圖睡個覺，但久久無法入眠，這時氣溫雖然不是很低（大約攝氏零下十二度），我的皮裘卻重得像鉛塊一樣，而且因爲空氣很稀薄，我不時得起來用力吸氣。

放棄攀登「冰山之父」

天亮之前我們聽到一聲巨響，音量越來越大，到了早晨，一場風暴已經挾著渦旋的濃密雲雪封鎖住營地，我們等了一個小時又一個小時，沒有人想吃東西，更糟的是每個人都頭痛起來。我希望暴風雪趕快減小，這樣我們才能繼續往山頂上攻堅，但是風暴的威力不減反增，快接近中午時，我明白我們的處境已然堪虞；懷著對吉爾吉斯人堅忍耐力的一絲絲希望，我命令他們把東西綁在犛牛背上，持續在風雪中攀爬，他們也都無異議地服從，不過當我說到打算返回位於低處的營地時，他們不禁既喜悅又感激。

我帶了兩個人開始下山。我騎在黑色的大犛牛上，牠壯得像頭大象，我任由牠自己往前行，反正要指揮牠根本是妄想。雪下得十分綿密，在風勢的助長下急速飛轉，我把手伸在臉前，居然伸手不見五指。犛牛舉步維艱，有時陷入雪地裡，有時又跳起身子，像海豚沉浮於波浪般順著地勢往下滑；我必須努力把膝蓋壓下去，否則當犛牛突然痙攣似的橫衝直撞時，會把我從鞍上甩下來。有時候我把身體向後仰，背部緊貼著犛牛的背，不消多久就覺得犛牛的犄角尖頂到了我的胃。終於我們還是把雪雲遠遠拋在後面，安然抵達營地，這裡標高一萬四千九百呎，和內華達山脈的最高峰惠特尼峰（Mt. Whitney）一般高。

就這樣，我們結束了與「冰山之父」的搏鬥；我受夠了這座山，決定到帕米爾斯基哨站作短暫的拜訪，不過我必須避免引起中國人的猜疑，方能跨過俄國邊界，因爲中國守軍有可能提高警覺，拒絕讓我再進入中國境內。我把所有的行李寄放在偏遠地帶的一個吉爾吉斯錐形帳棚裡，趁著半夜帶了兩個同伴離開，取道荒僻的秘密小徑前往俄國邊界。遠處吉爾吉斯人的帳棚村在月光下清晰可見，村子裡的狗倒是很安靜，我們靠著一場風雪的掩護安全橫越穆斯庫勞隘口（Mus-kurau Pass）進入俄國領

暴風雪中往山坡下撤退

土。

這趟旅程漫長又艱辛，隨行的狗尤達西後腳掌跑得腫疼，我們只好為牠做了一雙襪子給它穿上。尤達西對這種打扮覺得十分難堪，試圖把後腳舉在半空中蹬著前腳走路，等牠發現自己遙遙落後了，便選擇用三隻腳跑步，讓穿著襪子的後腳輪流舉在半空中。

在賽茨夫上尉與另外兩位軍官的陪同下，我橫越了大半的帕米爾。大夥兒在怡人的山中湖泊耶希湖（Yeshil-kul）畔搭起帳棚，然後我再悄悄從那裡返回中國境內，而未引起任何注意。據說在我離開的期間，中國人發現我不見了便立刻發動搜索，為我藏行李的那位吉爾吉斯人明白，萬一被發現一定會有麻煩，為了避免他人起疑，他就找了一處石頭堆，將我的行李箱移藏在兩塊岩石中間。因此，當我九月三十日在喀喇湖東岸再度搭起錐形帳棚時，所有的人做夢也想不到我已經在俄國境內待過十二天了。

臨時造船廠

在返回喀什營地之前，我想先完成一件任務，那就是到風景優美的小湖喀喇湖去，實地測量湖水的深度，可是這裡連一艘船也沒有。吉爾吉斯人從來沒有看過船，也不知道船是什麼樣子，所以我用木頭和紙張做了一個小模型，然後開始「造船」工程；我把這個「造船廠」

航行在喀喇湖上

交由伊斯嵐負責。

我們把一張馬皮和一張羊皮縫在一起，然後綁在帳棚支柱所做成的骨架上，船槳和帆柱也是用帳棚支柱做材料，至於船舵則拿一把鏟子充當。這艘船美妙極了！船身凹凹凸凸、線條曲曲折折，好像一個被人丟棄的沙丁魚罐頭；我們再把充了氣的整隻山羊皮分別綁在船的左舷、右舷和船尾上，藉此穩定船身。這項奇怪的作品看起來簡直像是某種史前動物在孵蛋的模樣；一個吉爾吉斯人說他從來沒想到船竟然是這番模樣，至於塔格達辛長老的評語則是：「如果你坐這玩意兒下水鐵定會淹死，不如等湖水結冰吧。」

不過這艘船卻順利將我送上湖面，名叫圖爾度（Turdu）的吉爾吉斯人很快就學會怎樣划船。當小船下水時，這些游牧民族攜老扶幼聚集在湖邊，不發一語地凝神觀看，可能他們以為我瘋了，正等著看我消失在清澈晶瑩的深水中。

我從幾個方位測量水深，有一天，我們注定要從南到北走一趟最長的路線。我們從南岸揚帆出發，才划沒多遠，突然颳起一陣強烈的南風，我們趕緊把帆捲起來，可是掀湧的浪頭越來越高，激起的泡沫在浪尖嘶嘶作響，小船像使性子的犛牛似的亂蹦亂跳。我坐下來用鏟子掌舵，頃刻間，船尾開始往下沉，一波浪潮漫過我的身子淹進船裡，一下子淹沒了半艘船。船邊綁著的充氣羊皮已經鬆脫了一隻，它彷彿一隻野鴨順著波浪漂流遠去，圖爾度為了保命趕緊把船裡的水舀出去，我則拚命用鏟子抵擋攻擊我們的波浪。然而小船越沉越深，船尾繫著的羊皮在衝擊下開始洩氣發出嘶嘶、啾啾的聲響，不明深度的湖水在我們腳下撕牙咧嘴，此刻的處境實在驚險萬分。我們能這樣飄到岸邊嗎？塔格達辛長老的預言會成眞嗎？在這同時，吉爾吉斯人成群結隊或騎馬、或徒步，全湧聚在岸邊觀看我們溺水的慘狀，所幸最後我們還是飄浮到淺水處，全身濕淋淋地靠岸。還有一次是黃昏時分，我們離喀喇湖北岸只剩下幾百呎遠，突然颳起的猛烈北風把我們吹到湖中心；黑夜逐漸降臨，幸虧那天晚上月光明亮，風勢一會兒就平息了。伊斯嵐在岸邊燃起一堆火為我們引路。測量的結果，湖水最深的地方只有七十九呎。

體悟生命哲理

暴風雪和冰雹經常迫使我留在室內，吉爾吉斯人會利用這種時候來串門子，所以我從來不覺得無聊。他們娓娓道來自己的探險經歷，有時還會對我訴說他們的煩惱。例如有個年輕人愛上了漂亮的娜弗拉（Nevra Khan），卻付不起聘金給對方的父親，他來我的帳棚希望我可以借他這筆錢，可是我自己也一樣阮囊羞澀，負擔不起這樣的金額。

在整個帕米爾地區一直流傳一個傳說，那就是歐洲人已經來到此地，像羚羊一般躍上慕士塔格山，又像野雁一樣飛過湖泊。這個傳說在經過加油添醋之後，至今仍廣泛地在當地口耳相傳著。

我從吉爾吉斯人身上找到了新生命。當我向他們揮手告別時，他們道珍重的聲音裡蘊含濃厚的情感，和他們生活了一段時間後，我已經成爲他們的朋友！吉爾吉斯人的生活自由自在，卻不能過享樂的日子，他們必須和酷寒與嚴苛的大自然奮戰搏鬥；當一個人生命的大限即將來臨，親友便把他帶到山谷裡的墓地去，那裡有座簡樸的白色洋蔥頂寺廟，有位聖人即埋葬在此。

我改走一條新路線回到喀什，同時把這趟旅程的所有發現作個整理，也花了一番工夫撰寫筆記。

十一月六日我們圍著一把沸騰的茶壺坐在餐桌邊，就在裴卓夫斯基領事館的餐廳，一個風塵僕僕的哥薩克信差上氣不接下氣地走了進來，他將一封信遞交領事，那只是一封簡短的詔告，原來俄國沙皇亞歷山大三世駕崩了。房裡所有的人都肅然起立，俄國人在胸前畫十字，表現出深深地哀悼。

耶誕節又來了，我和麥卡尼先生、韓瑞克神父以及一位瑞典籍的胡谷倫（Höglund）牧師一起過節，這位牧師不久前才和家人一起來到喀什。韓瑞克神父在午夜時先行離去，因爲他要在那個陳放酒桶和十字架的小房間裡主持耶誕彌撒。望著他走進夜色裡，我爲他感到難過，他永遠是孤單一人，忍受恆久不變的孤獨。

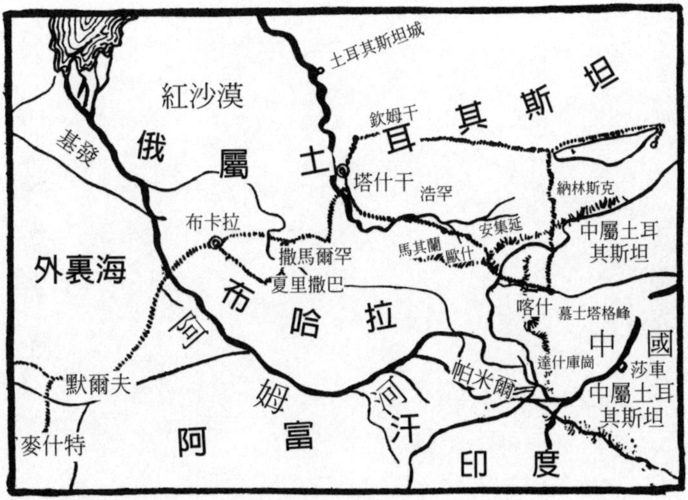

布卡拉和俄屬土耳其斯坦

【注釋】

❶位於法國、義大利、瑞士邊境的阿爾卑斯山脈，最高峰爲一萬五千七百七十一呎。

❷厄瓜多中西部山脈，最高峰爲二萬〇五百六十一呎。

❸東非坦尚尼亞東北部的山脈，靠近肯亞邊境，最高峰一萬九千三百四十一呎，爲非洲第一高山。

第十八章

接近沙漠

我於一八九五年二月十七日離開喀什，並且開始新的旅程；而這趟旅程可說是我所有亞洲行中最艱難的一次。

我們搭乘兩輛由四匹馬拉的高輪馬車（araba），其中一匹馬繫在兩根車軸之間，另外三匹馬跑在前頭，由每輛車的車夫用韁繩操縱；馬車廂呈拱型的篷頂是用燈心草編織成的草墊構成。我坐的是第一輛車，車上還載了部分行李，而伊斯嵐和比較厚重的行李箱則坐另一輛車。隨隊而行的還有兩隻狗，一隻是來自帕米爾的尤達西，還有一隻來自喀什叫哈姆拉（Hamra），牠們都拴在伊斯嵐的馬車上。

馬車跑起來嘎吱作響，車輪捲起一大片黃塵；我們穿過喀什的「沙門」（Kum-darvaseh）直抵中國軍隊駐紮的英吉沙，還在那裡出了一點小狀況。有一位中國士兵將我們攔阻下來，他聲稱哈姆拉是他的狗，等他發現我們無意解開哈姆拉時，竟然躺在車輪前方的地上嚎叫，舉止像個瘋漢，頓時吸引了一群人圍攏過來。最後我對他說：「這樣好了，我們把狗鬆開，要是牠跟著你，就算是你的狗，如果牠跟的是我們，就得算我們的。」

結果馬車車輪才往前轉了幾圈，哈姆拉就像支飛箭直衝向我們，老遠的我還聽得見背後圍觀群眾大聲嘲笑那個士兵。

朝東方走，我們愈來愈靠近喀什河（Kashgar-daria）；沿途到處是結凍的沼澤，我們必須常常駕車穿過這些沼澤區。有一次我坐的馬車壓破沼澤上的冰層，水往上漫升到車軸高度，害得馬車夫跌下車；這時已經是晚上，我們升起一大堆營火，把行李箱從馬車上卸除下來，然後把馬栓在車尾，使勁將車子拖出水面。之後，只好另闢通路渡過這片水澤。

當我們停留在村莊過夜時，車夫通常都睡在馬車裡，藉以保護行李不被偷走。

穿過極地森林和長滿檉柳的草原，我們來到馬拉爾巴喜（Maral-bashi）小鎮。

沙漠古城的傳說

每到一處歇腳地點，我們總能聽到許多關於塔克拉瑪干沙漠❶的故事，而那裡正是我們此刻要前往的目的地。傳說中，塔克拉瑪干這個遠古城鎮被深埋在沙漠中央的無垠砂礫下，卻有許多的古城遺跡暴露在外，如：塔樓、牆垣、屋舍、金錠、銀塊等，當商隊行經那裡時，假使把金子打包捆在駱駝背上，那麼商隊裡就會有人中邪，不斷在沙漠裡兜圈子，一直走到人獸累死爲止。這些人以爲自己是直線前進，其實從頭到尾都在繞圈子，唯一能破解迷咒的方法是趕快把金子丟掉，如此才可能得救。

據說有名男子獨自來到塔克拉瑪干古城，他盡其所能地想帶走城裡的金子，突然出現一群難以數計的野貓攻擊他，這名男子於是趕緊扔掉金子，你猜怎麼著？那些野貓霎時憑空消失了，連一點痕跡都沒有留下。

我還聽到一個老人講了另一則故事：有個旅人在沙漠裡迷路了，他隱約聽到有聲音在呼喚他的名字，旅人被聲音所迷眩，不禁跟隨聲音傳來的方向前進，被迷惑的他越走越往沙漠的深處，最後渴死在沙漠裡。

這則故事與六百五十年前馬可孛羅（Marco Polo）❷沿著羅布沙漠（Desert of Lop）❸邊緣旅行時所講述的故事雷同。羅布沙漠位於此地以東相當遙遠的地方。馬可孛羅在他著名的遊記裡這麼寫著：

有件不可思議的事和這片沙漠有關，那就是當旅隊在夜裡趕路時，總可能有人因爲趕不上或睡著了而脫隊落單，等到他發現落後同伴太多試圖趕上隊伍時，就會聽到有人對談的聲音，旅人猜想那可能是他的同伴。有時候這聲音呼喚著旅人的名字，被誤導的旅人因此離自己的隊伍越來越遠，最後再也找不到自己的同伴。許多人因爲這樣命喪沙漠。即使白天也會有人聽到這種靈幻之音，有時還會聽到不同樂器的聲音，最常聽到的是鼓聲。

隨著越來越接近塔克拉瑪干沙漠，想要深入這片戈壁的慾望也與日俱增，我完全無力抵抗它的神秘誘惑。每到一個打尖的村落，我一定想盡辦法向當地居民挖掘任何有關塔克拉瑪干沙漠的事蹟，一丁點也不願錯過；我聚精會神地聆聽這些憨厚、迷信的鄉下人講故事，癡迷的程度遠勝過孩童聆聽童話故事。黃色沙丘的稜線酷似海裡的波浪，即使置身樹林也見得到它們的行蹤，這裡一處，那裡一處；我下定決心，不管代價是什麼，我一定要橫越這片沙漠。

在村長家做客

離開喀什河以後，我們轉向西南方，沿著主要河流葉爾羌河（Yarkand-daria）❹河岸走，這條路時而穿過森林，時而橫過原野與濃密的蘆葦叢，蘆葦叢中並有許多野豬生長其間。三月十九日，我們在葉爾羌河右岸的麥蓋提村（Merket）紮營，有一段時間，這個村莊成爲我們的總部。

當我在這個地區進行短程旅行時，伊斯嵐就負責爲即將來臨的遠征採買必需品，最困難的是找尋合適的駱駝。我的領隊一直不見回來，日子一星期、一星期過去，我等得心煩氣躁。此時沙漠的邊緣地帶已經開始嗅得到春天的氣息，可是天氣越溫暖，沙漠旅行就越危險。

除了等候的焦慮，別的倒是沒什麼好抱怨的。我住在村長塔格霍嘉長老（Togda Khoja Bek）充滿歡愉的家中。長老主宰村裡的司法權，我每天都可目睹在他家院子裡實施的行政裁決。有一天村民抓來了一個與人通姦的婦人，婦人被長老判決有罪，懲罰方式是把她的臉塗黑，將她雙手反綁在身後，再讓她倒著騎在一頭公驢上遊街示眾。

還有一次，長老盤問一個被毒打的女人，這個女人指控他先生拿刀片攻擊她，做丈夫的卻矢口否認，長老便命人反綁他的雙手，並用繩子纏緊他的腳踝，再把他吊在一棵樹上，男人沒辦法只好招供了，結果是他受到一頓鞭打。事後雖然這名男子辯稱他的妻子也打了他，可是這項說法不被採信，因此他又遭到一頓鞭打。

逼問罪犯招供

回教顯然在此地備受尊崇。在齋戒月期間，如果有人在日落前破戒吃東西，就會遭受塗黑臉、遊街示眾的懲罰，受罰的人像野獸一樣被繩子拴著穿過市集，圍觀的群眾則報以嘲諷與訕笑。

我的喉嚨痛了兩天，塔格霍嘉長老跑來要爲我治療，同時說明需要村裡的法師（peri-bakshi）援助，我回答：「求之不得！」我心想，看看他們怎樣驅除附在我身上的惡魔，應該是一件很有趣的事。於是三個留鬍子的高個兒男子走進我的房間，他們坐在地板上，開始用手指、拳頭、手掌敲打放在他們身前的鼓，這種鼓是用小牛皮緊繃成鼓面，由於繃得很緊，感覺上就像金屬片一樣。他們打鼓的勁道和節奏協調得驚人，因此聽起來只像打在一隻鼓上。透過震耳欲聾的撼動和節奏，以及持續增強的音量，這三個法師變得越來越激動，只見他們站起身來手舞足蹈，不約而同地把鼓拋向空中，再一致接回來，在這同時，他們的手指仍然節奏一致地敲擊鼓面。如此進行了一個小時，當驅魔儀式結束後，我眞的覺得好多了，可是第二天我的耳朵已經聾了一半了！

爲遠征沙漠作準備

四月八日，伊斯嵐終於回來了。他購買四個鐵槽和六隻充氣羊皮用來裝飲用水，另外買了芝麻油以便在沙漠裡爲駱駝補充營養。還有麵粉、蜂蜜、菜乾、通心麵等各種糧食，至於鍋子、烹飪工具和其他行旅途中不可或缺的東西也都準備妥當了。最重要的是，伊斯嵐買回來八頭很好的駱駝，每隻代價三十五元，牠們都是公的，除了其中一頭，其餘都是雙峰駱駝，我們以此地通用的賈克提土耳其語爲牠們命名，依序是「雪白」、「種馬」、「單峰」、「老頭」、「大黑」、「小黑」、「大黃」、「小黃」。

我們在三隻駱駝的頸上懸掛大銅鈴，當牠們被領進塔格霍嘉長老的院子時，銅鈴鏗鏘作響；小狗尤達西從來沒有見過駱駝，眼看牠們浩浩蕩蕩闖進來，氣憤地高聲狂吠，連喉嚨都吠啞了。

除了伊斯嵐之外，我又雇用三個新手隨我前往沙漠內部，留白鬍子的是默哈梅得（Mohammed Shah），他的妻子和小孩住在葉爾羌❺；留黑鬍子的是卡辛（Kasim），是個剽悍而有責任感的漢子，應付駱駝很有一套；另一個人住在麥蓋提，他也叫作卡辛，不過我們叫他優奇（Yolchi），意思是「嚮導」，因爲他向我們保證對沙漠瞭若指掌，不管在哪裡都能找到正確的路。我們在出發前又添購了一些糧食，包括兩袋新鮮麵包、三隻羊、十隻母雞和一隻公雞，希望我們在沙漠裡紮營時，能爲沉寂的營地帶來些許活力。鐵槽和羊皮裡一共裝了四百五十五公升的清水，預計能撐上二十五天。

塔克拉瑪干大沙漠呈三角地形，西有葉爾羌河爲界，東到葉爾羌河的支流和闐河（Khotan-daria），南邊則有崑崙山爲屏。我們的路線大致從西向東走，由於和闐河是由南向北流，所以只要我們沒有在中途渴死，就遲早會碰到這條河流。十年前，也就是一八八五年，英國人凱瑞（Carey）、道格利緒（Dalgleish）和俄國人普哲瓦爾斯基曾穿越過和闐河谷，因此和闐河的位置才爲世人所知曉。這些旅行家發現和闐河以西有座小山脈，叫作馬撒爾塔格山（Masar-tagh），又稱爲「聖人之墓山」（Mountain of the Saint's Tomb）。另外還有一座小山也喚作馬撒爾塔格山，位於喀什河和葉爾羌河的夾角處，我曾在前往麥蓋提的路上遊歷過；按此情況我的推測是，這兩座山其實同爲一條山脈的極左和極右兩翼，從西北向東南貫穿整個沙漠。如果這項假設是事實，那麼我們應該可以在山腳下發現不帶砂子的土壤，也許還能追查到消失數千年的古文明。從麥蓋提到和闐河的距離是一百七十五哩，但是這條河有無數彎道，因此實際走起來遙遠多了。我希望能在一個月內橫越沙漠，然後朝氣候涼爽的藏北高原前進，如此就能躲過酷熱的夏季，所以此行我們同時攜帶皮裘、毛毯和冬季衣物。我們行囊中的武器包括三挺步槍，六枝左輪手槍和兩箱沉甸甸的彈藥。我帶了三台照相機和一千張拍照用的玻璃夾賽璐珞板（celluloid plates），常用的天文與地理測量儀器，除此之外，我還帶了幾本科學性書籍和一本《聖經》。

帶著村民的祝福啓程

四月十日早晨，八頭雄壯的駱駝在馭手的帶領下離開麥蓋提，駱駝背上馱載沉重的物品，加上銅鈴發出莊嚴的響聲，簡直像是一支送葬隊伍。村民此時都聚集在屋頂上和街道上，他們的面容看起來很肅穆，我們聽見一個老人說道：「他們這一去怕是回不來了。」另有一個老人也說：「他們的駱駝負擔太重了。」兩位印度的「換錢人」❻擲了一把銅板在我頭上，吼叫道：「祝旅途愉快！」大約有一百名村民騎馬陪我們走了一小段路。

我們把駱駝分成兩隊，一隊由卡辛帶領，另一隊由默哈梅得領導。我騎的是第二隊的帶頭駱駝「種馬」；坐在高高的駝背上，平野的壯麗景致盡可一覽無遺。

剛出發的駱駝因脂肪肥厚，又有充分休息，因此顯得精神奕奕。一開始有兩頭年輕的駱駝掙脫韁繩，接著另外一對也脫韁而去，牠們在草原上搖搖晃晃地恣意快跑，使得背上的物品掉落一地；有一只彈藥箱便懸吊在駱駝的腰間。等到馭手們把那些桀傲難馴的分子集攏之後，便將所有駱駝分開帶領，每一頭由一個麥蓋提人控制。

我們選在一個峽谷搭建第一個營地，四周都是沙丘和草原。我們首先鬆開所有牲口，讓牠們自由活動，然後升起營火，著手準備晚餐；這天晚上吃的是羊肉和白米布丁，我和大夥兒吃一樣的食物。我的帳棚裡鋪著一張地毯，架著一頂行軍床，還有兩箱儀器和常用的東西。至於從麥蓋提來的人都已先行打道回府了。

第二天我們攀爬的沙丘非常高，兩頭駱駝不慎打滑後，我們竟須重新打理牠們背上的行李，不過駱駝很快就適應了柔軟、起伏的沙地，穩健而安全地邁著步伐。看來比較明智的做法是盡量避開深軟的沙地，於是我們轉向到東北方的沙漠邊緣。每到一個新營地我們就掘一口井，通常挖三到五呎深便能找到水，這種水雖然帶有鹹味，但是駱駝還是喝得下去，因此我們把鐵槽裡大部分的水倒掉，計畫等到眞正要進入沙漠前再裝滿。四月十四日，我們的狗失蹤了好一會兒，後來牠們回來了，從腳到肚子都是濕的，就這樣我們找到狗兒喝水的甘美水塘，當晚就在水邊紮營。

意外發現活水湖

沙地上四處可見白楊樹，蘆葦叢在廣闊的沙漠裡蔓生；通常我們每天走十五、六哩路，當駱駝踩過蘆葦前進時，濃密的蘆葦叢傳出像吹哨子或沙沙的聲響。四月十七日，我們瞥見東北方偶爾出現山丘的形狀，它們是北邊的馬撒爾塔格山，之前我們並不知道這座山脈延伸到這麼遠，已經相當深入沙漠了，想來沒有人曾經到過那裡。

第二天，我們相當意外地碰到一個活水湖，我們沿著湖岸向東走，穿過一座眞正的原始林，林木繁茂到我們經常被迫退回原路，重新繞路前進，有時候不用斧頭開路根本寸步難行。我躍下駱駝，以免頭上的樹枝把我從「種馬」的背上掃落。

四月十九日，我們在另一座湖邊的茂盛白楊樹下紮營，並且停留了不只一天；幾天之後，我們走在寸草不生的沙漠裡，回想起當天紮營的這處地點，對照之下宛然人間仙境。此時山脈透著紫羅蘭的色澤，深藍色湖水靜謐無波，白楊樹頂著春天初萌的翠綠新葉，襯著黃色的蘆葦和沙地。我們已經宰殺一隻綿羊，現在又犧牲了第二隻，不過最後一隻要好好留著。

四月二十一日，我們的路線落在兩座孤山中間，沿著一座長形湖的西岸往下走；我們繞到湖的南端，在東邊的湖岸紮營，從這裡望去，東南方已經沒有山脈的影子，紮營的地點位在一條山脊的最南端，感覺上好像海岸邊最突出的岬角。四月二十二日是大家盡情休息的一天，我走上這座山頭，往東邊、南邊、西南邊遠眺，除了一望無際貧瘠的黃色沙丘外，別無他物；而汪洋的大漠正在我們眼前招手。

直到這天晚上，整個湖泊就在我們營帳外面，人、獸都可以盡情享用；湖岸上生長許多蘆葦，因此駱駝和碩果僅存的綿羊能夠任意飽餐，不必顧慮配給額度，在往後的夜晚，也許這些動物也像我們一樣，做夢都夢到這處幸福快樂的營地。嚮導優奇和其他人處不來，大部分時間都自己獨處，只有在其他人都入睡後才會爬到營火邊撥弄餘燼，現在他宣布還有四天就會抵達和闐河，到時候我們甚至不用走到河邊就能摸到水。不過我還是要手下灌足十天份的水，因爲路程也許比嚮導所說的還遠，如果將鐵槽裝上一半水，那麼在沙漠內部就可以餵駱駝兩次水。鐵槽放在木框裡，並在外面鋪放一束束蘆葦，以避免太陽直接照射；就在手下爲鐵槽灌水時，我一邊聽著水花飛濺的聲音，一邊在這座最後的湖畔恬然入睡。

【注釋】

❶新疆塔里木盆地裡的戈壁沙漠，北倚天山，南屏崑崙山，面積三十二萬三千七百五十平方公里。

❷一二五四～一三二四，義大利旅行家兼商人，一二七一年隨同父親、叔父前往中國，曾擔任忽必烈的特使，回國後撰寫《馬可孛羅遊記》，傳世甚廣。

❸即新疆羅布泊湖所在的沙漠。

❹新疆西部河流，源自喀喇崑崙山，分別由北方與西方注入塔里木盆地，與塔里木河交會，全長九百六十五公里。

❺新疆西南的綠洲城，臨葉爾羌河，位於塔克拉瑪干沙漠邊緣，倚臨崑崙山北麓，自古便是貿易中心。

❻指放高利貸的人。

第十九章

沙海

四月二十三日大清早，我們重新把行李捆到駱駝背上，朝東南方出發，我想滿足個人的心願，證明最後碰到的那座山並未延展深入沙漠。

走了兩個小時的路，經過零零星星的蘆葦叢，寸草不生的沙丘地勢越來越高聳。又走一個小時，沙丘高度已經達到六十呎；截至目前，八、九十呎高的沙丘隨處可見。寬廣而乾裂的泥土平原散布在沙丘之間，駱駝走在最靠近的沙丘稜線上，從這片堅硬的土地望過去，牠們的身影顯得非常渺小。爲了避開難走的沙丘峰頂，並盡可能保持同一高度，我們的行進呈之字型路線，而且沒有固定方向。

過了一會兒，我們見到最後一些檉柳，經過最後一片平坦的泥土地，過了這兒，大地剩下的僅是細小的黃沙粒了。騁目四望，映入眼簾的盡是高聳沙丘，地表植物非常稀少。奇怪的是，我竟然不覺得這樣的景象有何驚異之處，也沒有因此打退堂鼓。我早該明白在這個季節橫越沙漠太早了，危險性也高，萬一運氣不佳，恐怕連命都保不住。我片刻也沒有遲疑，我已經下定決心要征服這片沙漠，不論到和闐河有多麼艱苦，我的原定路線都不會偏移絲毫。在我內心深處有股難以抗拒的潛在慾望驅策著我，一切障礙都阻擋不了我，更無法教我承認這是不可能實現的目標。

話雖如此，我察覺到我的僕人都已經疲累不堪，他們爲了使駱駝走得更順利，不斷用鏟子剷平特別崎嶇的地方。

走了十六哩路之後已是黃昏時分，我們紮營在一處平坦的泥土地上，四周完全被高聳的沙丘所環繞；這裡長著兩棵檉柳，駱駝一口便撕下一塊樹皮。爲了防止駱駝趁黑夜逃回先前紮營的湖畔，天色稍暗就得把牠們栓起來。我們在地上掘井，可是這片含沙的泥地已完全乾涸，最後只好放棄。

小狗哈姆拉失蹤了，我們爬到沙丘上吹口哨呼喚牠，可是再也沒見牠回來。不過牠顯然比我們聰明，因爲牠已經自行返回商隊往來的路線上，然而忠心耿耿的尤達西卻因此犧牲了生命。

午夜過後，一陣強勁的西風呼嘯吹過沙漠，正當我們於東方現出魚肚白那刻開始裝載行李時，發現每一座沙丘從上而下呈現一圈圈的波紋，驀地一陣黃紅色的颶風掃過地平線。後來我們對由東方吹來的颶風都很熟悉了，只要一颳起這種颶風，撲面而來的細粒塵雲立刻會把白天變成黑夜。

乾旱的沙海

我們繼續朝東南方走，但是在證實馬撒爾塔格山並未向東南延伸之後，我決定改變路線，轉往東方前進，因爲東行前往和闐河是最短的距離。整個隊伍由伊斯嵐所帶領，他手裡

落日時分走下沙丘的駱駝

拿著羅盤，在金字塔似的高聳沙丘上爬來爬去，我們猜測他是想找尋一條適合駱駝走的路徑。有一頭駱駝在沙丘頂跌倒，牠跌倒的姿勢非常怪異，以致無法用四隻腳再站起來，我們只好推牠滾下六十呎高的沙丘，只有到比較堅硬的沙地上，我們才能幫牠站起來。中午我們停下來休息，大夥兒都喝了些水，包括尤達西和最後一隻綿羊在內；水溫高達攝氏三十度。

駱駝把圍在鐵槽外面隔熱的蘆葦吃掉了。由於晚上紮營的地點找不到任何植物或動物痕跡，也沒有被風夾帶吹來的葉子，甚至見不到一隻飛蛾的蹤影，所以每天早晚我們只能拿一些植物油餵食駱駝。

四月二十五日，我們被一陣東北風和飛沙吹醒，身邊所有東西的顏色都隨之變得黯淡，距離和角度也因而扭曲，於是一座近在咫尺的沙丘突然看起來像遠方的高山。

隊員把水槽裝上駱駝背上時所發出的水花聲聽起來很奇怪，所以我特地檢查飲水的存量，令我感到驚訝的是，這些水只夠兩天飲用。我質問他，先前我已經命令他們要灌滿足夠十天的水量，如何沒有按照指令行事？嚮導優奇回答說，因爲兩天之內就可以抵達和闐河了。我不好意思斥責他們，因爲我自己也有責任，我應該親自檢查他們灌了多少湖水。當時我們離開那個湖泊只有兩天時間，最明智的辦法是循著來的足跡回到湖邊，如此整支隊伍還可安然無事，也不至於有人犧牲性命。但是我很不願回頭，於是只好姑且信任這位嚮導了。我當下命令伊斯嵐負責管制供水，而且只有人能喝帶來的水，駱駝必須不靠一滴水走下去。

從那時候開始，我和手下改爲徒步行進；身旁的山脈、高原、沙地，向四面八方無窮無盡地延伸下去。

叫「老頭」的那隻駱駝已經走得筋疲力竭了，只好卸下牠的裝載，由人領著牠前進，並利用休息時間餵牠一口水和一簇鞍袋裡的乾草。這裡的沙丘依然有六十呎高，隊伍裡瀰漫一股沉重、不祥的氣氛，隊員之間的談話也嘎然停止，除了風聲和駱駝的呼吸聲之外，就只聽得見銅鈴那彷彿葬儀隊的肅穆鈴聲。

「烏鴉！」伊斯嵐叫道，這種象徵死亡的大黑鳥在我們頭上盤旋了幾次，然後飛到一座沙丘的稜線上，最後消失在氤氳的霧氣裡。每個人精神陡地振奮起來，心想烏鴉一定是來自東邊的樹林和水源所在。

這時駱駝「大黑」也顯露出一臉的疲憊，我們不得不停下腳步來紮營。「老頭」鞍袋裡的乾草也都分食出去了；我只喝了些茶，吃一點麵包和罐頭食物。隊員們除了茶和麵包以外，還吃了一種烤薏仁粉（talkan）。由於已經沒有燃料，我們只好犧牲一隻木頭箱子煮茶；四周唯一的一點生命跡象只有兩隻蚊蚋，不過牠們也有可能是跟隨我們一同來的。

四月二十六日黎明時分，我獨自離開營地，手上拿著羅盤計算步伐，每一百步代表一點收穫，每走一千步就增加獲救的希望。天氣變熱了，沙漠比墳墓更寂靜，只缺少墓碑罷了。沙丘稜線的高度現在已經升到一百五十呎，筋疲力竭的駱駝必須攀上所有的沙丘，我們的處境已然絕望至極；中午的太陽像是燃燒的火爐，我快累死了，必須休息一下，不行！再走一千步才能休息！我在內心鞭策自己。

絕不向乾旱低頭

由於行走在柔軟沙地上的勞頓，加上連日來的疲倦，我終於被擊垮了；我頹然跌臥在一片沙丘頂端，把白色的帽子拉上蓋住朝天的臉龐。休息眞好！我打了個盹，夢到自己在一座湖邊露營，風穿過樹林的低吟聲宛然在耳，浪花撲打湖岸的霹啪聲猶似歌唱；然而殘酷的銅鈴聲將我吵醒，把我帶回可怕的現實。我坐了起來，好似送葬的隊伍來了，駱駝的眼裡浮現垂死的表情，牠們的眼神慵懶而認命，呼吸沉重且整齊，吐出的氣息還帶有一股惡臭。

現在駱駝只剩下六隻了，伊斯嵐和卡辛領著牠們；「老頭」與「大黑」被留在後面，默哈梅得必須跟嚮導留下來陪牠們。

我們在一小塊堅硬的泥土地上紮營，那地方比帆船的甲板大不了多少；我放棄搭帳棚，所有的人都睡在露天的星空下，夜裡依舊寒冷。晚上大夥兒安頓下來，精神比白天來得好，因爲這時候大家可以休息，分水喝，而且經過白天的酷熱煎熬，晚上的涼意便格外舒服。

當天晚上兩隻落後的駱駝被領進營地，約六點鐘時，我對手下說：「我們來掘水吧。」每個人一聽精神均爲之一振，卡辛隨即拿出一把鏟子立刻動手挖掘，只有嚮導優奇只顧譏嘲其他人，他說恐怕要挖三十潯（一潯爲一．八三公尺）才能找到水，其他人則不甘示弱，立刻詰問他那條他說四天前就該遇到的河流又在哪裡？當我們挖掘到三呎深處時，沙地開始變得濕潤起來，這下子優奇更糗大了。

大家的緊張情緒頓時升高，每一位都像拚了命似的用力挖掘，井邊翻出的沙牆越堆越高，我們得用水桶裝沙才能運出井口。目前深度已有四呎半，沙子的溫度只有十二．七度，氣溫則將近二十九度，鐵槽裡的水因爲受到太陽的照射，更是高達二十九度半。我們把一隻裝滿水的鐵罐放在涼涼的沙裡，然後盡情暢飲，因爲我們很快就能再把罐子裝滿水。

越往深處掘，沙子的濕氣就越明顯，現在甚至可以把沙子捏成一個球團不會散開。我們輪流挖掘，一個人累了就換下一個，大家把上衣脫掉，讓汗水浸透身體；偶爾我們會躺在濕涼的沙堆，讓高熱的血液降溫。在井邊的駱駝、尤達西和綿羊顯然已經等得不耐煩，牠們知道終於可以解渴了。

天色一片漆黑，我們把兩塊殘留的蠟燭放在井邊的小洞裡供照明用。到底要挖多深才找得到水？即使得挖上整個晚上再加上明天一整天，大家仍心意堅定非找到水不可。我們懷著因絕望而產生的決心奮力工作，我坐在井邊看著卡辛專心挖井，在燭光的映照下，站在十呎深井裡的卡辛看起來酷呆了！我等待著看第一道泉水湧出時所迸發出的光彩。

突然間卡辛猛地停下手裡的工作，鏟子從他雙手中滑落，他半哽咽著啜泣出聲，頹然坐在井底。我擔心他是不是中風了，急忙向在井底的他喊道：「怎麼啦？」

「沙子是乾的，」他回答我，聲音聽起來就像從墳墓底傳來似的，為我們不幸的旅隊敲響了喪鐘。

井底的沙乾得像火種，我們花了那麼大的力氣，流了那麼多汗水，結果還是徒勞無功。更糟的是，差點把僅剩的水給用完了。大夥兒不發一語，全部癱臥在地上，希望能靠睡眠遺忘這一天的沮喪失望。我和伊斯嵐商量了一會兒，對當下處境的危險並沒有避而不談，但是和闐河不會離我們很遠啊，我們必須堅持到底。飲水足夠一天的份量，現在必須勉強當作三天份飲用，這表示每個人一天只能喝兩杯水，尤達西和綿羊各喝一碗；駱駝雖然已經三天沒有喝水了，接下來仍然一滴水也不能喝。我們僅存的水量還不夠一頭駱駝喝足一次的十分之一。

一直到我用毯子把自己裹得緊緊地躺在地毯上，駱駝仍然趴伏在井邊，巴望著井水冒出來；牠們還是像平常一樣認命而且耐勞。

我們丟掉一些不必要的行李，像是帳棚地毯、帳棚折疊床、爐子等東西，然後在四月二十七日一大早啓程。我徒步先行，所在的沙丘高度只有三十呎，我的心中因此燃起一線希望，然而隨著沙丘的遽增，我的希望也跟著落空。看來，我們的情況是無助而渺茫了。

天空布滿稀疏的雲朵，因此多少減緩了太陽炎熱的威力。走了四個小時的路程，我停下來等待旅隊迎頭趕上。駱駝仍然堅毅不屈；我們瞧見兩隻野雁往西北飛去，沮喪的心情再度激起了希望，但是話又說回來，飛行一、兩百哩對野雁來說又算得了什麼？

疲倦不堪加上缺少水分，我忍不住攀上「種馬」的背，可是我發現駱駝的腿已虛弱得顫抖，只好又跳下來，繼續邁著蹣跚的步伐前進。

尤達西一路上緊跟著我們僅剩的裝水鐵槽走，途中有多次短暫的歇息。有一次，忠心耿耿的尤達西向我走過來，牠搖搖尾巴，嗚嗚地睜大眼睛看著我，彷彿在詢問是否所有的希望全落空了？我指向東方喊著：「水，水！」尤達西急忙朝我手指的方向衝了過去，跑沒幾步便頹喪著臉轉回來了。

命運未卜

目前沙丘的高度是一百八十呎，我站在最高的丘頂上用望遠鏡搜尋地平線的盡頭，可是除了變幻莫測的高聳沙丘之外，什麼也望不見；眼前是一片如汪洋的黃褐沙海，無邊無際。無數沙浪往東方的地平線捲去，而漫漫黃沙最後也消失在霧氣蒸騰的地平線盡頭。我們必須克服這一切，走過那條地平線！但是不可能啊！我們根本沒有力氣了！隨著一天又一天的消逝，人和牲口都變得越來越虛弱。

那天晚上，「老頭」和「大黑」無法趕上已經抵達營地的我們，所以一直帶領牠們的默哈梅得和優奇逕自徒步到達營地。默哈梅得告訴我們，「老頭」已經倒了下來，張開的四隻腳和頭軟趴趴癱在沙地上；「大黑」則站得直挺挺的，四隻腳不斷顫抖，一步也走不了，當其他六頭駱駝同伴消失在沙丘之間時，「大黑」在牠們身後投下幽長而詭異的一瞥。於是兩位馭手捨棄了兩頭垂死的駱駝，同時也丟掉兩隻空水槽。

晚上我全無睡意，內心滿懷恐懼地直想著那兩頭駱駝：一開始，牠們大概無法享受休息的快樂，然後當涼快的夜晚悄然降臨，牠們會滿心期待馭手回去帶領牠們；而後血管裡流動的血液越來越濃厚，「老頭」可能先斷氣，「大黑」更加形單影隻，跟著「大黑」也在沙漠窒人的死寂中黯然死去；過一陣子，四處移位的沙丘將會掩埋這兩隻殉難的駱駝遺體。

天黑之前，西方的天空出現了鐵藍色的雨雲，我們的希望重新燃起。雨雲向外擴張，向我們移動過來，我們準備好剩下來的兩隻空鐵槽，把所有的碗、罐都放在沙地上，並且把帳棚護套攤在沙丘的地表。天色已罩上一層黑幕！我們抓起帳棚護套的角落，站穩身子準備收集「生命」，對我們而言，它們無異是從天而降的救兵。誰知當雨雲飄到我們附近時，居然變稀薄了，大家一個接一個放掉手中的布角，垂頭喪氣地走開。就這樣雲朵憑空消失無蹤，彷彿溫暖的沙漠空氣徹底消滅水蒸氣一般，我們連一滴水都沒有接到。

大夥兒撐開帳棚收集雨水

那天晚上我聽見手下的對話，伊斯嵐說：「駱駝會先倒下，一頭接著一頭，然後就會輪到我們。」嚮導優奇則認爲我們被下了巫咒，他說：「我們想當然耳地自覺朝直線方向前進，事實上是一直在兜圈子，這樣只是毫無意義地累死自己，還不如隨便找個地方倒下等死。」

我問他：「難道你沒有注意到太陽正常起落嗎？如果我們是在兜圈子，爲什麼每天中午太陽都在我們右手邊？」

優奇還是堅持他的看法：「這只是我們的看法罷了，是巫咒，要不然就是太陽自己發瘋了。」

喝完每天配給的兩杯少得可憐的水之後，大家還是在口渴難耐下靜靜地歇息。

第二十章

大難臨頭

四月二十八日清晨，一場前所未見的沙暴襲擊我們的營地，狂風將沙子襲捲而起，霎時帳棚、行李、駱駝全被蓋上一層如雨般撒落的沙粒。而當大夥兒起床的那一刻，迎接大家的竟是另一個悲慘的一天，因爲我們幾乎被沙堆所深埋；所有的東西都覆滿了沙子，我的靴子、帽子、皮製儀器袋和其他東西都不見了，我們必須用雙手把東西從沙堆裡挖掘出來。

這一天可說是漆黑不見天日，即使到中午，天色都遠較黃昏時黯淡。我們就像在黑夜裡行軍，空氣中浮滿飄沙形成的渾沌塵雲，只勉強看得見離我們最近的駱駝，模糊的身形如同一抹影子。即使頸間懸掛銅鈴的駱駝走得相當近，我們仍然聽不見銅鈴聲，連同伴間彼此的叫喊也一樣聽不到，此時此刻充塞於耳際的唯有沙暴的怒吼聲。

處在如此惡劣的天氣下，最保險的做法是把所有的人統統聚集起來，因爲一旦落在隊伍後面，或是稍微離開大夥兒的視線，可能就永無聚首之日了。在沙暴肆虐下，不論是駱駝或人的足跡幾乎是立即消失。

狂風瞬即增強轉爲颶風，風速每小時五十五哩，在最暴烈的陣風中，每個人幾乎要窒息了。有時候駱駝不肯再走，反而趴在沙地上伸展脖子，這時我們也乾脆躺下來，把臉貼在駱駝的腰上。

在這天的路程途中，一頭年輕的駱駝開始搖晃不定，優奇領著牠走在隊伍後面。我一邊走，一邊把手放在行李箱上，以免稍不留神就脫隊迷路。優奇趕上前來在我耳邊吼叫，說那頭駱駝走到一處陡峭的沙峰便不支倒地了，不管優奇如何誘導都拉不起來。我立刻下令隊伍暫停，派遣默哈梅得和卡辛去營救那頭駱駝，幾分鐘後他們折返回來，報告說先前的足跡已經消失，他們無法在濃密的塵雲和漩渦似的飄沙中找到駱駝。由於顧慮到其他人的性命安危，我們不得已只好拋下駱駝和牠所馱運的行李，包括兩箱糧食、彈藥和毛皮。被遺棄在這片令人窒息的殺人沙漠，駱駝必定渴死無疑。

我們在晚上紮營時順便扔掉其他的箱子，至於像糧食、皮毛、毛毯、地毯、枕頭、書籍、烹飪用具、煤油、鍋盆、餐具等，不是絕對需要的東西，全都打包在箱子裡，再藏到兩座沙丘之間。然後在一處比較高的沙丘頂上豎起一枝竿子，並在竿上綁一張報紙作爲辨識的指標。我們隨身只帶份量夠用幾天的食物，而所有含水份的食物罐頭都平均分配給每個人。他們先檢查罐子裡有沒有豬肉，確定沒有才放心吃將起來，連沙丁魚罐頭裡殘留的油汁，也一滴都沒浪費地喝光了。我們拆下一個馱鞍裡塡充用的乾草給駱駝食用，但是牠們卻吃得無精打采，原因是牠們的喉嚨實在太乾燥了。當晚我喝掉最後一杯茶，如今全隊僅剩下兩個小鐵罐的飲用水了。

往死亡之路逼近

踩著沉重的步伐在沙暴中跋涉前進

夜裡風勢減弱，到了隔天早上太陽升起時，伊斯嵐報告有一只水罐在夜裡被人偷走了；每個人都懷疑是優奇幹的，尤其他直到第二天早上才又現身。

我們帶著僅剩的五頭駱駝再度上路，首先登上高聳的沙丘觀望，然而極目所望盡是無邊無際的沙海，連針頭大小的有機生物都緲然無蹤。出乎意料的是，我們發現一片灰色且多氣孔的白楊樹皮，枯萎的樹皮也許歷經了數百年的風霜，甚至是數千年。自從它的樹根因吸收不到地底濕氣逐漸枯死以來，到底有多少的沙丘曾經壓在這片樹皮上？

空氣中溢滿飄動的細沙是沙暴遺留下來的痕跡，這對於緩和太陽的威力倒是小有作用。不過駱駝還是走得很緩慢，牠們的步伐既疲倦又沉重，最後的兩口銅鈴發出低緩肅穆的響聲；我們走了十二個半小時，途中停頓過無數次，截至晚上紮營時，依舊沒有任何跡象顯示這片沙海已經到了盡頭。

第二天早上，也就是四月三十日，我們把最後剩下的牛油全拿去餵駱駝，而鐵罐裡還有幾杯水，正當大夥兒為駱駝裝載行李之際，優奇拿起鐵罐喝水終於被逮個正著。伊斯嵐和卡辛怒不可遏，猛地撲向優奇，毆打他的臉、把他扔到地上，更用腳踹他，要不是我出面干涉，他們眞會當場殺了優奇。

現在鐵罐裡的水不到一杯，我告訴手下，到中午我會把手帕的一角沾濕，滋潤他們和我的嘴唇，最後剩下的水相信夠每人喝一小口。中午我用手帕潤濕他們的嘴唇，但是到了晚上，鐵罐已經空無一滴水。我不知道這是誰的錯，即使現在要審判也於事無補；沙漠茫茫無邊際，我們每個人都在往死亡之路逼近。

大家走了一陣子，沙丘的高度變矮，平均只有二十五呎，突見有隻鶺鴒鳥停在一座小沙丘頂上蹦蹦跳跳。伊斯嵐看見了大受鼓舞，央求我准許他帶著空鐵罐先趕到東邊去，一找到水就塡滿罐子回來找我們，可是我不肯答應，現在我們需要他的程度更勝以往。

優奇又失蹤了，其他的人無不憤怒在胸，咸認為優奇那晚偷走水罐之後故意虛報距離，用意是希望我們都渴死，他就可以偷走我們藏起來的中國銀子，然後藏身在和闐河畔的樹林裡。不過我認為手下的疑慮並無任何根據。

當天夜裡我在日記上寫下自認是絕筆的一段話：「我們停在一座高起的山丘上，駱駝紛紛不支倒地，我們透過望遠鏡遙望東方，然而四方只有連綿不斷的沙山，見不到一株草、一絲絲的生命。我們所有的人、所有的駱駝都已虛弱無比。請上帝幫助我們！」

五月一日，在瑞典老家是歡慶春天的美好日子，充滿喜樂與光輝；相對於橫渡沙漠走上悲傷之路的我們而言，那卻是最沉重的一天。

最後的意志力

沙漠裡的夜晚十分寂靜，天氣清朗卻略帶涼意（攝氏二・二度），但是不用等太陽升上地平線，氣溫已經開始轉暖和了。有一位隊員從一塊山羊皮上擠出最後幾滴腐敗的油脂餵食駱駝。前一天我滴水未進，再往前一天也只喝兩小杯水，現在只覺得口渴難耐。我無意間發現我們為汽油爐所準備的一小瓶中國酒精，我實在抗拒不了誘惑，便仰頭喝了一些；明知這麼做實在愚不可及，我還是喝了半瓶多。尤達西聽到喝水的咕嚕聲，便搖著尾巴跑過來，我讓牠嗅嗅瓶口，牠哼哼鼻子，難過地走開了。我扔掉手中的瓶子，剩下的液體全都流進沙地裡。

那幾口酒精簡直要我的命，我試著站起來，可是雙腳卻不聽使喚。此時隊伍已經拔營出發，伊斯嵐手持羅盤率領隊伍往東行進；我仍然留在原地。太陽的威力越來越強，手下們大概認爲我會死在那兒。他們像蝸牛一樣慢慢走著，駱駝頭上的銅鈴聲越來越模糊，最後完全消逝無聲。我望著旅隊，每到一處沙丘頂，他們的身影就像個小黑點再度出現，只是越變越小；而當旅隊過了沙丘頂端往下走向凹低處時，他們的身影就會短暫消失，最後我終於再也看不見旅隊。太陽還沒有升得很高，旅隊所留下的足跡因此拉出很深的影子，提醒我目前的處境有多麼危險。我提不起力氣追趕他們，顯然他們已拋下我不顧；恐怖的沙漠向四面八方無盡延伸，太陽正在燃燒，刺眼的光線令我視茫茫。空氣裡沒有一絲風。

突然一個可怕的念頭浮現腦海：難道這是風暴前的寧靜？假如是這樣，那麼我隨時都可能看見東方的地平線上竄起一條黑線，那是沙暴的前奏，萬一沙暴來臨，旅隊的足印在短短幾分鐘內就會消失無跡，那麼我就永遠找不到我的手下和駱駝了。此刻，他們對我而言就像沙海裡的浮木，是最後的一線生機。

我鼓起最後的一點意志力，搖搖欲墜地站起身來，隨後又倒了下去。我在地上沿著腳印爬行了一陣子，再度撐起身子，拖著自己往前走，不行了再爬。就這樣一個小時過了又一個小時，我從一座沙丘頂上看見旅隊，隊伍站立不動，銅鈴也不再晃動出聲。憑著超乎尋常的毅力，我終於半走半爬地來到隊伍旁。

伊斯嵐站在沙丘稜線上，用手遮住刺眼的陽光搜尋東方的地平線，再次徵求我的同意，讓他帶著水罐先行趕向東方，然而當他看到我的狼狽樣子，馬上就放棄這個念頭。

默哈梅得趴在地上，啜泣著向阿拉禱告；卡辛坐在駱駝投下的影子處雙手蒙著臉，他說默哈梅得一路上不停叨念著水；優奇倒像死人一樣躺在沙地上。

伊斯嵐建議大家繼續走，找尋一塊堅硬的泥土地，也許可以掘到水。每一頭駱駝都臥倒在地，我爬上一頭白色駱駝的背部，牠像其他駱駝一樣拒絕站起來。我們的苦難眞教人絕望，也許我們即將命喪此地；一旁的默哈梅得躺在地上喃喃自語，手指玩弄沙粒，喋喋不休地嚷著要喝水。我心知肚明我們的沙漠劇已演到最後一幕，不過，我還是沒準備要徹底放棄。

奇蹟出現了！

太陽酷熱得像火爐，我對伊斯嵐說：「等太陽一下山，我們就拔營出發，連夜趕路。現在紮營吧！」駱駝背上的行李全被卸下來，牠們在灼熱的陽光下趴了一整天，伊斯嵐和卡辛把帳棚搭起來，我爬進帳棚，把衣服全部脫光，躺在一條毯子上，再拿一個包裹當枕頭。伊斯嵐、卡辛、尤達西和綿羊全都躲到陰影處，默哈梅得和優奇還是待在他們躺著的地方，唯獨那些母雞仍然精神抖擻。

在所有經歷過的亞洲冒險之旅中，這處死亡營地是我住過最令人難過的地方。現在才早上九點半，我們還沒走到三哩路。我全身累壞了，連動動手指頭都使不出力氣。心想我大概快死了，腦海裡想像著自己已經躺在辦喪事的教堂裡，教堂悅耳的鐘聲因喪禮而停止；我的一生像場夢似的飛過眼前，再過短短幾個小時我的生命即將結束。然而最折磨我的是，想到我將會帶給父母、兄姊極大的焦慮和不安定感。我失蹤之後，裴卓夫斯基領事勢必進行調查，他會發現我於四月十日離開麥蓋提，從此我們的音訊全然消失，因為沙漠從那時起已經颳過好幾次沙暴。我的家人將會不斷地等待，年復一年，卻是一直沒有進一步的消息，最後不得不放棄希望。

大約是中午時候，帳棚的襟帶開始鼓脹起來，一陣微弱的南風吹過沙漠，風勢越來越強，兩個小時之後，我從呼嘯的陣風嗅到生機，不禁從毯子上翻身坐起來。

奇蹟眞的發生了！身體的虛弱乍然消失，全身的精力又回來了，假如我曾經渴望過日落，那必定是現在這一刻。我不要死！我絕對不要死在這片悲情的沙漠上！我還能跑、能走，能用四肢爬行；我的隊員也許活不了，可是我一定要找到水！

日頭像顆火紅的砲彈落在西方的沙丘上。我現在正處於最佳狀況，穿上衣服後，我命令伊斯嵐和卡辛準備拔營。夕陽把紫色的餘暉灑遍整個山丘頂上，默哈梅得與優奇兩人的姿勢仍然和早上一樣：默哈梅得正面臨死亡的威脅，不幸的是他再也沒有恢復意識；不過優奇倒是在夜晚的涼意中甦醒，終於撿回了一條命。他靠握緊兩隻手爬到我面前，悽慘地叫道：「水！給我水，先生！只要一滴水就好！」他隨即又爬開。

我說：「這裡有沒有流質東西？任何東西都可以。」

「對啊，那隻公雞！」一位手下馬上砍斷公雞的頭，喝了牠的血。但那不過是杯水車薪，大家的目光不約而同落在綿羊身上，可是這隻綿羊從頭到尾都像隻狗一樣忠實地跟著我們，這時所有的人都遲疑了；爲了苟活一天而犧牲這頭羊無異於謀殺。但是伊斯嵐最後還是將牠帶開，把羊頭轉向麥加的方向，然後割斷了牠頸部的動脈；紅褐色的羊血腥臭難聞，流動緩慢而且黏稠，很快就凝結成血塊，手下們大口吞下肚去，我也試了一下，但腥味令我作嘔，而且我喉嚨的黏膜太過乾燥，血塊卡在喉嚨裡，我只好趕緊吐了出來。

掙扎著離開死亡營地

口渴使得伊斯嵐和優奇就像發了瘋一般，兩人用容器蒐集駱駝的尿液，再和著糖、醋捏著鼻子喝下去，卡辛和我不敢效法他們的行爲。伊斯嵐和優奇喝了這種毒水後全身無法動彈，他們的身體產生劇烈的痙攣和嘔吐，只見兩人躺在沙地上扭曲、呻吟。

後來伊斯嵐慢慢康復了。趁天色未黑前我們開始打包行李，我把絕不能缺少的東西放在一堆，包括筆記本、旅行日誌、地圖、儀器、鉛筆和紙、武器與彈藥、中國銀子（約兩百六十英鎊）、燈籠、蠟燭、一隻桶子、一把鏟子、三天份的糧食、一些菸草和其他幾件東西；書籍只留一本袖珍版《聖經》。被我丟棄的東西有照相機和一千張玻璃板，其中約有一百張已經曝光；還有醫藥箱、鞍件、衣服，以及預備送給土著的禮物等多種物品。我從捨棄的那堆東西裡拿出一套乾淨的衣服，然後換掉身上髒亂的衣物；萬一眞的死在這片無垠沙漠的沙暴下，我至少要死得體面，身上穿著的是乾淨壽衣。

我們把決定帶走的東西裝在柔軟的鞍袋中，然後固定在駱駝背上；所有的馱鞍都被丟棄了，因爲它們只會增加不必要的重量。

優奇爬進帳棚趴倒在我的毯子上，身上沾滿綿羊肺臟的鮮血，看起來噁心極了。我試圖爲他打氣，建議他趁晚上跟隨我們的足跡趕上來，可是他並沒有任何回應；另外默哈梅得正陷入高燒的囈語，他在胡言亂語中喃喃念著阿拉的名字。我想讓他的頭舒服一點，便用手來回輕撫他熱燙的額頭，叮嚀他盡力沿著我們的腳印爬行，並告訴他我們一找到水就回來救他。

這兩個人終究還是一個命喪死亡營地，一個死在接近營地之處。因爲後來再也沒有人聽到他們的消息；事隔一年，他們依舊下落不明，我於是送了一筆錢給他們的遺孀和孩子。

我們鞭策五頭駱駝都站起身來，把牠們一頭接連著一頭串起來，由伊斯嵐帶頭領隊，卡

所有的人和駱駝都因口渴而瀕臨死亡

辛押後，我們沒有帶走垂死的兩個人，因爲駱駝太虛弱了，背不動他們，而且他們就像風中殘燭一樣，根本無法在駝峰之間坐穩。此外，我們仍然不放棄找到水的希望，到時候我們將裝滿兩隻塡充羊皮，然後趕緊回去營救不幸的同伴。

母雞吃了羊血後止住了飢渴，開始休息起來。比墳墓更徹底的死寂瀰漫整座帳棚，當黃昏即將融入黑暗的夜色之際，駝鈴最後一次響起，我們和往常一樣往東走，避開沙丘的稜線。走了幾分鐘之後，我回轉身來，對這座死亡營地投以道別的一瞥。帳棚顯眼地佇立於仍盤桓在西邊但逐漸消逝的日光裡，離開這處鬼魅之地實在讓人鬆了口氣，夜色很快就會吞沒它的影子。

天色變得漆黑一片，我在燈籠裡點了根蠟燭，然後走在隊伍前面找尋最好走的路。一頭駱駝在行進間跌倒，立刻就趴倒在地，把脖子和腳伸直，等待死亡的到來；我們把牠馱負的背包放在四頭倖存駱駝中最強壯的「雪白」身上，至於銅鈴就跟著瀕死的駱駝。現在銅鈴聲已變成絕響。

生離死別的一幕

我們的進展慢得令人絕望，駱駝每邁出一步都很吃力，這一刻這個停下腳步，下一刻那個又走不動了，逼得大家只好跟著休息。伊斯嵐又開始嘔吐起來，他躺在沙地上，像隻蟲子般蜷曲著身體；我就著燈籠的晦暗光線把腳步拉大，繼續往前走，如此走了兩個小時，鈴聲逐漸消失在我身後，除了沙粒滑過腳跟的沙沙聲，天地間竟然連一絲聲音都無法聽聞。

晚上十一點鐘，我掙扎爬上一條平坦的沙丘稜線傾聽、偵察，和闐河不可能太遠了；我審視東方，希望看見牧人野營的火光，可是每樣東西都是漆黑一團，只有星斗閃耀著光芒，沒有任何聲音打破這片寂靜。我找了個地方把燈籠放下來，好讓伊斯嵐和卡辛循著光線找來，然後自己躺下來思索和傾聽；儘管走到這個地步，我依舊十分沉著，意志沒有絲毫的動搖。

遠處又開始傳來鈴聲，時響時止，但是聲音越來越接近，我好像等了一輩子才看到四頭駱駝如鬼魂般的身影，牠們爬上沙丘，走到我的身邊，然後立刻趴了下去；牠們也許是錯把燈籠當作營火了。伊斯嵐蹣跚地走上前來，仆跌在沙地上，嘴裡艱難地吐出微弱的聲音說他再也走不動了，當我試圖鼓勵他堅持下去時，他完全沒有出聲。

我知道一切都結束了，決定拋棄生命以外的任何東西，甚至連日記和觀察紀錄都丟棄，只帶走口袋裡原本就有的東西，也就是羅盤、手錶、兩支溫度計、一盒火柴、手帕、折疊刀、鉛筆、一張摺起來的紙，還有純粹因爲偶然才帶在身上的十枝香菸。

仍然堅持不倒下的卡辛聽到我要他和我一起走，開心地趕快拿起鏟子和水桶，但卻忘記帶他的帽子，後來他用我的手帕遮蔭才沒有中暑。我向伊斯嵐告別，交代他放棄所有的東西，試著跟蹤我們的足跡，救自己一命，他看著我的模樣好像就快不久於人世，一句話也沒有說。

我看了耐心奇佳的駱駝最後一眼，便趕緊離開這一幕令人痛苦的景象：這裡有個人正在與死亡奮戰，而一度自信滿滿的旅隊成員也在這裡永遠結束了他們的沙漠之旅。我撫摸尤達西，起身離去讓牠自行決定去留，結果牠選擇留下來，此後我再也沒有見過這條忠實的好狗。午夜了，我們在汪洋大海中出了船難，現在準備離開沉船了。

燈籠仍然在伊斯嵐身邊燃放光亮，但是很快就在我們背後熄滅了。

第二十二章

生死關頭

我們就這樣走過黑夜與沙漠。走了兩個小時，勞累加上缺乏睡眠使得大夥兒感到十分疲憊，卡辛和我於是一頭栽進沙地上睡了起來；我身上穿的是單薄的白色棉布衣服，很快就被夜裡冷冽的寒氣凍醒。我們繼續往前走，走到體力再也支撐不下去，然後再臥倒在一座沙丘上沉沉入睡。我腳上及膝的長筒靴有一圈硬邊，使得我走起路來倍加困難，好幾次，我幾乎忍不住要把它們脫下來扔掉，所幸最後都打消了念頭。

經過又一次短暫的休息，我們再度跋涉了五個小時，從清晨四點走到九點；這天已經是五月二日了。休息一個小時之後，再慢慢行進一個半小時。熾烈的太陽烤著大地，當我們仆倒在沙地上時，眼前所有的東西頓時都變成了黑色。卡辛在北方的一塊坡地上挖了個凹洞，那兒仍然保持前一晚的沁涼；我脫掉衣服躺在卡辛挖掘的凹洞裡，他繼續把沙子鏟在我身上，涼涼的沙子一直覆蓋到我的頸子。卡辛自己也如法炮製。兩人露在沙地外的頭靠得很近；我們把鏟子插進沙地裡，然後掛起脫掉的衣服遮出蔭涼。

一整天我們就這麼躺著，一句話都沒有說，但也沒有睡著。頭上的天空漾著土耳其玉般的青藍色，四周無垠的黃色沙海延伸到地平線彼端。

火球似的太陽再度落在西方沙丘的稜線上，我們爬起身來抖掉沙粒，穿上衣服，然後拖著沉甸甸的步伐往東方前進，一路上走走停停，直到凌晨一點才歇腳。

在酷熱的白天裡作沙浴固然涼快舒服，卻還是使人虛弱不堪。我們的體力慢慢流失，無法像前一個晚上走那麼遠，不過這天晚上的行軍倒沒有那麼折磨人，因爲我們已經口乾舌燥，口渴讓我們變得非常遲鈍，可是身體的虛弱感卻越來越強。所有分泌腺的功能都大爲降低，比以前黏稠的血液流過微血管時的速度更形緩慢，這種乾燥的程度將會到達極限，到那時候，也就是我們的生命終結的時刻。

五月三日，我們從凌晨一點走到四點半，走到每個人氣力盡失不支倒地；這天晚上連冷冽的空氣也吵不醒我們，直到晨曦時分，我們才又拖著疲憊的身軀繼續行程。我們走兩步就休息一下，下坡路走起來很順利，但遇到上坡卻走得萬分艱辛。

植物帶來一現生機

日出時，卡辛抓住我的肩膀，凝視著東方，同時手也指著那個方向，卻沉默不發一語。

我低語道：「怎麼了？」

他氣喘吁吁地說：「一叢檉柳。」

感謝老天！終於有植物的蹤影了！正當一切接近幻滅時，我們再一次燃起了希望。我們幾乎是拖曳著步伐在走，舉步維艱地走了三個小時才遇到第一堆樹叢，這些植物意味著廣袤的沙海即將到達盡頭。我們將檉柳苦澀的綠色針葉放進嘴巴裡咀嚼，由衷感謝上天送給我們這麼寶貴的禮物。樹叢宛若蓮花一般孤立在沙浪之上，浸浴在璀璨的陽光裡，可是滋潤它們根部的水究竟在多深的地底呢？

大約十點鐘我們找到另一叢檉柳，更遠的東方還有好幾叢，可是我們的體力已幾近虛脫。我們急忙脫下衣服，把自己埋在沙子裡，再將衣服垂掛在檉柳上以製造些陰影。

整整九個小時，我們靜默地躺在那兒；沙漠的熾熱空氣把我們的臉皮烘乾如同羊皮紙一樣堅硬。晚上七點鐘，我們穿上衣服繼續走，現在的速度比先前更遲緩，就這樣我們在漆黑的夜色中跋涉了三個小時。卡辛猛然停下腳步，低聲耳語：「白楊樹！」

兩座沙丘中間矗立著三株擠在一起的白楊樹，我們頹然坐在樹底下，身體疲累不堪。這些白楊樹的根部必定也是從地底吸取養分，於是我們抓起鏟子希望掘一口井，然而鏟子從手中溜了下去，因爲我們連拿鏟子的力量都沒有了。我們趴下來用手指扒地，沒多久就放棄這種徒勞無功的嘗試。

我們轉而摘下白楊樹新鮮的樹葉，然後揉在皮膚上，接著收集乾枯的落枝，在最靠近的一座沙丘頂上升起火堆，雖然我很懷疑伊斯嵐是否能撐得過來，但若是他眞的還活著，這堆火光可以指引他前來；況且火堆也許能吸引和闐河畔樹林裡放牧人的注意。不過，說不定牧人看見死寂的沙漠裡發出火光，很有可能會受到驚嚇，以爲是沙漠上作崇的鬼魂正在施巫術。這堆火整整燒了兩個小時，我們把它當作同伴，當作朋友，也當作獲救的契機。當海上發生船難時，人們可以在情況極度危急下發出求救訊號，反觀我們只有這一簇火堆，唯一能做的就是將目光牢牢盯著燃燒的火燄。

希望再度幻滅

黑夜即將過去，太陽——最惡毒的敵人——很快又會在東方的地平線上升起，再一次折磨我們。五月四日早晨四點，我們開始接下來的行程，踉踉蹌蹌走了五個小時的路，體力再度透支，我們的希望也跟著往下沉。東邊再也看不見白楊樹或檉柳，看不見那足以激勵我們求生意志的青翠綠葉，騁目四望，依舊只有一片層層疊疊的黃沙。

就在一座沙丘的坡道上，一隊人全軍覆沒地癱倒在沙地上，連卡辛也沒有力氣為我挖掘涼涼的沙洞了。我們的體力還能夠撐上一個晚上嗎？這難道眞是我們最後的一夜？

暮色低垂時，我站起來催促卡辛繼續走，卡辛喘著氣，以虛弱到幾乎聽不見的聲音說：「我走不動了。」

因此我離開旅隊僅剩的最後一個夥伴，獨自往前跋涉。我拖著沉重的身體前進，走一步跌一下，碰到上坡就手腳著地爬上去，再跌跌撞撞走下山坡；許多時候，我靜靜躺上很長一段時間，側耳傾聽，卻是一片闃寂！天上的星斗像手電筒一樣閃閃爍爍，我懷疑自己是不是還在地球上，抑或這裡就是「死蔭之幽谷」（the valley of the shadow of death，《聖經》上所言的臨終時刻）？我點起最後一枝菸，以前卡辛總是討去我抽剩的菸蒂，現在既然只有我一個人，索性就抽到盡頭吧。抽菸讓我稍微放鬆了些，也多少轉移我的心思。

從我獨自一人踏上旅途，已經徒步超過六個小時，我被虛弱徹底打敗，仆倒在一叢檉柳下，我陷入昏沉狀態，心裡害怕死神將在睡夢中降臨。事實上我根本沒有睡著，在如置身墓地般的死寂中，我一直聽見自己的心跳和手錶的滴答滴答聲；大約過了兩個小時，我聽到沙地裡傳來窸窣的腳步聲，接著看見一個幽靈踉蹌地掙扎到我身邊。

我和卡辛掙扎著往上爬行

「是你嗎，卡辛？」我低聲問道。

「是的，先生。」

「加油！不會很遠了！」

受到重逢的鼓舞，我們奮力向前行。從山丘頂上，我們順著滑落下山；到了山丘腳下，我們則掙扎著往頂上爬；要是跌倒了，就一動也不動地躺著，拚命抗拒危險的瞌睡蟲。前進的速度越來越緩慢，我們的身體也變得越來越蹣跚，現在我們兩個就像在夢遊一樣，不過還是為我們的生命奮戰不懈。

卡辛驀地抓住我的手臂，手指著沙地，沙地上印著明顯的人類足跡！兩人霎時精神大振，因爲那意味著河流「一定」離我們不遠了！也許是有些牧人發現我們的火光而前來查探，也或許是一隻綿羊在沙漠裡走失，牧羊人前來搜尋，所以留下了這些足跡。

卡辛彎下腰檢視腳印，然後喘息著說：

「是我們自己的腳印！」

原來我們在精神渙散、半睡半醒的狀態下，不自覺地兜了個大圈子。那眞是情何以堪啊！我們再也受不了，兩人頹然倒臥在腳印上呼呼大睡起來；時間是凌晨兩點半。

又見樹林

五月五日，晨曦爲新的一天揭開了序幕。我們艱困地撐起沉重的身軀；卡辛看起來糟透了，他的舌頭變成白色，而且腫脹得很厲害，嘴唇也呈現藍色，雙頰凹陷，眼睛浮現出垂死呆滯的眼神。一種死亡之嗝

遠處樹林激起新希望

（death-hiccup）正在折磨他，使他的身體不停地顫抖——當一個人身體極度缺水時，他的關節通常會發出喀吱喀吱的聲音，做任何動作都會辛苦萬分。

天色逐漸明亮，太陽升了起來。站在視線一覽無遺的沙丘頂上向東眺望，我們發現，兩個星期以來一直呈現黃色鋸齒狀的地平線，現在居然變成平坦無垠的墨綠色線條；我們像是被驚嚇到似的呆愣了一會兒，然後同時尖叫：「樹林！」我又加了一句：「和闐河！水！」

我們馬上鼓起僅剩的力量，掙扎著往東走。沿路沙丘的高度越降越低，我們嘗試在沙丘底一塊凹陷的泥地上挖洞，希望能挖到水，但是因爲我們太過虛弱了，只好放棄，繼續往下走。隨著墨綠色的線條越形擴大，沙丘逐漸減少，直到完全消失，取而代之的是坦蕩柔軟的地面，顯然我們距離樹林只有幾百碼的路程了。五點三十分，我們遇到第一叢白楊樹，已經筋疲力竭的我們立刻躲進樹蔭底下，享受樹林的芬芳；樹木間綻放花朵，小鳥在枝枒間歡唱，蒼蠅和牛虻嗡嗡鳴叫著。

直到七點，我們依舊馬不停蹄地趕路，林木變得比較稀疏了。我們來到一條步道，看得出人、羊、馬匹的足跡，心想這條路可能通往某條河流。順著小徑走了兩個小時，我們躺進一叢白楊樹的綠蔭裡休息。

兩人都已虛弱不堪，實在走不動了，卡辛躺在地上，一副快要斷氣的樣子。我想河流「一定」就在附近，可是我們偏偏像被人釘在地上似的，被一股酷熱的暑氣包圍住。難道白天永遠沒有止盡的時候？每過去一個小時，便帶領我們更接近死亡一步。在一切變得無法挽救之前，我們必須設法找到河流！可是太陽還不下山，我們呼吸困難而且沉重，連求生的意志都快離我們而去了。

到了晚上七點，我終於可以爬起來，把鐵鏟子前端挖掘的部分掛在樹杈上，再用木柄當手杖，鏟口當作路標；如果我們找到牧羊人協助，即可循此標記回去拯救三位垂死的隊友，並且找回失落的行李。然而，我們離開那三位夥伴已經整整四天了，他們必然是凶多吉少，即使沒有遭遇不測，我們也得花上好幾天才能找到他們，因此他們的處境顯然是希望渺茫。

我再次催促卡辛跟我一塊去河邊喝水，他以手勢表示爬不起來，還呢喃著說他不久就會在白楊樹下離開人世。

於是我只好自己拖著身體穿過樹林。一路上，多刺的荊棘和乾枯掉落的樹枝不斷阻擋去路，單薄的衣服被樹枝刺破，雙手更是傷痕累累，不過我還是慢慢往河邊行進。我一方面匍匐著往前爬，還頻頻停下來休息，一方面焦急地注意到樹林裡變得越來越暗。夜晚終於降臨了——這可能是最後的一夜，因爲我已經不可能再撐過另一天了。

置身和闐河河床上！

走到樹林的盡頭嘎然而止，彷彿被火燒過，我發現自己置身在一塊六呎高的梯形小丘（terrace）邊緣，它以幾乎垂直的角度陡降到非常寬廣平坦的平原上，上面並沒有植物生長。這裡的土地很堅實，一根沒有葉子的枯枝從土裡突伸出來，我恍然明白這是一塊浮木，而我所處的地方正是和闐河的河床，只不過河床是乾涸的，就像我背後的沙漠一樣乾燥。

經過如此艱辛的搏鬥，好不容易來到和闐河，難道我還是要在河床上渴死？絕不！除非讓我先渡過這條河，確定整個河床沒有一滴水，也就是所有的希望全都幻滅了，否則我絕對不願就此倒下斷氣。

垂死的我爬過樹林找水源

我知道河道幾乎是往正北方延伸，因此到達河的右岸最短的距離一定是往正東方走。雖然月亮已經升起，而我也不斷盯著羅盤看，但是在意識不清的狀態下，我卻朝向東南方前進。想要抵抗這股拉力根本沒有用，好像有隻隱形的手引導我往那個方向走，最後我不再抗拒，順其自然向月亮所在的方向走去。許多時候，我仆倒在地上休息，被強烈的嗜睡慾望征服，我的頭慢慢埋進地裡，這時必須竭盡一切意志的力量才能克制自己不沉入夢鄉；以我的疲憊程度，一旦睡著肯定是再也醒不過來的。

和中亞所有的沙漠河流一樣，和闐河的河床非常寬闊，而且平淺。一團模糊的光暈漂浮在荒蕪的大地上，我已經走了將近一哩路了，河床東岸的樹林在月光下只剩下隱約的輪廓，河床高起的岸上長著濃密的樹叢和蘆葦，河邊有一棵倒下的白楊樹，深色的樹幹往河床方向延伸，看起來像是一隻鱷魚的身體。這裡的河床還是和先前一樣乾枯，距離肯定是我的葬身之地的河對岸已經不遠了。此刻，生命對我宛如一條瞬息即散的絲線。

恩賜的生命之泉

突然間，我凝視著前方，腳步跟著停了下來。因爲前面有隻野鴨或野雁之類的水鳥撲打著翅膀飛了起來，同時耳際響起水花飛濺的聲音。緊接著，我走到一個池塘的邊緣，池塘長七十呎、寬十五呎；月光下的池水像墨色一樣黝黑，而白楊樹幹的倒影清晰地映照在深邃的池水中。

在寧謐的夜色裡，我不禁向上帝感謝這份奇蹟似的禮物；如果我先前執意朝東走，現在大概已經迷失方向了。事實上，假如我遇到河流的位置是在這個水池的北邊或南邊一百碼以外，相信無論怎麼走，河床都會是乾枯的。我知道和闐河源頭是西藏北方的雪原和冰河，直

救了我一命的泉水

到六月初冰雪消融之後才有水注入和闐河床，到夏末秋初，河床又會開始乾涸，因此整個冬季和春季，和闐河的河床絕對是既乾又枯。我也聽說，有些離河床行程一天以上的地方，由於地面凹陷較深，河水一漲便注入靠近丘岸的凹地，水退之後，凹地裡的水就會滯留一整年不消失，而我現在就站在這種極度罕見的水體邊上！

我平靜地坐在池岸邊，伸手按按脈膊，我的脈搏虛弱到幾乎察覺不到，每分鐘只跳四十九下。我盡情暢飲池水，完全沒有節制；池水凜冽，清澈透明宛若水晶，和品質最好的泉水一樣甘甜醇美。在喝過池水之後，我乾涸的身軀彷佛海棉吸收水分一般，所有的關節開始軟化，伸展每一個動作也變得輕鬆多了。先前，我的皮膚和羊皮紙一樣粗硬，喝了水之後逐漸柔軟；

前額濕潤起來，脈搏的強度也增加了，才幾分鐘時間就上升到每分鐘跳動五十六下。現在我血管裡的血液順暢地流動，一股幸福、通體舒暢的感覺湧了上來。我忍不住埋頭再喝，並且坐在這個恩賜的水池中，任由池水輕撫我的身軀。後來我爲這潭水池取了個名字，叫作「天賜之池」(The Pool of God's Gift)。

池岸邊的蘆葦非常茂盛，濃密的樹叢糾結在一起，銀色的月牙高掛在一株白楊樹梢上。樹叢裡傳來沙沙的聲音，可是乾燥易碎的蘆葦被什麼東西攪動了，也許是有東西正穿過這片樹叢，會是躡手躡腳前來喝水的老虎嗎？我臉上掛著征服者的笑容，等著看牠的眼睛在黑暗中閃爍。我心想：「過來啊，你！要不要試試看你能否奪走我的性命？不過五分鐘前，我勉強只算是一息尚存呢！」然而蘆葦叢裡的沙沙聲逐漸遠去，不管那是隻老虎，或是其他來喝水的森林居民，當他發現我這個走失的孤獨旅人闖進水池時，顯然都一致認爲走避才是上策。

第二十二章

現代魯賓遜

我終於不再覺得乾渴，不可思議的是，我這種欠缺思考的狂飲行為竟然沒有讓自己受到傷害。

我的心思轉而飛到卡辛身上，他此刻還因爲口渴，昏迷不醒地倒在河流西岸的樹林邊緣呢。三個星期前浩浩蕩蕩出發的旅隊當中，只有我這個歐洲人支撐到獲救的那一刻，如果我動作夠快速的話，也許還來得及救卡辛一命。可是我要拿什麼東西裝水呢？對了，我的靴子不是防水的嗎？事實上也沒有別的容器可用了，於是我將兩隻靴子灌滿了水，掛在鐵鏟的鏟柄兩頭，小心翼翼挑過河床回到西岸。月亮雖然已經低垂，我先前留下的足跡卻清晰可見；等走到樹林邊緣時，月亮整個沉落，濃稠而黑暗的天色籠罩著樹林。我找不到來時的足跡，迷失在荊棘和樹叢間，只穿著襪子的雙腳被刺得疼痛不堪。

垂死的夥伴

我不時用盡力氣叫喚「卡辛！」然而喊叫聲卻消匿於樹幹之間，唯一聽得見的是一隻被我驚嚇到的貓頭鷹所發出的呼嚕聲。

如果我迷路了，可能就找不到先前自己留下的腳印，那麼卡辛便活不了。因此我站在一處枯枝與草叢紛雜糾葛的矮樹堆前，放火點燃整叢樹堆，我高興地看著火舌亂竄，連鄰近的

我點燃一堆火藉以吸引卡辛的注意

一株白楊樹也被燒焦了。我相信卡辛的位置離我不會很遠，他一定聽到也看到了這場火。然而他仍舊沒有出現。除了靜待黎明的來臨，我別無選擇。

我找了一棵火燒不到的白楊樹，躺在樹底下睡了好幾個小時；火堆可以保護我不受任何野獸的攻擊。

直到天空現出魚肚白，火堆仍然燒得很旺，冒出的黑煙往上直衝竄出樹林；現在我可以輕易找到自己的腳印，還有卡辛的位置了。卡辛躺臥的姿勢和前一晚沒有兩樣，他一見到我就低語說道：「我快死掉了！」

我問他：「你要喝水嗎？」然後晃動靴子讓他聽聽水花落地的聲音。

他坐了起來，眼睛呆滯茫然，我遞上一隻靴子，他把靴子舉到唇邊一飲而盡，停了一會兒，連另一隻靴子裡的水也喝得精光。

「來，我們到水池那兒去。」我對他說。

「我走不動。」卡辛回答。

「那麼等你走得動了，就盡可能順著我的腳印過來，我會先到水池那兒，再沿著河床往東走。再見了。」

在那一刻，我無法為卡辛多做些什麼，我想他應該已經脫離險境了。

五月六日早上五點，我又回到水池那兒痛快喝水，還洗了個澡，休息了好一陣子，之後沿著和闐河東岸（也就是右岸）高起的林地往南行；這樣走了三個小時，天色漸漸變暗，荒蕪的大地上颳起黑色的風暴。

我心想：「對於那些陳屍沙漠的夥伴來說，這正是埋葬他們的第一鏟沙土吧。」

樹林的輪廓消失了，整個大地籠罩在一片朦朧的塵沙之中，走了三個小時以後，我又開始飽受口渴的煎熬；突然一個想法浮現心頭：會不會在我找到另一個水源之前天就黑了？很顯然，離開第一個水池「天賜之池」實在是不智之舉。

我對自己說：「我要回到第一個水池那兒，同時尋找卡辛。」

折向北方走了半小時，我發現一個迷你水池，池水很髒。我停下來喝了點水，肚子開始覺得飢餓，畢竟我已經一整個星期沒吃東西了。我吃了些野草、蘆葦嫩芽和樹葉，甚至捉水池裡的蝌蚪裹腹；蝌蚪嚐起來味道很苦，而且很噁心。時間已經是下午兩點。

「先不管卡辛，就在這裡等風暴過去再說吧。」我心想。

於是一個人走進樹林，找了一堆濃密的矮樹叢遮蔽強風，然後把靴子和帽子排列好充當枕頭，讓自己完全沉入夢鄉；那是自從四月三十日以來睡得最安穩甜美的一次。

發現牧羊人

醒來時已經晚上八點鐘，四下一片漆黑，風暴在我頭上肆虐呼嘯，把樹枝吹得嘎嗤嘎嗤響。我收集一些柴薪升起一堆營火，又喝了些池裡的水，吃了點野草和樹葉，然後坐在營火旁觀賞火燄的翩然舞姿。如果這時有忠實的尤達西陪著我該有多好！我吹起口哨，可是狂舞的風暴掩蓋了所有的聲音；而尤達西是永遠不會回來了。

五月七日凌晨我一睜開眼睛，風暴已經停止，不過空氣裡仍然布滿微細的塵土。我驚覺地想到，最接近我的牧人也許遠在需要幾天行程以外的距離，而我缺少食物，根本不可能活命太久；更何況我所在位置離和闐城還有一百五十哩路程，憑我目前衰弱的體力，至少要走六天才能抵達。

一大清早，約凌晨四點半我就出發；我循著河床的正中央朝南直行，爲了安全起見，我將靴子灌了半筒水，然後用鐵鏟柄挑在肩上，那模樣就像牛頸上箍的牛軛。走了一陣子，我靠向河的左岸，因爲我看見一個被人遺棄的羊圈和一口井。中午的熱氣令人難以忍受，我只好往樹林裡走，摘些野草、樹葉、蘆葦嫩芽止餓。暮色以驚人的速度降臨大地，我升起火堆，留在原地過了一夜。

隔天，我趕在太陽現身之前上路，整整走了一天。就在天黑之前，我在一個小島的岸邊意外發現令人詫異的東西：在河床硬實的沙地上有相當新的腳印，顯然是兩個打赤腳的人趕著四頭騾子往北走。可是，爲什麼我沒有遇到他們？有可能是在夜裡我熟睡時和我擦身而過，現在必然已經走遠了，想折回去趕上他們恐怕也於事無補。

在這同時，隱約聽到從遠方沙地傳來的不尋常聲音，我趕緊停下來豎耳傾聽，然而整片樹林依然靜謐無聲。也許是鳥的鳴叫聲吧！我繼續往前走。

但是，不對！一分鐘後，我確實聽到一個人的聲音和牛的哞叫聲！果眞不是幻覺，眞的有牧人！

我馬上將靴子裡的水倒掉，穿上濕答答的靴子往樹林裡飛奔；我穿過濃密的樹叢，跳過倒臥的樹幹，這時耳邊又響起綿羊咩咩的叫聲。出現眼前的是一群正在深谷中吃草的羊，當我突然從樹林裡竄出來，一個牧羊人霎時被嚇得愣住了，站在原地好像一塊化石。

我向他打招呼：「主賜平安！」（Salam alekium），他立刻拔腿就跑，一溜煙消失在林木間。過了不久，他帶著一個年紀稍長的牧人回來，他們停在安全距離外，我用簡單幾個字告訴他們我的遭遇。

我說：「我是歐洲人，從葉爾羌河進入沙漠。我的手下和駱駝都渴死了，我的東西也都丟了。我已經八天沒有吃東西，只吃一點野草塡塡肚子。請給我一塊麵包和一碗奶水，讓我在你們附近休息吧；我快要累死了。以後我會付錢答謝你們的幫助的。」

他們一臉狐疑地看著我，顯然認爲我在說謊，不過經過幾番遲疑，他們還是答應要我跟他們一起走；於是我跟隨在後面走到他們居住的草棚。這座草棚搭在一棵白楊樹的陰影下，只有四支細細的柱子撐起樹枝、雜草鋪成的屋頂，地上有一張已經磨破的地毯，我忍不住仆倒在上面。年輕的牧人拿出一個木製容器，遞給我一塊玉米麵包，我向他道謝，並撕下一塊麵包吃，立刻就覺得脹飽了，牧人又遞給我一個木碗，裡面盛滿最鮮美的羊奶。

兩個牧人不發一語，站起來離開草棚，不過有兩隻半野性半馴服的狗仍然留在草棚下狺吠不休。

到晚上，他們偕同第三個牧人回來了。他們剛剛把羊群趕進附近的羊圈裡，正在草棚前升起一大堆營火；當營火燃盡時，我們四個人也都睡著了。

三位牧人的名字分別是玉斯璞（Yusup Baï）、托哥達（Togda Baï）和帕西（Pasi

Ahun），他們照顧一百七十隻綿羊和山羊，還有七頭乳牛，這些牲口全屬於和闐一位商人所有。

獲知伊斯嵐的消息

五月九日天亮時，我發現身旁放著一碗奶水和一塊麵包，牧人們則早已經離開。我狼吞虎嚥地吃完早餐，接下來開始探勘周遭的環境；由於草棚剛好坐落在一處多沙的高地上，從那兒可以俯瞰乾涸的和闐河，牧人就在鄰近河岸的地方掘井。

牧人們身上的衣服已磨損破舊，兩腳充其量用羊皮縫起來簡單裹住；腰帶裡只攜帶夠喝的茶葉。棚屋裡的用具僅是兩個粗糙的木製容器，容器和玉米放在草棚頂上，旁邊還有一支原始的三弦吉他。牧人也有斧頭，用來行走林地間時開路前進，另外就是一枝鐵製的撥火棒，這棒子倒是很少用到，因爲火苗轉趨微弱時，他們只須把灰燼底下的煤炭再吹旺就可以了。

那天下午發生一件很奇怪的事。當時牧人帶著羊群在樹林裡吃草，我坐在地上遙望河床，忽然看見一隊百頭騾子組成的商隊從南往北走，騾子背上馱負袋子，看樣子他們是要從和闐到阿克蘇（Aksu）。我猶豫是否要趕過去求見領隊，繼而想到這樣做不妥，也毫無用處，因為我口袋裡連一個銅板也沒有！照眼前情形看來，我勢必得留下來和這些牧人待一段時間，在他們的地方好好休息兩天，然後步行到和闐去。想著想著，我又躺在草棚屋頂下睡著了。

突然，我被喧鬧的人聲和馬蹄聲給吵醒。我坐了起來，看見三個頭纏白色布巾的商人騎馬走到草棚外頭，他們下馬走到我前面，謙卑地對我鞠躬；原來是收容我的兩個牧人引他們前來，現在正站在一旁抓著馬轡。

商人席地而坐，告訴我昨天他們在從阿克蘇到和闐的路上，騎馬行經河床，當他們經過河床左岸的林地小丘時，看見一個已經奄奄一息的男子倒在丘地下坡，旁邊有一頭白色的駱駝正在樹林裡吃草。

好心的商人便停下來，問他需要什麼幫助，那個人低語呢喃：「水，水。」於是商人派遣僕人到最近的水池邊汲了一罐水給他——很可能就是救了我一命的那個水池。之後，他們又餵了這名男子一些麵包和乾果。

我一聽就知道那個垂死的男子正是伊斯嵐，他把我們旅行的故事向商人描述，雖然他認為我肯定早就一命嗚呼了，但還是要求商人協助尋找我的下落。帶頭的商人表示願意讓出一匹馬給我，希望我和他們一起前往和闐休養。

可是我一點也不想那麼做！他們為我帶來的消息使情況整個改觀，原本意志消沉的我再度振作起來。也許我們可以回到死亡營地去，尋找那些被留下的人是否還活著；也許我們可以找回行李，重新集結一支新的旅隊，幸運的話，我遺失的錢說不定也可以找回來。我感覺前途倏忽又變得明亮起來。

那三個商人與我道別，繼續他們的旅程，行前他們借給我十八個小銀幣，大約值八先令，此外還送我一袋白麵包。

牧人明白我先前所說的都是實情後，個個顯得十分困窘。

睽違了！夥伴們

五月十日我睡了一整天，覺得自己好像是剛生完一場大病、正在休養的病人。天方破曉之際，我聽到一陣駱駝的嘶鳴聲，走出棚外一看，是一位牧人牽著一頭白駱駝，搖搖晃晃跟在後面的正是伊斯嵐和卡辛！

伊斯嵐整個人撲到我腳邊，激動地哭泣，他以為我們永遠不可能再相見了。

當我們圍坐在營火旁享用羊奶和麵包時，伊斯嵐開始描述他的驚險遭遇。五月一日晚上，他休息了幾個小時之後，就帶著僅剩的四頭駱駝追循我們留在沙地上的足跡往下走；五月三日晚上他見到了我們的營火，心裡受到莫大的鼓舞，他奮力走到三棵白楊樹下，靠著敲打樹幹吸吮樹的汁液維持生命。由於有兩頭駱駝已經垂垂死矣，他便在白楊樹下解開牠們馱載的物品。五月五日，小狗尤達西因爲口渴失去了性命；兩天之後，兩頭垂死的駱駝頹然倒地，其中一隻一路上都馱著我們的測高儀器和其他重要物品。剩下的兩頭駱駝有一頭掙脫韁繩，逕自跑進樹林裡吃草，伊斯嵐則領著「雪白」走向河邊。他是在五月八日早晨抵達和闐河，沒想到河床竟然是乾的，伊斯嵐絕望地倒在那裡等死。過了幾個小時，先前的三位商人正好路過，餵他喝了水，後來他們也發現了卡辛；現在兩個人都安全來到了這裡。

我在「雪白」馱運的背包裡發現我的日記本和地圖，還有中國銀子、兩把步槍，以及少量的菸草；這下子，我搖身一變又成了相當富有的人，只是測高儀器和許多不可或缺的東西都不見了。

我們向帕西買了一隻羊，那天晚上，大家圍坐在營火旁興致十分高昂。我的脈搏現在已經跳升到六十下，而在接下來的幾天，我的身體狀況已經慢慢恢復正常。

第二天，牧人把營地遷移到更好的牧場；伊斯嵐和卡辛則利用原來的地方爲我建了一座很好的涼亭，位置就在兩棵白楊樹中間。我的床是破損的氈墊，我把中國銀子藏在一隻袋子裡充當枕頭。白色的駱駝在樹林裡吃草，牠是我們那群矯健的駱駝中唯一倖存者，牧人每天三餐都會給我們羊奶和麵包，確實沒有什麼好抱怨的，只是我的思緒有時候會轉到漂流荒島的魯賓遜身上。

獵人梅爾艮

五月十二日，我們看見一支從阿克蘇來的商隊，他們走在河床上朝南走，商隊的主人是押隊的四個商人。伊斯嵐把他們帶到涼亭來，經過一番交易之後，我們的情況有了更好的轉變；我們買了三匹馬，代價是七百五十坦吉（一坦吉等於五便士），另外買了三個馱鞍、一個座鞍、馬勒啣、一袋玉米、一袋麵粉、茶葉、水壺、碗，還爲在沙漠裡丟失靴子的伊斯嵐買了雙新靴子。現在我們是萬事俱備，想上哪兒隨時都可以動身。

兩個年輕的獵鹿人前來拜訪我們，他們獵鹿是爲了取得鹿角，也就是中國人拿來作藥材的鹿茸。他們送給我一隻剛宰殺的鹿；第二天，他們的父親梅爾艮（Ahmed Mergen）也來到我們的營地，我安排由伊斯嵐、卡辛和這三名獵人一起合作，目標是尋找馱載儀器的駱駝，找回丟棄在白楊樹下的東西，可能的話，希望能回到死亡營地去看看。

他們帶著白駱駝和三匹馬上路，我又是獨自一人和牧人相處。

對西藏魂牽夢縈

接下來這段期間正考驗著我的耐心。我在尋回的日記本上寫下最近的冒險歷程，其他時間則躺在涼亭裡閱讀；原先的物品中只有一本書被保留下來，不過它是可以一讀再讀的書，那就是《聖經》。牧人現在已經變成我的朋友，他們非常關心我的生活是否過得舒適，因此天氣雖然燠熱，我卻享受到良好的遮蔭；尤其微風輕輕吹拂過白楊木，更加涼爽宜人。有一天，幾位路過的商人賣給我一大袋葡萄乾；還有一次當我正陶醉夢鄉時，一隻黃色的大蠍子爬過氈墊，硬是驚醒了我的好夢。我魂牽夢縈的盡是西藏。只要等到伊斯嵐他們帶著儀器回來，我們就可以馬上動身，取道和闐前往西藏。我的體力已完全恢復，並且在樹林裡修養生息，獨處的這段日子也過得相當愉快。

營救小隊在五月二十一日回來，伊斯嵐遺落在三株白楊樹下的東西都找到了，但駱駝的屍體已經腐爛散發著令人難以忍受的惡臭。至於馱載沸點溫度計、三支晴雨氣壓計和一把瑞典陸軍手槍等物品的駱駝「單峰」，卻消失不知蹤影。

缺少測量高度的儀器，要去西藏簡直難如登天。新的裝備必須從歐洲採購送來，因此我不得不返回喀什。我們付出一筆優渥的報酬答謝牧人的照顧，然後向他們揮手告別。我們騎馬到達阿克蘇，抵達時間是六月二十一日；我派遣一名信差騎士到離俄國邊界最近的電報站去，得知新裝備必須花三、四個月才能抵達喀什。這麼長的等待時間，我可以做什麼呢？當然是再一次前往帕米爾高原探險了！我從裴卓夫斯基領事和麥卡尼先生那兒借到必要的儀器用品。

有一天，我去拜訪道台，想與他聚餐敘敘舊。我一走進他的衙門（yamen），他指指桌上一支左輪手槍問我：「你認得它嗎？」

那不正是我的瑞典陸軍手槍嗎，本來是和測高儀器放在同一個包裹裡的！

我驚訝地問他：「你從哪裡弄來的？」

他說：「在和闐河南邊一個叫塔維克凱爾（Tavek-kel）的村子，一個農人把它配在身上。」

「那麼，那頭駱駝所馱運的其他東西又到哪裡去了？」

「沒有發現。不過我已經派人在整條和闐河沿線仔細搜尋，閣下不必擔心。」

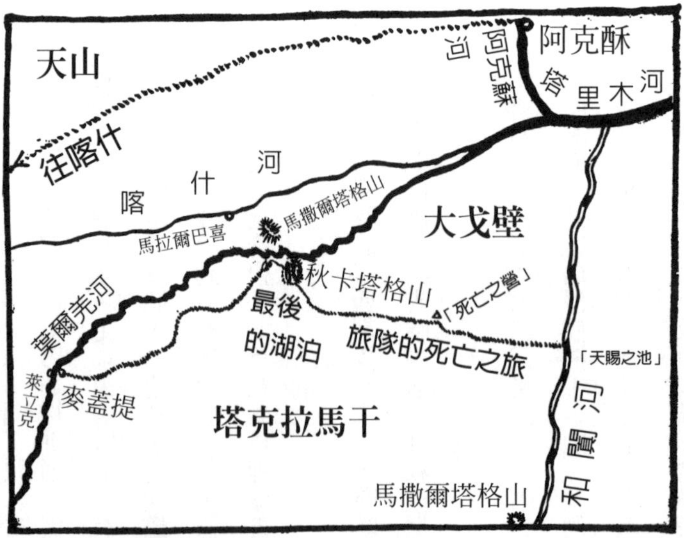

旅隊的行進路線

顯然這樁事件上有小偷也有叛徒參與。這些科學儀器能夠帶給質樸的百姓什麼樣的滿足?事實上，這些東西對他們而言根本毫無用處，對我卻是意義重大!我情願送十頭駱駝來交換他們手裡的儀器。

關於左輪手槍的發現過程又是另一個故事，但我必須留待後面章節才能詳述。

眼前，命運之神正將我帶回帕米爾高原!

第二十三章

二度挑戰帕米爾高原

我忠實的僕人卡辛被俄國領事館任命爲守衛，因此一八九五年六月十日我離開喀什時，只帶了伊斯嵐和另兩名手下隨行，還有六匹馬。

出發後第二天，我們來到一個相當大的村落烏帕爾（Upal），它就處在一個深邃的峽谷中，鬆軟的土壤受到嚴重沖蝕。那天下午唏哩嘩啦下了一場大雨，雨勢之大前所未見；日落前一個小時，我們聽到一聲天崩地裂般的巨響，空洞卻擁有令人震懾的力道，而且巨響逐漸逼近我們。不過幾分鐘光景，河床已經變成一道洶湧的激流，迅速氾濫沖上堤岸，淹沒了村落裡的大片土地。聲勢驚人的河水所到之處挾帶強大的破壞力，泡沫滾滾、沸沸湯湯的泥漿捲走任何阻擋的東西。在泥水壓境的重量下，大地爲之震動，漩渦四濺宛如褐色水波上的霧氣。轉眼間，渡橋被洪水整個沖走，好似它的橋墩和橋板是乾草紮成的；而漂浮在水面上的東西有連根拔起的樹木、推車、家居用品；田裡的乾草堆隨著起伏的波濤狂舞。眼看著洪水沖毀脆弱的泥土屋舍，驚惶的村民尖叫著四處逃竄；做母親的背起嬰兒涉過及腰的水流逃難，其他的人則設法搶救棚屋內被湧進的泥水浸濕的家具。成列的楊柳和白楊樹無不折彎了腰，而在一個毫無遮擋物可當屏障的地方，共有十五間房屋被洪水沖走。眼看一處種甜瓜的田圃很快就要遭水淹沒，村民趕緊抱起就要成熟的甜瓜，搬到安全的地方。至於我自己的處境也是千鈞一髮，因爲旅隊差一點被水吞沒，幸好洪水暴發時我們離河岸還有一段距離。隨著昏黃的天色逐漸降臨，肆虐的洪水也迅速消退，到第二天早晨，河床又變得空盪盪的了。

二度挑戰帕米爾高原

現在我們要再次攀登帕米爾綿延的山脈，這次我們攻頂的對象是標高一萬六千九百呎的烏魯嘎特隘口（Ullug-art Pass），此處一年當中有十個月被皚皚白雪所封凍。

當我們抵達烏魯嘎特的帳棚村歇腳時，正值漩渦狀的大雪漫天紛飛。村裡的吉爾吉斯人認爲我們這趟路困難重重，不過他們的族長還是帶了十個人來協助我們，將我們所有的行李運過隘口最難走的山脊地帶，我付給他們相當於三十先令的酬勞。

一對吉爾吉斯母子

出發當天，我們大清早就上路，穿過狹仄的河谷，走了好幾百個之字型的彎道，爬上險峻陡峭的山坡。河谷兩側盡是巨大陡直的山脈，處處可見向山下流洩的冰河。這裡的積雪大約有一呎深，吉爾吉斯人背膀上綁著我們的行李，大夥兒來到山口的起點，開始緩慢而艱難地往上攀爬。在隘口的鞍形山脊地帶豎立一堆石頭，上面插了棍子和布條，吉爾吉斯人匍匐在石頭前禱告。

假如說上坡的路陡峭難行，那麼下坡路更是驚險萬狀；被積雪覆蓋的隘道狀似螺旋錐

（corkscrew），有些地方向下幾乎是呈垂直角度，兩邊則是突出的岩石。我們用冰斧鑿進山脊的結冰表層，然後用繩索慢慢把行李箱往下放；每匹馬由兩個人協助牽引，不幸的是，我在和闐的牧人營地買來的其中一匹馬卻失足跌下陡坡，當場斃命。爲求安全起見，我們自己都是手腳並用滑下山脊。

大夥跨越熟悉的區域向南前進，上溯杭塞拉巴河（Hunserab River），抵達興都庫什山脈，從那裡穿過四個峭險隘口——我終於站在這裡親眼眺望康居山（Kanjut）❶；我曾經要求英國當局准許我前往，但是得到的答覆是：「這條路不對旅客開放。」

我們繼續前往瓦克吉爾隘口（Vakjir Pass），這裡的河水流向三個不同的方向，分別匯入阿姆河和鹹海的龐吉河（Panj River）❷、葉爾羌河和羅布泊的塔格敦巴什河（Taghdumbash-daria）❸，還有這處隘口南麓發源的一些河流，最後注入印度河❹和印度洋。

到了察克馬卡丹湖（Chakmakden-kul），我得知英俄邊界委員會（Anglo-Russian Boundary Commission）目前正在東北方離此地需要一天行程的美曼優里區（Mehman-yoli），他們的工作在於劃定北邊俄國領土和南邊英國領土間的疆界，亦即釐清從維多利亞湖（Victoria Lake）❺到中屬帕米爾之間領土的歸屬權問題。我決定造訪委員會的營地，於是事先派遣一位吉爾吉斯人送信給英國的杰拉德將軍（General Gerard）和俄國的帕伐洛許維科夫斯基將軍，一天之後，我收到雙方熱忱邀訪的回函。

嚴守中立態度

八月十九日，我騎馬帶領一支小形的旅隊，想在英、俄兩國營地間的中立地帶紮營，既然同時身爲兩方的客人，就必須嚴守中立的分際。不過我認爲應該先去拜訪帕伐洛許維科夫斯基將軍，因爲他曾經在馬其蘭奉我爲上賓，然而在抵達他的吉爾吉斯大帳棚前，我得先經過英國軍官的帳棚；突然，老友麥卡尼先生從一頂帳棚裡跑了出來，手裡拿著杰拉德將軍邀請我當天晚上赴宴的請帖，搞得我站在兩方陣營之間，不曉得該怎樣維持中立的態度。所幸我和帕伐洛許維科夫斯基將軍相當熟識，便懇請他容許我第二天拜訪杰拉德將軍；在這段拜會的期間，我每天輪流造訪英、俄兩方的營地。

英國軍隊中的阿富汗軍官

在荒涼的帕米爾高原上，我們的營地得天獨厚，盤據景觀最爲詩情畫意的地點；野生的綿羊從積雪的山頭上俯瞰河谷裡各種族刻板無聊的生活，牠們對政治疆界一點興趣都沒有。英方擁有六十頂印度式陸軍帳棚；俄方則搭建十二座吉爾吉斯人的大型毛氈帳棚，有些帳棚覆蓋白色毛毯和色彩繽紛的彩帶，十分耀眼醒目。駐紮此地的種族包括哥薩克人、廓爾喀人、艾弗瑞迪人（Afridis）❻、印度人、康居人等，每逢用餐時間，樂隊便演奏出自英國與俄國作曲家的音樂。

在英國代表的陣營中有許多傑出人物，第一個正是該營首領杰拉德將軍，他是印度最勇猛的獵虎英雄，曾經親手射殺兩百一十六頭老虎，打破所有的紀錄。第二位出色人物是上校霍迪奇勳爵（Sir Thomas Holdich），他是當代研究亞洲地理的權威之一；還有一位是麥席威尼上尉（Captain McSwiney），他給了我永誌難忘的友誼，幾年之後我們有緣相逢，當時他在印度烏姆巴拉（Umballa）服役，不久便與世長辭了。至於俄國陣營方面，地形測量員班德斯基（Bendersky）也相當傑出，他曾出使阿富汗，在喀布爾（Kabul）覲見過酋長錫爾阿里汗（Shir Ali Khan）❼。阿富汗現任酋長阿布督拉曼汗（Abdurrahman Khan）也派遣代表參與邊界委員會，這位名爲古蘭（Gulam Moheddin Khan）的代表沉默寡言，是個儀表威嚴的阿富汗老者。

至於我自己嘛，經過沙漠的一番跋涉之後，美曼優里區的所有歡宴與聚會全都讓我有重新活過來的感覺，畢竟在這夥熱情好客的軍官營地裡，絕對不用擔心會渴死。我們聚集在俄軍營區的大型賭場中，帳棚外站著手持石油火把的哥薩克士兵守衛；而當我們到英軍營地做客吃飯時，席間樂隊演奏悠揚的音樂，寂靜的群山和著旋律發出悅耳的共鳴。

官兵娛樂的方法還包括在營帳前舉辦田徑活動，譬如哥薩克人和艾弗瑞迪人比賽拔河，雙方各派八個人，結果哥薩克人贏了；在賽馬項目上，哥薩克人超前印度人兩分鐘，又是贏家；可是在砍樹比賽和馬上刺術的比賽項目上，印度人則報了一箭之仇。其中有一個項目十分逗趣，不管是歐洲人或亞洲人，全都看得笑翻了；那是由不同國籍組成團隊的競走比賽，參賽者雙腳套在一只布袋裡，布袋綁在腰間，不但要比賽誰跑得快，中途還要跨過一條帶子。至於駱駝和犛牛的競賽就更滑稽了。不過，最刺激也是壓軸好戲的是：由兩隊吉爾吉斯騎兵面對面站在兩側，每隊各有二十人，兩隊距離兩百二十碼。一聲令下，只見兩隊英勇騎兵全速狂奔向前，他們在中點線全部混撞成一團，許多人直接一頭栽到地上，有的撞得鼻青臉腫，被馬兒拖在地上跑，只有少數幾個人在這樣的衝鋒陷陣裡全身而退。

就在這同時，邊界線也達成了協議，劃好的疆界上沿線豎立標記用的角錐，委員會終於大功告成。最後一個晚上，英方舉辦一場盛大的餞別酒宴，印度士兵圍繞著旺盛的營火跳起他們的民族舞蹈「劍舞」，散場後賓客由四方各自散去，頓時這個區域又回到原來的靜謐。在所有的人都離開之後，一場暴風雪隨即侵襲整個河谷。

湍流中渡河，險象環生

我和旅隊返回喀什，沿途必須翻越四座高山，不過最驚險的部分就屬在通村（Tong）橫渡葉爾羌河這段，河谷狹窄深邃，河流氣勢雄渾壯闊；洶湧翻滾的河水在陡峭的崖壁間以驚人的聲勢往下流洩。通村的哈珊長老（Hassan Bek）準備護送我們渡河，他派遣六位打赤膊的塔吉克人（他們是伊朗後裔）來幫忙，他們把充了氣的羊皮綁在胸口上。渡河的皮筏是一個擔架固定在十二隻充氣羊皮上所做成；他們跳進河裡，用這艘皮筏接駁我們綁成四串的行李。接著他們把馬匹套上頸軛，繫在皮筏上，然後由水裡的一個人伸出手臂攬住馬脖子，引導馬兒渡河。可是在渡河的過程中，激流把皮筏沖到一哩以外的下游，他們費了九牛二虎之力才搶在強勢的湍流之前，把皮筏送到對岸去，否則皮筏就會被湍流摔在突出的岩石上而四分五裂。

我坐在皮筏中央的箱子裡渡河，這種奇怪的發明在激流裡瘋狂地搖晃，迅速飛過眼簾的對岸懸崖，像是在與湍急的河流賽跑。皮筏上下顛簸，左右衝撞，我被這瘋狂的舞動弄得頭暈目眩；激流的怒吼與力量不斷增強，皮筏被緊緊吸住，毫無抵抗力地衝向滾滾泡沫中，下一刻，我們可能就會被狠狠摜在懸崖上粉身碎骨。還好擅長游泳的塔吉克人經驗老到，他們對於渡河信心十足，在一個眼看已經逃不過的危險地點，他們硬是把皮筏推進一塊突出的岩石底部的逆流中，我們才得以安全抵達彼岸，而且毫髮無傷。

【注釋】

❶喀喇崑崙山脈中的一座山，位於今巴基斯坦所控制的喀什米爾區域。

❷亦作Panja或Penjdeh，位於阿富汗與塔吉克間的界河，長度約六百四十五公里，是阿姆河的上游。

❸原意爲「世界屋脊之河」。

❹喜瑪拉雅山冰川消融後，從西藏西北流入喀什米爾和印度的河流，經由巴基斯坦注入阿拉伯海，全長兩千七百三十六公里。

❺爲英國人的稱呼，又作 Zokul Lake，是阿富汗名字，位於今阿富汗東北與塔吉克邊境地帶的帕米爾高原上，標高四千〇八十四呎。

❻分布在印度與巴基斯坦一支驍勇善戰的民族。

❼一八二五～一八七九，曾試圖在英、俄強權間保持中立，但是英國人認爲他屈服於俄國勢力，因而引發第二次阿富汗戰爭，英軍乘隙入侵阿富汗，在逃亡土耳其斯坦的途中去世。

第二十四章

兩千年的沙漠古城

由於一場高燒，迫使我在喀什停留很長一段時間，這期間，新的儀器裝備從歐洲運到。一八九五年十二月十四日，我們這支小規模旅隊再度出發，成員包括伊斯嵐和另外三名手下，加上九匹馬。從喀什到和闐有三百六十哩的路程，對於這段路程我們已經是經驗十足，相信這一次什麼樣的困難都阻止不了我們。我們將途經東土耳其斯坦（即現在的新疆）最大的城市葉爾羌，該城市擁有十五萬人口，其中百分之七十五的居民都長了一種奇怪的腫瘤，叫作「博噶克」（boghak），腫瘤長在脖子上，經常增生到如頭部大小。

我在葉城（Kargalik）❶歡度耶誕夜，過了這個城鎮，地表變得十分貧瘠，不過古代的商旅路線至今仍然標示清晰，沿線有低矮的泥台引路。有幾個晚上，我們在大型商旅客棧過夜，這些客棧的飲用水全是由深井裡打來，其中一口井深達一百二十六呎。

沿途有個景點叫「吾王之沙漠皇宮」（Kum-rabat-padshahim），成千上萬隻聖鴿在這裡展翅飛翔，空中充斥著牠們咕咕的鳴叫和揮動翅膀的撲噠聲。每一個旅人都必須帶玉米餵食鴿子，我們帶來了一整袋玉米，目的就是爲了讓鴿子飽餐一頓；我站在地上餵食美麗的藍灰色鴿，一大群爭食的鴿子把我團團圍住，牠們停在我的肩上、帽子上與手臂上，一點也不怕生。象徵奉獻的竿子上高掛著布條，用意是嚇走試圖獵食鴿子的猛禽，不過在目睹聚集現場的虔誠民眾之後，我相信任何想要獵捕鴿子的鷲鷹恐怕會因此賠上性命。

我們在一月五日抵達和闐，中國人幾千年前就對這地方耳熟能詳，古代梵語稱它爲「庫斯塔那」（Kustana），歐洲人則是經由馬可孛羅的遊記而對它有所認識。西元四〇〇年，中國晉朝時的名僧法顯曾形容和闐是個瑰麗不凡的城市，也是佛教信仰的重鎮。

沙漠下的神秘古國

有一則源自西元六百三十二年的傳說，述說沙漠裡有一座被掩埋的古城。據傳說和闐西邊一個叫琵瑪（Pima）的村子曾經有釋迦牟尼顯靈，神蹟顯靈的地方是一塊二十呎高、閃爍著光芒的檀香木。之前，這塊檀香木原屬於北方的另一個城鎮，有一天，城裡來了一位智者向釋迦牟尼像膜拜，城裡的居民卻對他十分粗暴。他們把智者抓起來，將他整個人埋進土裡，只剩一顆頭露在外面，有個虔誠的佛教徒偷偷拿食物給他吃，最後將他救了起來。智者在倉皇逃走之前對他的救命恩人說：「七天之內，這個城會被天上落下來的沙子所掩埋，屆時唯有你一人能夠得救。」這位虔誠的信徒連忙跑去警告城裡的居民，可是人人都笑他癡人說夢，他只好自己找一個山洞躲起來。到了第七天，天上果然下起一陣沙雨，將整座城市深埋在底下，所有的人都窒息而死。那位虔誠的佛教徒爬出山洞後，直接來到琵瑪村，他前腳剛到琵瑪村，神聖的釋迦牟尼像便從空中翩然而降，選擇琵瑪村爲新的聖地，取代先前被沙子掩埋的城鎮。

同一時期——唐朝時代——有個中國旅人也曾經描寫過和闐北部的沙漠地區：「那裡無水無草，只有焚風不時颳起，人、馬和走獸都爲之窒息，有時還因此生病。旅人行經此地都會聽見尖拔的哨音或狂囂怒吼，循聲追蹤卻又一無所獲，使得旅人湧起莫名的恐懼。此地惡靈出沒，旅人迷失迭有所聞。再行四百里路即到達古國吐谷渾（Tu-ho-lo）；很久以前這個國家就已經變成了沙漠，所有城鎮皆化爲廢墟，到處被叢生的野草所盤踞。」

儘管去年春天我在沙漠裡有過悲慘的經歷，卻依然受到這個沙粒下神秘古國的深深吸引，無法自拔！和闐城周圍的綠洲居民也對我述說過那些被埋沒的城鎮，有兩個人甚至自告奮勇要帶我前往某個古城，條件是我必須付給他們優厚的酬勞。

我在和闐以及古老村落博拉珊（Borasan）向當地居民買了一些骨董遺物，如赤陶做成的小東西，造型有：雙峰駱駝、彈吉他的猴子、印度的獅身鷲頭像，還有希臘揉合印度風格的裝飾性瓶罐和碗皿、釋迦牟尼像，以及其他的東西。我的蒐藏品高達五百二十三件，這還不包括一些古老手稿和一大堆錢幣。此外，我也買到一些基督教金幣、一支十字架。還有一個描繪「聖安卓亞愛弗林」（St. Andrea Avelin）在十字架前禱告的勳章，反面是聖艾林（St. Irene）❷頭上戴著光環的肖像。馬可孛羅的遊記提到，一二七五年，同屬基督教的景教（Nestorian）和雅各教派（Jacobite）在和闐城都有自己的教堂。

和闐的地方官是劉大人，他是個慈祥和藹的中國長者，對於我所有的計畫和採購無不鼎力協助，也沒有阻止我去參觀一處舊河道——即發現軟玉（nephrite）的地方。中國人在那裡找到美麗的玉石，是他們最鍾愛的寶石；這種玉石的形狀像腎臟，多半混在河床的圓石當中，顏色絕大多數爲綠色，如果是黃玉或瑩白中帶棕點的玉石，將會被視爲最稀有的珍寶。

一月十四日，我再度整隊準備出發。這次旅隊的規模比以前更袖珍，我只帶四個手下，三匹駱駝和兩隻驢子；規畫的旅程相當短，只是去尋訪我聽說的沙下城鎮，因此只攜帶幾星期份量的糧食，而把沉重的行李、大部分的錢、中國護照、帳棚等東西全部留在和闐一位商人家裡。儘管夜裡氣溫可能會降到攝氏零下二十一度，我和我的手下還是想睡在露天的星空下。

事實上，情況並未如我們的預期，等我們再回到和闐已經是四個半月以後的事了，而且有部分行程竟變成名副其實的「魯賓遜漂流記」。當我向劉大人告辭時，他覺得我的旅隊規模實在太小了，便想送我兩頭駱駝，不過被我婉拒了。

與我同行的四個手下是伊斯嵐、堅恩、獵人梅爾艮和他的兒子柯信（Kasim Ahun）；去年，我們在沙漠遇難獲救之後，梅爾艮和他的兩名兒子曾經幫助伊斯嵐找回我們失落的東西。除了他們以外，還有兩個答應帶領我們找到古城的男子也一起同行。

我們沿著和闐河上游東方的支流玉龍喀什河（Yurun-kash）❸前進，抵達塔維克凱爾村，也就是我那支瑞典陸軍左輪手槍被發現的地點。我們試圖搜尋先前遺失的其他裝備，卻沒有任何收穫；實際上，除了照相機，我已經把所有遺失的裝備都補充齊全，因此我們並沒有特別積極去找尋失落的東西。

一月十九日我們離開河岸，又一次緩緩推進噬人的沙漠中，不過這時是冬天，裝在四隻充氣羊皮裡的飲水都已結成冰塊。在紮營的地方，往下挖掘五到七呎就可以找到水源；如果我們繼續往東，就能碰到流向朝北、與和闐河平行的克里雅河（Keriya-daria）❹。

這裡的沙丘較爲平緩，不像去年我們走過的沙漠地帶那麼高聳，丘頂的稜線大約只有三十五到四十呎高。

第四天，我們選在一處凹地紮營，附近乾枯的樹林提供不虞匱乏的燃料。翌日，我們前往古城遺址，帶隊的嚮導稱這古城爲「塔克拉瑪干城」，或是「丹登尤里克」（Dandan-uilik），意思是「象牙屋」。古城的大部分屋宇被埋在沙裡，偶爾可在沙丘上見到破沙而出的柱子和木牆；在一堵約有三呎高的木牆上，我們發現好幾個用石膏塑成頗富藝術性的人物像，包括釋迦牟尼和佛教諸神，這些人物或站立，或盤坐蓮花座上，全著上寬鬆的袈裟，頭頂環繞著焰火光環。我將這些發現和其他遺物小心翼翼包裹起來，裝進我的箱子裡，而關於古城的地點、被沙子淹沒的運河、乾枯的白楊樹大道，以及荒涼的杏樹果園，我都不憚其煩，詳盡地記錄在日記裡。由於我所帶的配備不足以將所有東西裝載運走，況且我也不是考古學家，還是把科學研究留給專家吧；幾年之後，他們也會來到此地，用鏟子在鬆軟的沙地上探索遺蹟。能有這次重要的發現，以及在沙漠核心為考古學開創一處新領域，對我來說於願足矣。在去年追尋消逝文明的努力化為泡影之後，現在我終於覺得辛苦有了代價，信心大受激勵。有關於中國古代地理的撰述，和至今仍在沙漠邊緣住民之間口耳相傳的故事，如今都得到了證實。根據這次的探索成果，數年後我們又有類似的後續發現。而我個人對這項破天荒的發現，歡欣之情自不待言；當時我把這份雀躍的心情記錄在我的筆記上：

未曾有探險家探悉這座古城的存在，現在我就像個被施咒禁錮的王子，在此城市沉睡了一千年之後，悠然醒來面對新的生命。

我利用接連發生幾次的沙暴期間，測量沙丘移動的速度，再根據測量數據和暴風行進的路線為指標，估算出沙漠花了兩千年的時間，才從當年古城所在的位置延伸到目前沙漠南方的邊界；往後的發現證明我的推測正確，顯示古城的歷史約為兩千年。

兩位嚮導收下他們應得的報酬，便依循我們來時的足跡回家了。隔天早晨，我們繼續深入這片亙古不衰的沙漠。

如迷宮的沙海

空氣裡布滿極細微的塵埃，在塵霧最濃密的時候，我們甚至連太陽的方位都搞不清楚。沙丘的高度漸次提升，我們攀上一座高一百二十呎的沙浪（sand-wave）頂端，懷疑我們是否又要重蹈去年的慘況，碰上殺人如麻的迷宮。由於塵霧的阻擋，我們根本辨識不出東方的任何東西，眼前好似拉起窗簾一般，感覺正一步一步朝向未知的深淵。儘管如此，我們仍然奮力往前走，一路上平安無事。沙丘隨著前進的步伐愈來愈低矮，最後終於與平坦的沙地融合為一。當天晚上，我們在克里雅河畔的樹林裡紮營，寬一百〇五呎的河面，現在被厚厚的冰層覆蓋住；駱駝盡情地吃草和喝水，補充沙漠之旅所消耗的體力。四下杳無人煙，唯有一頂被牧人遺棄的草棚。我們撿拾木材升起旺盛的營火，徹夜火焰熾烈，冬天的寒意傷害不了我們，再沒有任何事比躺在穹天之下睡覺更令人快意滿足了。

以前從來沒有歐洲人沿著克里雅河走到沙漠的盡頭，因此，也沒有人知道河水掙扎地流經無垠的沙丘之後，最後一滴水究竟消失在何處，因而我決定順著克里雅河往下游走，直到河流的盡頭為止。由於有河流的引導，我們可以不需要其他幫手。沿途完全看不到牧人的蹤跡，我們只好宰殺最後一隻綿羊，還好荒地上有許多野兔、獐子和紅鹿，所以不用擔心會挨餓。有時候，我們會驚擾到河岸上成群的野豬，牠們嚎叫著飛奔逃進濃密的草叢和蘆葦裡；有時候，我們的腳步也會驚動狐狸，受驚的狐狸像箭一般竄起，靈活的身形矯捷地鑽進林木茂密的深谷。

年紀較長的獵人梅爾艮有一次跑進樹林裡走動，回來時帶了一個牧人，這個牧人告訴梅爾艮他以爲我們是強盜，所以原準備收拾他的性命。那天我們在他用蘆葦搭建的草棚邊紮營，我在日記裡一字不漏地記下他和他妻子提供給我的訊息。

「你叫什麼名字？」我問他。

「哈三和胡珊，」他回答。

「怎麼？你有兩個名字嗎？」

「對，不過哈三其實是我孿生兄弟的名字，他住在克里雅。」

我們穿越河邊的樹林往北走，沿途不時遇到牧人，爲了蒐集不同林區和牧人姓名的資料，我們總是會帶一、兩個牧人同行。就這樣我們一天比一天更深入北方，結冰的河流伸入沙漠的距離遠超過我們的預期；我丈量河面的寬度，發現居然超過三百呎。越往下游走，克里雅河豁然開展，流經蓊鬱的林木時浩浩蕩蕩。每天早上我們都會面臨嶄新的激動與興奮，到底還要走多少路，河流才會與周遭的沙子合而爲一？事實上，有些地方沙子已經逼近河水了。此時在我心中已經醞釀出穿越沙漠、直上塔里木河的危險計畫，因爲我想，如果塔里木河流洩得夠遠，那麼它肯定是沙漠的北方界限。

不知有「魏晉」的老人！

靠近通庫茲巴斯泰（Tonkuz-basste，原意爲「吊野豬」）時，有個牧人告訴我，往沙漠的西北邊走很快就能發現古城喀喇墩（Kara-dung，原意爲「黑色山丘」）。

於是二月二、三日兩天，我們全埋首於尋找喀喇墩古城的熱潮裡。我們也在這兒發現到掩埋在沙裡的屋舍，最大的房屋長兩百八十呎、寬兩百五十呎；此外，還有許多手工雕琢的建築結構遺跡，時間可追溯到釋迦牟尼的教義風行於亞洲內陸的時期。我仔細記下這個城鎮的地點所在，以確保未來考古學家可以找得到。

我們的行程持續前進，穿過樹林和蘆葦叢，河流到這兒有分歧成好幾條支流的趨勢，因此形成一些內陸三角洲。二月五日，我們遇到四個牧人，他們負責看管八百隻綿羊和六頭乳牛。過了兩天，住在林地的一個老人巴邑（Mohammed Baï）告訴我們，克里雅河的終點距離此地只有一天半的行程。老人住的地方遺世獨立，因此他根本不清楚現在統治東土耳其斯坦的究竟是阿古柏還是中國皇帝。他並且告訴我，過去三年來都沒有見到老虎的蹤跡，他最後一次見到是老虎正以爪子攻擊他的一頭乳牛，之後老虎朝北方跑走，後來又轉了回來；這隻老虎最後應該是橫越沙漠往東方去了。

我問他：「從河流的終點算起，沙漠還要往北延伸到多遠？」

老人回答：「直到世界的盡頭。要到那裡得花上三個月的時間。」

【注釋】

❶又作Karghalik，漢文名字葉城，位於新疆西南的城鎮，在喀什東南方。

❷七五二～八〇三，東羅馬帝國的攝政王。

❸漢文爲「白玉川」。

❹位於新疆西南方，起源自藏北高原，向北流入塔克拉瑪干沙漠。

第二十五章

野駱駝的樂園

二月八日，在我們紮營的地點河流寬度僅剩下不到五十呎，截至下一個營區，冰凍的河面更是縮減到十五呎寬。這裡的樹林仍然十分茂盛，蘆葦叢也濃密得難以穿越，因此我們只好繞路而行，或是用斧頭劈出一條小徑來；有些野豬穿梭在糾結的蘆葦叢裡竟然形成了垂直的隧道。

我永遠忘不了看見薄冰層像劍簇般在沙丘下嘎然而止所感受到的震撼！

我們穿過一座眞正的莽林，又走了一天之後，再次清楚地看到河床；我們在凹陷最深的地方往下挖，果然成功找到了水源。放眼四方，周遭盡是拔地而起的黃色沙丘。

珍奇動物野駱駝

我曾在二月一日聽牧人說過野駱駝的事，牠們主要生長在河流三角洲的沙地上；想到可以一睹這種奇妙的動物，我的興奮之情實在難以壓抑，因爲從來沒有歐洲人知道，在大沙漠的一隅竟然存在如此奇妙動物。一八七七年，俄國軍人兼探險家普哲瓦爾斯基帶了一張野駱駝的毛皮回到聖彼得堡，向世人證實這種高貴的動物來自羅布沙漠，也就是我們目前位置的極東方。後來，皮耶弗佐夫將軍（General Pievtsoff）和麾下軍官，以及李陀戴爾先生（Mr. Littledale）都曾經射獵到幾隻野駱駝，同樣也把牠們帶回家。根據牧人的描述，野駱駝都是小群體活動，牠們往往避開樹林和地上的矮樹叢，只徜徉於寬廣的原野上；野駱駝在冬天從不喝水，唯有當夏季水位高漲、漫流到北方的沙漠深處時，牠們才會喝水。野駱駝常遭到獵鹿人射殺，這種說法從很多方面可以獲得證實，例如，好些牧人的腳上都穿著野駱駝皮製成的鞋子，而且是直接取下牠們的足部——鞋子上清晰可見角質趾甲、腳底肉趾和一切特徵。

還有一位牧人告訴我們，上帝曾派遣一個神仙假扮成托缽僧來到人間，吩咐他去向亞伯拉罕族長（the Patriarch Abraham）索討一群家畜，亞伯拉罕慷慨應允托缽僧的要求，但他自己卻因此變成窮人。上帝於是命令托缽僧把所有的家畜還給亞伯拉罕，但是亞伯拉罕拒絕收回他剛送出去的動物，這一來激怒了上帝，祂斥令這群家畜在大地上流浪，永遠無家可歸，任何人都可以隨意宰殺這些動物。此後，綿羊、山羊、犛牛、馬匹都變成野生動物，連駱駝也一樣淪落野生的命運。

山中老人巴邑有一把只有一百五十呎射程的槍，一年內射倒了三頭野駱駝。他說野駱駝特別害怕營火冒出來的煙霧，因此只要聞到木頭燃燒的氣味，牠們馬上就往沙漠裡逃竄。

我不是個獵人，一輩子都不是，這並非出自佛教禁止殺生的戒律。明知道無法重新點燃一息火苗，我絕對不會去吹熄它，尤其是像野駱駝如此尊貴的動物，我又如何忍心痛下殺手，更何況牠們才是這片沙漠的主人，我充其量不過是個入侵者。另一方面，我在旅途中經常帶獵人同行，不只是爲了確保糧食無虞，同時也爲了替科學作標本收集。伊斯嵐使用博爾登（Berdan）步槍相當熟練，至於梅爾艮和他兒子柯信，更是技藝出眾的獵人。我的四個手下都沒有見過野駱駝，對我而言，親眼目睹矯健的野駱駝氣勢雄渾地奔跑在沙漠上，一直是我長久以來的夢想。

大家的情緒越來越緊繃，二月十一日，我們穿越逐漸升高的沙丘向北方前進時，發現河床越來越不明顯，白楊樹也偶爾才見得到，而且大部分已枯死，樹幹萎縮，像玻璃一樣脆弱易碎。沙漠延伸到塔里木河的直線距離長達一百五十哩，比起去年我們旅隊從四月二十三日到五月十五日之間走過的距離還遠，而此刻，我們所能攜帶的飲水只有四隻充氣羊皮的量！這的確是大膽的冒險，不過冬天的寒冷氣候對我們有利。我們能成功嗎？前面等著我們的會是一場災難嗎？當眼前的沙丘愈形高聳，植物反而漸次消失，而瀰漫在我們之間的緊張氣氛令人窒息，那不是很詭異嗎？

慘遭獵殺的厄運

二月九日，我們看到一撮淺紅棕色駝毛卡在一枝檉柳的針葉上，那是我們首次發現到野駱駝的蹤跡。第二天我們見到許多新印上的駱駝足跡，朝四面八方分散；二月十一日，我們嚴密偵查可能的線索，獵人柯信扛著他的古老燧發槍（flint-lock）一馬當先。

突然，柯信像被雷電擊中似的停在原地，他比劃手勢要我們也停下腳步，然後他蹲下來在草叢間爬行，動作恰似一隻豹子。我迅速趕上他，眼前正是一小群野駱駝，有人開了一槍，受到驚嚇的駱駝瞪視我們所在的方向，旋即轉身向右方逃逸，不過，牠們的首領（一頭十二歲的公駱駝）只跑了幾步就仆一聲倒在地上。

我們碰到的第一批野駱駝

我們就在駱駝倒地的地點紮營，摔倒的沙漠之王堪稱美麗的標本，牠身長十呎又十吋，腹圍七呎。這天剩下來的時間，我們都忙著爲那頭駱駝剝皮，之後我們用加熱的沙子覆蓋皮毛內層，藉此減輕重量。

我們在一處凹地掘井，可是掘到十．五呎的深度仍然一無所獲，因此我們決定第二天留在原地不動，避免過於深入沙漠而危及回返的行程。

井越挖越深，挖到比十三．五呎深一點的地方，才看見細微的水滲流出來，我們用水桶一滴一滴地接，好不容易接滿了一桶，趕快吊到地面上。我們先讓駱駝和驢子喝飽肚子，再將充氣山羊皮灌滿水。

第二天我們朝一片不知名的沙漠前進。野駱駝的皮由一隻驢子馱著，沿途河床依舊清晰可見，但是到了晚上，河床消失在移位的沙丘底下。現在沙丘的高度大約是二十五呎。

正當我們離開時，看見一群為數六頭的野駱駝，一頭是年老的公駱駝，另外兩頭年輕的公駱駝，還有三頭母駱駝。伊斯嵐開槍射死那隻老駱駝，我們將駝峰裡的脂肪和一些肉割取下來，又把駝毛剪下來編成繩索；後來又碰到只有五頭成員的野駱駝群，我還來不及阻止，伊斯嵐已經開槍射殺一頭母駱駝，牠中槍倒地的姿勢好像正在休息一般，我們趕到牠身邊，我趁牠還活著儘速畫了幾張素描。母駱駝的眼睛不看我們，而是絕望地凝視這片即將永別的沙漠；臨死之前，母駱駝張開嘴咬緊地上的沙子。我下令從此禁絕任何殺戮。

我驚訝地發現野駱駝竟然十分缺乏戒心。當我們站在逆風方向時，甚至可以靠近牠們到兩百呎的近距離，牠們瞪視著我們所在的方向，如果正躺在地上反芻，就會即刻站起身來。先前提到的第二群野駱駝即大約跑了五十步後停住，繼而謹慎地觀望我們的動作，而且重複兩次這樣的舉動，似乎對我們充滿好奇心，連該逃命都忘記了。正因為如此，獵人才能在射程內不費吹灰之力射殺野駱駝。

旅隊中三頭馴養的駱駝一看見這些野生的近親，馬上變得相當狂野躁動。現在正值牠們的發情季節，只見牠們低吟嘶鳴，用尾巴拍打背部，磨蹭著牙齒，嘴裡還流出片狀的白色涎沫。當牠們看見那頭垂死的母駱駝時顯得十分激動，必須用繩子才拴得住。牠們滾動眼珠子，熱情地嘶吼，夜裡我們必須將牠們牢牢拴住，否則牠們肯定全部追隨沙漠裡的親族去了。

接下來的幾天，我們又看到好幾群野駱駝，也見到行單影隻的駱駝；最後因為已經習慣了這些野獸，也就不再特別注意牠們。我喜歡用望遠鏡追尋牠們的一舉一動，不管看幾遍也不感到厭倦。騎在高高的馴養駱駝上，我能盡情飽覽四方的景致，觀賞野駱駝在沙地上悠閒奔馳，時而踢踏漫步，時而恣意狂奔；牠們的駝峰比馴養的駱駝小而堅挺，馴養的駱駝因為經年馱載背包和物品導致向側面垂倒。

深入游移莫測的沙漠

每往前走一步，我們就越深入廣袤難測的沙漠，也越遠離克里雅河最末端的三角洲，直到二月十四日，還可見得到這條河流的老河床。我們很幸運，每天晚上掘五、六呎深的凹洞，總能夠輕易找到水。第二天，沿路的沙丘升高到一百呎以上，隨著地勢攀升枯死的樹林也越來越常見。再往下走一天，我們意外地發現一處綠洲，而且凹地裡長著七十株欣欣向榮的白楊樹；我們並且看見一隻豹子的足印，還有許多乾燥的駱駝糞。天氣冷得刺骨，燃料倒是不缺乏，因為我們盡量選在枯樹林附近紮營；我趴伏在沙地上，藉著營火的微光寫日記，手下們則忙著準備晚餐、照料牲口、挖掘水井，或是蒐集燃料。對於我所觀察到的一切事物，我覺得自己像是個至高無上的君王，過去未曾有白人涉足過地球上的這一片土地，我可謂古往今來第一人，每踏出一步都是人類知識的新斬獲。

二月十七日，盛水的充氣羊皮又空了，幸好我們在六呎深的地方找到水源，水滴滲出的速度極爲緩慢，接到的水只夠人飲用，所以另外再裝滿一隻充氣羊皮。次日，沙丘直有一百三十呎高，眺望北方，只見到貧瘠的高聳沙地，手下們都感到無比沮喪，因爲我們已經喝光最後一隻充氣山羊皮裡的水，而整晚的挖掘工作也徒勞無功。墊在一個馱鞍裡的乾草被迫拆下來餵食駱駝；驀地我們發現一隻狐狸向北竄跑的足跡，我們的希望再度點燃。也許，塔里木河畔的樹林離我們不遠了。

等到二月十九日拔營時，連最後一滴水也沒有了，我們決定萬一當晚再挖不到水，就要折返上次找到水源的地方。

我們繼續跋涉，不久，雜沓的駱駝足跡又出現了，同時沙丘漸呈低緩，沙丘之間的凹地經常可以找到被風吹落的樹葉。我們暫時停在一片蘆葦叢生的原野，好讓駱駝吃個飽；一邊挖掘沙地直挖到五呎深度，才找到水源，可惜水是鹹的，連駱駝都不肯喝。

豐富之旅

儘管如此，我們依舊堅持朝北方行進，沒有走多久，沙丘的高度又慢慢降到平坦如席；從最後一座沙丘頂上，我們看見遠方塔里木森林呈現出的深色線條。一條曾經是塔里木河支流的溪水，現在成了結冰的池塘。當時我們應該就在那裡紮營，可是我們認爲河水必然就在附近，不如繼續走下去。行行復行行，我們穿過了蘆葦叢和樹林，卻一直沒有見到塔里木河的蹤影。暮色包圍著我們，夜晚跟著降臨，一叢濃密得讓人無法穿越的莽林硬是擋在我們面前，這是我們缺水的第二個晚上。

天亮了，我們在莽林中披荊斬棘，開出一條可行的路。行進中，我們發現一個結了冰的池塘，於是停下來紮營，不論是人或牲口，無不肆意地暢飲。第二天，我們渡過結冰的塔里木河，河寬達五百二十呎。就在這裡我讓梅爾艮和他兒子柯信離隊，返回和闐的家，除了奉上金錢作爲酬勞，我還把驢子送給他們，另外他們也帶走獵得的野駱駝毛皮。

當我們抵達沙雅（Shah-yar）小鎮，距離出發的日子足足有四十一天了，途中不但跨越廣大的沙漠，也繪圖記錄了當時仍是處女地的河流較低處的部分。此外還發現兩座古城，以及難以接近的野駱駝樂園。

我不想沿著已經知道的路返回總部和闐，於是決定繞遠路轉到東方的羅布泊，然後沿著南方的道路騎馬回和闐；這條路即是馬可孛羅曾經探勘過的路線。按照我的計畫，這趟行程將有一千兩百哩長，現下糧食已經告罄，可是這難不倒我們，大不了和當地土著吃一樣的食物。我沒有帶任何關於東部區域的地圖，那也不打緊，我已經準備好自己畫一張新的地圖；我的中國護照留在和闐，不過或許用不著。由於日記本和素描簿都已經用完，因此我在沙雅買了一些中國紙張；我的菸草也已經抽完，順便也買了一隻中國水煙和當地生產的酸菸草，滿足一下自己。

沙雅的泰米爾長老（Temir Bek）要求查看我的中國護照，然而我無法出示，他因此宣布不准我們走這條通往東邊的道路，偏偏我們棋高一著，暗中溜進塔里木河邊的濃密叢林裡，可謂神不知鬼不覺。

第二十六章

撤退一千二百哩

由於篇幅有限，我必須儘速說明長途跋涉返回和闐的經過，而且我已迫不及待想要這麼做，因爲我將在後面一章敘述最精彩的部分，也就是羅布沙漠和會移動的羅布泊。

有兩週的時間，我們沿著塔里木河沿岸在樹林中行進，一路上都有好心的牧人指點迷津。此時已經到了野雁開始飛翔的季節，我對牠們情有獨鍾，每天高興地欣賞他們成群在空中翱翔的美姿；白天雁群飛得很高，入夜後則改爲低空飛翔。晚上，我們總會聽到牠們在隱形的航道上聒噪的鳥語，顯然，所有的野雁都是循著完全相同的路線飛翔。

焉耆的城門

我們在三月十日抵達小鎮可拉（Korla），受到來自西土耳其斯坦的商人庫爾（Kul Mohammed of Margelan）的熱忱款待。庫爾綽號「白鬍子」（aksakal），他陪我騎馬到鄰近的城市焉耆（Yanqi）——就科學的觀點而言，這是一趟收穫豐碩的郊遊——我在那裡冒險拜見中國總督樊大人，我到他的衙門去，開門見山坦承我沒有護照。

「護照！」這位彬彬有禮的紳士臉上堆滿愉快的笑容說道：「你不需要護照，你是我們的朋友和貴賓。你本身就是一本護照了！」

樊大人的善意不僅於此，他還給了我一份文件，讓我可以在他的管轄區裡旅遊自如。

為伊斯嵐討回公道

等我回到可拉，伊斯嵐哽咽著聲音告訴我，在我出門期間他遭遇到的不愉快。有一天，他非常悠閒地坐在市集裡，和一位西土耳其斯坦商人聊天，當時有一名中國軍官帶領四位士兵騎馬經過，他們手持象徵皇帝威權的令旗，市集裡每個人都站起來藉以表達對那只令旗的尊敬，唯有身為俄國子民的伊斯嵐聞風不動坐著。中國士兵見狀躍下馬，抓住伊斯嵐並扯開他的衣領加以鞭打，直到他血流如注才罷手。

受到污辱的伊斯嵐對於欺負他的人盛怒難消，要求報復他們以洩心頭之恨。我因此寫了封信給軍隊統領李達洛，詢問他哪一條法律規定中國士兵可以毆打俄國百姓，我並且強硬要求他懲處這些軍人。李達洛立刻前來見我，一再賠不是，不過表示很遺憾不知道是哪些手下幹的；我要求他安排整支軍隊列隊遊行，由伊斯嵐自己指認。

當毆打伊斯嵐的帶頭軍官走過我們面前，伊斯嵐大叫：「就是他！」現在輪到這名軍官受鞭笞了；正義得到伸張之後，伊斯嵐表示他滿意了，於是李達洛領著他的軍隊邁步離去。

我們在卡拉買了一隻有火燄般毛色的小狗，屬於亞洲種的猛犬，我們還是管牠叫尤達西，牠很快就集眾家寵愛於一身。我在三月底離開可拉，同行的有伊斯嵐、堅恩和兩個識途老馬的當地人，牲口則是原有的三頭駱駝和四匹馬。這次，我們沿著塔里木河下游最大的支流孔雀河左岸朝東南方前進，尤達西因爲還太小，無法自己跑步跟上隊伍，我們只好將牠放在一頭駱駝背上的籃子裡，可是駱駝不斷前後搖晃，但見尤達西被震得七葷八素的。尤達西長大之後變成我最好的朋友，跟著我走遍西藏和中國，從北京到蒙古，從西伯利亞到聖彼得堡，若非俄國是狂犬病疫區，使得我無法帶牠入境瑞典，我肯定會帶牠回斯德哥爾摩。既然無法如願，我便將牠寄放在巴克倫教授（Professor Backlund）那兒；巴克倫教授也是瑞典人，在聖彼得堡南方的蒲爾高瓦觀測站（Pulkova Observatory）擔任站長，我打算等檢疫措施取消後再帶牠回國。然而尤達西畢竟是一頭亞洲猛犬，牠已經習慣保護我們旅隊，任何風吹草動都會挑起牠的攻擊，因此寄養在蒲爾高瓦高級宅邸所需要的文明教養，牠卻完全缺乏；一開始，牠就把方圓半哩內所有能捕捉到手的貓都咬死，牠甚至酷愛撕裂觀測站訪客的長褲，弄得做主人的賠了不少錢。尤達西還咬傷一位老婦人的腿，基於此，巴克倫認爲將牠寄養在遠離蒲爾高瓦的農村會是較爲明智的做法，從此我就失去這個忠實旅伴的音訊，也不知道牠最後的命運如何。回歸到眼前的故事，年輕的尤達西首次加入旅行的行列，仆臥在駱駝背上搖搖晃晃的籃子裡，正朝孔雀河的河岸邁進。

勘查羅布泊的位置

這趟旅行的目的地是塔里木河的內陸三角洲和羅布泊。馬可孛羅是第一位描寫羅布泊沙漠和與它同名的大城市的歐洲人，當時，這位名聞遐邇的威尼斯商人並不知道還有羅布泊這個「湖泊」，但是幾百年來，中國人早已知曉羅布泊的存在，也清楚它的地理位置，這從中國在諸多不同時期所繪製的地圖上，羅布泊都已標示出來足以證明。而首位深入羅布泊湖畔的歐洲人是偉大的俄羅斯將軍普哲瓦爾斯基，他於一八七六到七七年間旅遊此地，發現這座湖的位置比中國地圖上所標示的整整向南偏移了一度，這項發現啓發了遊歷中國的著名探險家李希霍芬男爵，因而發展出一項理論：他認爲塔里木河三角洲經過多年的變動，致使羅布泊的位置向南移動了一度。

繼普哲瓦爾斯基之後，又有四支探險隊造訪羅布泊，〔分別是凱瑞〔Carey〕與道格利緒〔Dalgleish〕、邦伐洛特〔Bonvalot〕與奧爾良的亨利王子〔Prince Henry of Orleans〕、李陀戴爾、皮耶弗佐夫〕，他們忠實地按照普哲瓦爾斯基將軍所敘述的路線行進，卻沒有一個人想到去確認一件重要的事，就是：更往東方去是否還有其他水系？現在我決定進行這項查勘，這是解決羅布泊問題的第一步，孰料後來竟引發激烈的爭議。

前往塔里木河三角洲的路上，我已經聽說東方有一條水路，主要水源來自孔雀河，位處前輩探險家所走路線的東方，這條水路構成一整串的湖泊，位置和中國地圖上的羅布泊緯度正好相同。我循著所有湖泊的東岸行進，湖面幾乎都被蘆葦所盤據。一八九三年，俄國的柯茲洛夫上尉（Captain Kozloff）發現一條乾涸已久的支流，那兒一度是孔雀河的河床，似乎是依著湖泊群北方繼續向東流，當地人稱它作「沙河」或「乾河」。在後續的探險行程中，我有機會將這條水路的完整路線畫出來，並且發現它的重要性。

獨木舟之旅

我們依傍這群湖泊折往南方，路上到處有沙丘和樹林橫阻，有些老樹林已經枯死，另外一些年輕的樹林仍舊欣欣向榮；還有寬闊濃密的蘆葦叢，使得我們每一步都走得好艱辛。我們一行人來到名爲鐵干里克（Tikkenlik）的小村落。當我們帶領駱駝渡過孔雀河時，碰到很大的麻煩，因爲河水過於冰冷，駱駝不肯涉水游到對岸，於是我們把幾艘當地土著所用的狹長獨木舟綁在一起，上面墊著木板和蘆葦，然後試圖帶領第一頭駱駝渡河，接著兩頭駱駝陸續過河。不過，這些可憐的牲畜嚇壞了，牠們抵死不從，最後只好把牠們牢牢綁在這種怪異的木板上過河。

天氣變暖和了，白天溫度達到攝氏三十三・一度，到晚上往往被蚊蚋叮咬得體無完膚，我在臉上、手上塗抹煙草油防蟲，有一次甚至放火燒了整片濃密的乾蘆葦叢，藉以趕跑嗜血的昆蟲。當火燄燃燒蘆葦稈時，草稈爆開的聲音彷彿步槍發射子彈，整個晚上，我們就在持續不斷的霹哩啪拉聲中躺著休息。火勢延燒相當大片的區域，將大地照得明亮如白晝。

我和伊斯嵐在堪姆切喀（Kum-chekkeh）——一個很理想的釣魚地方——分道揚鑣，他繼續沿著主要道路前往馬路和三角洲的交會點，我們說好在那裡會合。我自己則雇了一艘長二十呎、寬一呎半的獨木舟走水路；獨木舟是用白楊樹幹刨空做成，前後兩端各配備一位划手，他們搖著槳穿過湖泊、支流，送我到與伊斯嵐會合的地點。這段路程相當愉快，我坐在獨木舟中央的一張便椅上，手裡拿著羅盤，膝上放著錶和地圖，畫出沿途行經的路線。尤達西趴在我腳邊，顯然認為這種旅行遠勝過駱駝背上的顛簸。划手站得挺直，扁平的槳幾乎以垂直角度划進水裡；獨木舟在水上快速滑行，使得船尾捲起一圈圈漩渦，河岸飛也似的向後溜過去，當船撥開雜亂叢生的蘆葦前進時，會發出唰唰和喀啦喀啦的聲響。其中一位划手老庫爾班（Kurban）在這個地區打獵已有五十年的經驗，他記得該地一片乾旱的景象，也記得二十年前射殺一頭野駱駝並把皮毛賣給普哲瓦爾斯基的事，

康切勘長老

這位買主正是第一個涉足此地的歐洲人。

有一天颳起了一場最強的黑色風暴，狂野的威力橫掃大地，連巨大的白楊老樹也在強風襲擊下柔順地屈身折腰；我們根本不可能划獨木舟出去，只能靜靜地躺在蘆葦草棚裡等待風暴停息。當地居民熱情地迎接我們，並拿出剛捕抓到的鮮魚、野鴨、雁蛋、蘆葦嫩芽款待我們，整趟行程，我們都以土著的食物果腹，外加鹽巴、麵包和熱茶，倒也相當豐富。

幾天之後，我們抵達小村莊阿布旦（Abdal），村民居住的蘆葦草棚是塔里木河沿岸最原始的樣式，阿布旦剛好位在塔里木河注入羅布泊匯流點上方，村裡的首長是高齡八十的康切勘長老（Kunchekkan-Bek，原意爲「朝陽首領」），他曾經和普哲瓦爾斯基以朋友相稱，現在更是用最摯忱的禮數招待我們。長老向我們陳述他奇妙的一生，並爲我們講解當地的河流、湖泊、沙漠和野獸，同時邀請我一起乘坐狹長獨木舟出遊，向東穿過蘆葦叢與淡水湖交雜的地帶。這種地理型態堪稱奇特。

夜遊情調不遜威尼斯

塔里木河從阿布旦以下分岔成好幾條支流，我們的獨木舟順著其中一條支流划行，不久就看到前方擋著一大叢蘆葦，阻絕了我們的去路，可是划手知道如何應付，他們把獨木舟划

黑暗、狹窄的蘆葦叢走廊

進隱藏在蘆葦之間的走廊入口，這條廊道十分狹窄，使我們完全看不見船底下的水，也看不到頭頂上的天空。這些隱匿於蘆葦叢中狹仄的運河可供永久使用，因爲居民們將走廊裡的蘆葦連根拔掉，並抑制新生的蘆葦繼續成長。當地人將植物纖維編織成小網張設起來，排成並行的長列，他們利用這種方式捕捉新鮮的魚類，而漁穫正是羅布人每餐不可少的主食。

我量了一下最高的蘆葦，從根部到頂上開花的部位有二十五呎高，從水平面的高度，將拇指和中指圈起來，只能勉強圈住一株蘆葦的莖。通行其間，處處可見蘆葦被風暴蹂躪的殘敗痕跡，尤其水上傾倒的蘆葦層層疊疊，甚至可以讓我們在上面行來走去。野雁喜歡在這種地方下蛋，有兩回我們經過這種蘆葦傾倒的地方時，一位嚮導像貓一樣躡手躡腳跳了上去，過了一會兒，就瞧見他雙手捧滿美味的野雁蛋回來。

傍晚時分，我們划出狹隘的蘆葦走廊，抵達寬闊的水域，看見成群飛落的野雁、野鴨、天鵝，以及其他種類的水鳥悠游在水面上。我們選了北岸一處空曠的地方紮營；第二天，我們繼續划著獨木舟到達湖的盡頭，夜幕低垂，大夥兒沐浴在皎潔的月光下回到阿布旦。這段夜遊亞洲心臟地帶的旅程，竟洋溢著水都威尼斯的情調。

改乘馬匹完成旅程

從阿布旦到和闐的路程綿延六百二十哩，我希望盡快完成這趟旅程，而能夠如願達到的就是騎馬。因此，我在小城婼羌忍痛賣掉三頭陪伴我好長一段時間的駱駝，對於這次在地理和考古上都有新的發現，牠們確是大功臣。我最捨不得的是那頭背著我穿越沙漠和樹林的好駱駝，每天早上，牠總是用鼻子將我推醒，然後提醒我別忘了餵牠吃兩塊玉米餅。雖然心有不捨，傷心道別的時刻終歸還是到了，買下三頭駱駝的商人自己來把牠們帶走，我恨死他了！眼看著駱駝走出空盪盪的前院，身影逐漸消失時，我的眼眶中忍不住盈滿淚水；那幾頭富有耐心、冷靜沉著的駱駝是眞的走了，走得昂然闊步，然而橫在牠們面前的卻是新的苦役和冒險。

我們的心思很快就被其他的事給轉移了，婼羌的民政官員李大人差了一個使者到我住的地方，要求查看我的護照，我對他說護照被我留在和闐，李大人因而下令禁止我走那朝西通

我們的道路被蘆葦堵住了

往和闐的路，不過他他允許我可以循原路折返和闐！他還明確宣告，如果我意圖違反禁令，取道且末和克里雅抄近路返回和闐，他將會逮捕我！

我佇立在那兒凝望眼前已經走過的道路，等著我們的是穿越樹林和沙漠的旅程，而且又是令人窒悶難耐的酷暑。這叫我怎麼走！那天晚上，統領席大人前來拜訪，他是個和藹可親又通情達理的人，他向我打聽我的整個旅程狀況。

他問我：「你就是那個去年在塔克拉瑪干沙漠損失旅隊，自己還差點兒渴死的人嗎？」

我證實了他的迷惑，他顯得十分開心，詳細探詢我探險過程的細節。他專注聆聽，就像孩子聆聽奇妙的故事一般聚精會神。到最後我向他抱怨李大人的刁難，他告訴我毋需煩惱。

第二天，我到席大人府上回拜。

「我的逮捕令怎樣了?」我問他。

席大人放聲大笑，說道：「李大人簡直瘋了，我是這裡的統領，沒有我的許可，他不敢叫士兵逮捕你，你只管走最近的路回和闐，其他事情讓我來處理。」

我非常感激他的仁慈。我隨即買了四匹新馬，再次向我忠實的駱駝們告別，然後上路出發。我騎馬穿越車爾成河（Cherchen-daria）畔的樹林，行經以掏金聞名的珂帕（Kopa）河床，最後路過克里雅回到和闐——我們三個風塵僕僕的騎士抵達和闐時已是五月二十七日。

第二十七章

亞洲核心的偵探故事

一回到和闐，我的首要工作是去拜訪總督劉大人。接下來，我們那次沙漠蒙難記便開始像連續劇的情節有了後續發展，整件事情和偵探故事一樣懸疑刺激；去年被我們視爲救難天使的一些人，出乎意料地竟都變成流氓和小偷的角色。

因爲拿水給伊斯嵐喝而救了伊斯嵐一命的三個商人當中，爲首的尤賽普曾經拜訪年長的西土耳其斯坦商人薩伊德（Said Akhram Baï），當時尤賽普送給薩伊德一把左輪手槍，一來希望他保持緘默，不要聲張，二來表示善意。誰知薩伊德事前已經接獲裴卓夫斯基的警告，於是便主動供出尤賽普；隨後尤賽普遭到官方的尖銳盤問，他只好從實招認左輪手槍原是塔維克凱爾村的村長陀各達長老（Togda Bek）所有。薩伊德立刻把手槍交給劉大人，劉大人則轉交給喀什的道台，這就是後來我從道台手中拿回的那一把瑞典陸軍左輪手槍。

精彩刺激的間諜戰

尤賽普發現大勢不妙，趕緊潛逃到烏魯木齊❶。這廂薩伊德則派出一個狡滑的間諜來到塔維克凱爾村，在陀各達長老家裡謀了一個差事，爲長老照料羊群；有一天，這個間諜到陀各達長老家索討工錢，卻被擋在門口，儘管如此，他還是看見長老和其他三個人盤腿坐著，擺在他們中間的是一些布滿塵土的舊箱子，裡頭的東西散置在旁邊的泥地上。而這三個人正是我們的旅隊遇難之後，陪伴伊斯嵐返回沙漠找尋失物的獵人梅爾艮和他的兩個兒子柯信、托格達，其中梅爾艮和柯信甚至伴隨我尋訪古城遺跡和野駱駝的棲息地，當時我一點都不知道四名手下裡，居然有兩個是小偷，甚至曾經掠奪過我的財物。

再回頭看看間諜這邊的進展。他窺探到的景象已經足夠交差，於是躡手躡腳走回牧羊的地方，一等到確定已在陀各達長老屋宇所及的視線之外，他立刻躍上所遇到的第一匹馬，策馬儘速趕回和闐。間諜消失後不久，陀各達長老察覺情況有些不對勁，便派出一組人員騎馬隨後追趕，不過為時已晚，間諜已經遙遙離他們很遠了。

間諜抵達和闐之後，向薩伊德說明整個經過，薩伊德跟著稟報劉大人，劉大人即刻派遣兩名中國軍官帶領一些士兵前往塔維克凱爾村。

在這同時，陀各達長老明白他已經脫不了干係，必須施點手腕方能化險為夷；他心想寧可犧牲這些不義之財，也不能讓目前的地位和職務有所動搖，因此他把偷來的東西裝回箱子裡，然後運送到和闐。陀各達長老在運送的途中和劉大人的人馬不期而遇，他捏造了一個故事，表示有人發現這些失蹤的東西，幾天前才送到他家去，而他現在正準備把東西送到中國衙門。於是整支隊伍回返和闐，陀各達長老和其他小偷都被安置在一家商隊客棧裡；沒想到薩伊德也在客棧裡安排了幾位間諜，他們竊聽到陀各達長老和三個獵人討論如何串供，以應付官府的訊問。

掌握了充分的資訊後，薩伊德便對嫌犯進行審問，三名獵人的供詞是：那個冬天，他們爲了追蹤一隻狐狸的足跡而深入沙漠西方，結果來到一座散落著麵粉的沙丘；可能是因爲我們先前丟棄過的一些食物，狐狸被食物氣味所吸引，而一再流連於死亡營地。

獵人發現狐狸的腳印並沒有再往西走，他們因此推斷出一個正確的結論，這座沙丘一定是我們捨棄帳棚和箱子的地點；經過一番挖掘，終於發現被沙子掩埋的帳棚，這些帳棚也許在被夏日沙暴淹沒之前，早已經被風掀翻了。既然找到帳棚，要把我們遺留在帳棚裡的箱子掘出來，自是輕而易舉的工作了。這些獵人根本不知道還有兩名旅隊的隊員，當時很可能已經死在帳棚外了。獵人把箱子裝上驢背，他們自己則扛著裝水的充氣山羊皮。

不知是透過什麼管道，塔維克凱爾村的陀各達長老聽到風聲，他把這三位生性忠厚老實的獵人找去，說服他們把箱子帶到他的家裡，並且藏身在長老家裡一段時日。後來我正好要去探訪古城遺跡，雇用了梅爾艮和柯信加入旅行隊伍，所以實際上，他們對旅程中發生的整件事瞭若指掌，卻一句話也沒有提起。等他們帶著野駱駝皮毛回到和闐時，已經知道事情經過的劉大人即下令逮捕他們，獵人們除了挨一頓鞭子，還鋃鐺入獄。

我回到和闐後，劉大人把我遺失的東西全部歸還，由於我已經從歐洲添購全新的裝備，這些東西已不再是那麼重要了，何況所有已曝光、未曝光的底片都被拆下來，連照相機裡的玻璃板也成了塔維克凱爾村住屋的窗玻璃，這時再留著笨重的照相機和腳架又有什麼意義！

劉大人打算進一步刑求犯人，要他們多供出一些實情，可是被我阻止了。在最後的一次審訊，陀各達長老和三位獵人爭相怪罪對方，劉大人以所羅門王式風格裁決他們必須償還我的損失；根據我保守的估計，這些東西價值一百英磅。不過我表示不要他們的賠償，況且已經造成的損失是無法用金錢彌補的。然而劉大人爲了殺雞儆猴，堅持不能對他們善罷甘休，所以最後的結論是，他們必須賠償相當於三匹馱馬的金錢，也就是大約二十英磅。顯然陀各達長老是那個必須掏腰包的人，因爲獵人們根本一無所有。我確實替他們感到難過。

是夢想，也具地理探勘意義

要是有讀者提出下面這個問題，我一點也不會感到驚訝：「你這樣冒著自己、手下，還有駱駝的生命危險，以及有可能損失一切的裝備，不顧一切在乾旱的沙漠裡長途旅行，究竟所爲何來？」

我的回答是：儘管保存最詳盡的亞洲內陸地圖上指出，東土耳其斯坦的沙漠是否眞的存在還有待證明，因爲從來沒有歐洲人到那裡旅行，有鑑於此，實地堪查這塊位處地球一方的眞相，就變成地理研究上一個尙待完成的任務。此外，根據傳說，此地留有古文明的遺跡，如今完全埋沒在飄忽不定的滾滾黃沙中，這種說法也應該存疑。還有，我們都看到的，如同前文已經敘述過，我懷抱的探險夢想終究一一實現；截至目前，我的探險隊的確發現了兩座古城的遺跡。

我也提到過，這些古城遺跡未來將成爲考古專家挖掘與研究的對象，關於這一點我也沒有失望，只不過要到十二年後才眞正實現。至於將這項願望付諸實現的正是我的朋友史坦因爵士（Sir M. Aurel Stein）。史坦因爵士出生於匈牙利，是英國著名的考古學家，他在印度政府的支助下接受這項艱難卻正合他意的任務。放眼當今世上，能夠勝任挖掘我所發現的兩座古城當眞非他莫屬，因爲他對該地和亞洲其他地方的研究成果豐碩。後來在我的推薦下，瑞典地理學會（Swedish Geographical Society）特地頒給他「瑞茨歐斯❸金獎章」（Retzius Gold Medal）。

一九〇八年二月開始，史坦因爵士大膽循著我走過的路線，沿著克里雅河、穿越沙漠；他根據我所繪製的地圖爲指標，只是行進方向跟我相反，他是從北到南穿過沙漠。在史坦因爵士所著《中國沙漠遺跡》（*Ruins of Desert Cathay*）第二冊裡有如下的描述：

> 假如我在庫車❹時就明白到了沙雅不一定找得到嚮導，那麼我在直搗沙漠和克里雅河之前也許會猶豫一下，因爲缺少嚮導，我片刻都無法躲避這項任務的極端艱難和潛在風險。當年赫定從南向北走時，在克里雅河終點轉向下一個大目標，他很確定假如繼續往北方走下

去，塔里木河必定會在某一地點和他的路線交會。但對於從北向南行進的我們而言，情況完全不同。我們想在合理時間內找到水源的希望，全仰賴能否在高聳的沙丘間行進一百五十哩路，絲毫無差地抵達一個特定點——克里雅河的終點，這條河並沒有與我們的路線交叉，而是呈完全相同的方向流淌。當然還得加上一個假設：赫定見過的克里雅河最好依然流水淙淙。

現在我從經驗已經完全了解，單憑羅盤冀望在無任何地標指引的茫茫沙海中朝正確方向行進，是一件多麼困難的事！無論我多麼信賴赫定細心描繪的地圖，都不能忽視一項事實：在這樣的地形中，純粹靠前人走過的路線來推測經度，必然會衍生相當大的歧異，而現在我們的情況又必須絕對依賴這些假設爲正確的經度。多年前，河、沙作殊死抗爭，因而留下乾涸的河床，萬一我們無法找到河流盡頭的三角洲，處境之危險可想而知。屆時將沒有任何指標可以告訴我們河流到底在東邊還是西邊，而我們卻渴望能在那兒找到河床，至少可以掘井找尋地下水。假如我們繼續朝南前進，在飲水完全喝完的情況下，牲口還來不及走到崑崙山腳的水井線和綠洲，恐怕早已渴死，也許連人也無法倖免；這絕對是凶險萬分的處境。

史坦因爵士把他個人的生命，及其手下、牲口的生死全押在我繪製的地圖上，一旦我的地圖稍有疏失，將我在沙漠裡找到克里雅河終點的位置畫偏差了，史坦因爵士將可能因此被誤導，行至無人地帶而致喪失奧援的機會。因此我擔負極重大的責任，即使到今天，我仍然爲史坦因爵士對我的地圖具有十足信心而感到欣慰。人命關天，他絕不可能拿自己和別人的生命下沒有把握的賭注，此外，史坦因爵士比我多占一項優勢，就是他從我的經驗中曉得駱駝和驢子可以跨越沙丘。我自己可沒這麼幸運，當我從河流終點深入沙漠探險時，對此事其實毫無把握。史坦因爵士的探險隊平安完成任務，等到所有險惡都已事過境遷，他寫下這段話：

我……悠然見到一處遼闊如河谷般的狹長地帶，上面有枯死的樹林和生機盎然的檉柳；這片狹長土地朝西南西方迤邐延伸。我們剛才見到的黃沙高地和這片綿延的枯樹林都和赫定的描述不謀而合，當他從南方往北行進時，就是在這裡失去乾涸河床的蹤跡。事實上，我幾乎可以肯定已經找到赫定地圖上所顯示的第二十四號營地，可見赫定地圖的正確性已經獲得了證實，而我們自己的方向也掌控得相當成功。

兩次冒險，一樣的情懷

幾個月之後，史坦因爵士的行程轉向北方，沿著和闐河往下游前進，這時距離我的沙漠之旅已有十三年之久；聽他述說如何找到那個救了我一命的水池，也就是我用靴子汲水給卡辛喝的池塘，不禁激起我高昂的興致。以下是我直接從他書裡摘出的一段（第二冊，四二〇頁）：

四月二十日，我從馬撒爾塔格山出發，沿著和闐河乾枯的河床向下游走，目的地是阿克蘇。我們以迅捷的速度旅行了八天，已經來到和闐河與塔里木河的匯流處，在這段路程中，我們忍受越來越熾熱的沙漠氣溫，以及一連串的沙暴，這些經歷使我完全體會赫定於一八九六年（確實年代是一八九五年）五月首次橫渡塔克拉瑪干沙漠的艱困。當年在牧人營地與赫定重逢的卡辛帶我去看那個淡水湖，地點在河右岸二十哩外；這座水塘的確是旅人的救星，當旅人掙扎著跋涉過「沙海」而幾乎死於乾渴時，水塘適時發揮的救命功能不言可喻。我們在和闐河的右岸發現一些類似的水池，彼此相隔頗長的距離，池水保持穩定的高度，加上水質甘美清新，在在證明這些池塘底下必然蘊藏水量穩定的水源，這條地下伏流大概也是沿著和闐河床向下游流淌，即使在最乾燥的季節，涵蓋範圍也達一哩以上。

當年吸引我冒險一探塔克拉瑪干沙漠的地理問題，同樣挑逗著史坦因爵士；十八年後，他循著與我相同的路線穿越塔克拉瑪干沙漠。他和我想法一致，咸認爲馬撒爾塔格山是一條橫貫整個沙漠的山脈，走勢起自西北止於東南，唯一不同的是，史坦因選了一個更合適的季節出發。他於一九一三年十月二十九日展開旅程，而我則於四月二十三日出發，換言之，等在史坦因前面的是寒冷的冬天。他選擇的起點也和我一樣，就是我發現的那座長條型湖泊的南端。當年，我走了十六哩路之後，發現山脈並沒有繼續往沙漠裡延伸，因而改變行程轉由東方筆直前進，打算穿過整個沙漠。至於史坦因則走了二十五哩路程後，也察覺到這條路線風險太高，於是中途放棄並折返湖泊。他實在比我這個凡夫俗子高明多了！史坦因對這段旅程有這樣的描述（《地理雜誌》〔Geographical Journal〕，一九一六年八月號）：

鄰近山丘有一座湖泊，水源來自葉爾羌河豐沛的河水，但是我們發現在湖泊盡端的水卻是鹹的。一八九六年五月（確實時間為一八九五年四月）赫定就是從這裡出發向東穿越沙漠荒地，結果整支旅隊全軍覆沒，他自己則在千鈞一髮中逃過一劫。我們的路線朝東南方行進，在沙丘之海中舉步維艱地走了三天；沙丘彼此之間離得很近，而且一開始坡度就十分峭陡，現在更是穩定爬升和我們的方向幾乎保持斜線交叉。在第二天的行程中，所有的植物（不管死活）一概被我們拋在身後，眼前僅見無盡延展的高聳沙丘，沙丘之間沒有絲毫平地。沙丘稜線很快就拔高到兩、三百呎，我們驅趕著負荷重物的駱駝，行進速度緩慢得令人難過……這絕對是我在塔克拉瑪干沙漠中遇到最恐怖的地帶。到了第三天晚上，雇來的駱駝……不是完全崩潰了，就是顯露嚴重的衰竭徵兆。隔天早晨我爬上營地附近最高的沙丘，仔細掃描遠方的地平線，除了仍是令人顫慄的沙丘之外，別無他物。這些沙丘好似怒氣沖天的海洋在掀起滔天巨浪時，整個動作瞬間凍結因此成形；這幕景象具有詭異的魅惑力，其中隱含著大自然的死亡張力。雖然沙漠精靈召喚我繼續深入的奇幻魔音難以抗拒，可我還是不得不轉向北方……我的決定下得恰如其時也是明智之舉，因爲就在第三天之後，沙漠裡即颳起了狂暴的颶風……

從折返的地點算起，史坦因還要走八十五哩路才能回到和闐河西岸的馬撒爾塔格山，不管是對他自己和同伴而言，能及時回頭無疑是很幸運的事，換是我處在相同的情況，絕對無法做這樣的決定，我一定會義無反顧地繼續橫越沙漠。結果將可能使我自己和手下全數罹難，就像一八九五年那次，失去我所有的一切。儘管如此，探險活動、征服未知地域，和與不可能的逆境搏鬥等，對我都是那麼迷人，而且具有無法抗拒的吸引力。

【注釋】

❶又名迪化，北疆交通工商重鎮，也是新疆自治區的首府。

❷一八六二～一九四三，英國考古學家兼探險家，曾經帶領印度考古探勘隊，也曾率領四支探險隊走訪中國和西方之間的古商旅路線，發現敦煌千佛洞。主要研究對象是鮮爲人知的中屬土耳其斯坦（即新疆），著有《喀什米爾君王年譜》、《古和闐》、《中國沙漠遺跡》、《千佛洞》等書。

❸瑞茨歐斯（Anders Adolf Retzius，一七九六～一八六〇），是瑞典解剖專家兼考古學家，爲人類頭蓋骨研究的先驅。

❹南疆北部的綠洲城，位於天山南麓，是古絲路的一站。

第二十八章

第一次西藏行

哦，多麼甜美的和闐夏日時光！歷經沙漠與樹海叢林無數次勞頓的騎乘之旅後，在和闐休養生息的日子格外愜意、恬適！

溫柔又傷感的時光

每當憶起在和闐古城度過的那一個月，迄今心裡仍然懷有溫柔的傷感。那段時日，我從早到晚不停地工作，畫好地圖、整理完筆記、寫信、閱讀，同時為探訪西藏北部的旅程作準備。我在和闐獨自居住在一幢相當寬敞的木造堂屋，屋裡只有一個大房間，四面都是鑲著木格櫺的窗戶，白天門戶大多敞開，到晚上才會關閉。這間堂屋建在一塊磚砌台地上，房子則坐落庭園的中央，庭園四周並築有高牆環繞。圍牆上僅有一扇門可以進入庭園，旁邊有間門房小屋，伊斯嵐連同其他僕役住在那裡，另外廚房也在這間小屋裡。堂屋和廚房之間距離相當遠，我即使大聲喊叫，僕人還是聽不見，因此我們在兩棟屋子間架設極為簡陋的鈴聲系統。

庭院裡有十五匹新馬正吃著馬槽裡的穀物。劉大人非常慷慨，每天差人送來馬吃的糧草和人吃的伙食；我請他推薦一位年輕的漢人給我，可以陪伴我去北京，還可以在路上教我一些中國話。有一天，這位新加入的旅伴終於現身，他的名字叫馮喜，是個農人，他自願攬下這份差事，而且對於能夠去北京一事感到極爲開心。他馬上開始教我說中國話，我每天勤作筆記，將馮喜佶屈聱牙的母語記錄下來。

天氣炎熱，還好庭院裡處處綠蔭蔽天，樹與樹之間的小河潺潺流淌，因此哪怕溫度高達攝氏三十八度，我們也覺得心涼氣爽。有時候威猛的暴風會侵襲我們這個地區，勁風從樹梢呼嘯而過，可以清晰聽見樹枝傾軋、摩擦的嘎吱聲，或是清脆斷裂的響聲。

有個漆黑的夜晚，暴風再度橫掃和闐，我清醒地躺在床上聆聽屋外狂風的怒吼，感到舒適悠閒。忽然尤達西（此時已經長成一隻很稱職的看門狗）跳了起來，對著遠端一扇窗戶狂吠，窗戶已經栓上，但是尤達西憤怒的狺叫聲不止。我悄悄摸到牆上的鈴，發現繩索已經被剪斷，於是我溜出堂屋跑到外面的磚地上，這時我瞥見兩條黑影，他們顯然被狗的狺吠給嚇阻了，一溜煙消失在庭院的樹叢中。我趕緊喚醒伊斯嵐，兩人朝院子裡隨便開了幾槍；第二天早上，我們發現圍牆內側有支梯子，應是小偷匆忙逃走時留下的。從此，我們便在庭院裡安排一個人守夜，每隔幾分鐘守夜的人就要在鼓上敲三下，以後再也沒有小偷來騷擾過我們。

待新旅程的一切事宜準備就緒後，我前往劉大人府上，向這位好心的老人辭別，我送他一只繫鏈子的金錶作爲紀念。我們在庭院裡升起好大一堆營火，舉辦一場盛大的餞別宴，邀請所有幫助過我們的人來參加；席間，客人和我的手下都盡情享受羊肉、白米布丁和熱茶，另有舞蹈和音樂表演助興。第二天早上，我們把行李裝上旅隊牲口的背上，然後往克里雅和尼雅（Niya）出發，到那裡添購了六頭新駱駝，再到珂帕去；那是個很不起眼的小村落，發現有金礦的山腳下只有幾間石砌小屋。

達賴庫干的山地人

七月三十日，我們終於置身世界上最巍峨、最壯觀的自然奇景，也就是西藏高原。藉由山中谷地的導引我們向上攀爬至達賴庫干（Dalai-kurgan）地區，此地標高已達一萬一千呎，至今仍住著具有東土耳其斯坦血統的民族「塔格里克人」（Taghliks）❶，全區只有十八戶人家，以帳棚爲屋，豢養六千頭綿羊。等過了達賴庫干區，我們來到一處杳無人跡的地方；我們繼續向東走了兩個月，沿途沒遇上半個人。

更糟糕的是，離開達賴庫干一天後，我們遇到此行最後一片豐美的水草，過了這個地方，草木越來越稀疏，直至成爲空空盪盪的一片。我們從達賴庫干啓程的時候，共有二十一匹馬、二十九頭驢子和六頭駱駝，等完成藏北之旅，保住性命的僅剩三匹馬、三頭駱駝和一頭驢子。除此之外，我們還帶了十二隻綿羊、兩隻山羊和三條狗——除了忠實伙伴尤達西

（原意即爲「旅伴」），其他兩隻則爲尤巴斯（意爲「老虎」）和布魯（意爲「野狼」）。有一隻因奮勇對抗狼群而掛彩，只能靠三隻腳跛行的牧羊犬則是自己加入我們的旅隊。

在這趟旅程中，伴我同行的只有八位踏實穩健的僕人：伊斯嵐、馮喜、帕爾皮（Parpi Baï）、伊斯嵐、韓穆丹（Hamdan Baï）、哈美笛（Ahmed Ahun）、羅斯拉克（Roslak）和庫班。我們在達賴庫干還雇了十七個山地人，他們的酋長自願陪伴我們兩個星期，協助我們通過最艱難的山口。

五十歲的帕爾皮相貌英俊，蓄著一臉濃密的黑鬍子，深棕色的眼睛靈活有神；身穿一件羊皮外套，頭戴毛皮鑲邊的帽子。他曾經跟隨探險家道格利緒探險，後來道格利緒在喀喇崑崙山口遇刺身亡；他也作過杜垂爾迪罕（Jules-Léon Dutreuil de Rhins）❷的僕人，結果杜垂爾迪罕在西藏東部遭人謀殺；接著他又加入奧爾良亨利王子的旅隊，孰料這位主人也在法屬東印度（French East Indies，今中南半島）魂歸離恨天。他總是利用大夥兒圍坐著營火休息時，滔滔不絕地述說自己似乎說也說不盡的探險經歷；他在亞洲的長途旅行充滿了奇妙的冒險故事。

打從一開始，我們就感覺到塔格里克山地人不太可靠。有一天晚上，先是兩個人私自落跑，後來又有一人不告而別，由於他們事先已經拿了報酬，所以酋長得墊還這些錢。我們若想要到達西藏高原，就必須穿過繁複如迷宮的谷地與山脈，而這非得靠山地人的幫忙不可。

分組依序前進

旅隊分成五組前進，第一組是駱駝和馭手，接著是馬匹，然後是兩組驢子，再由牧人帶領綿羊和山羊殿後。我自己一直落在旅隊最後面，由馮喜和一個熟悉地形的山地人陪伴，因為我得一邊忙著畫路線圖和勾勒四周聳然挺立的高山美景，一邊注意蒐集植物和岩石標本。伊斯嵐負責挑選紮營地點；選擇營地必須考慮水源、牧草和燃料。等到我從後面趕到營地時，往往帳棚已經搭建完成，牲口早在稀疏的草地上吃將起來；熊熊營火緩緩燃升，而遙遙望見遠方營地便常棄我而去的尤達西，這時也會站在我的帳棚入口處搖著尾巴歡迎我，好像牠才是主人。

山谷彎向東南，變得越來越狹仄，引領我們攀上第一道高地隘口，在山地人協助下，旅隊毫髮無損地順利攀過隘口。現在的位置標高一萬五千六百八十呎，佇立尖峭無比的山脊上，積雪皚皚的綿延山脈一覽無遺，景觀更是壯麗非凡。我們在此地巧遇第一隻野驢，受到驚嚇的牠瞬即消失在山林中，狗兒則在後面猛追不放。那隻僅剩三條腿的瘸足牧羊犬發現自己追不上旅隊的速度，孤寂地站在一塊突出的山岩上，望著旅隊拋下牠繼續往前走時，牠幽怨地嗚嗚長嚎。

塔格里克人命名的最後一個地方叫「不拉卡巴喜」（Bulak-bashi），意思是「春之首」

一場雪雹交加的風暴襲擊旅隊

（the Head of the Spring），過了這個地點，往東將是漫漫悠悠的無名地帶，也是歐洲人從未涉足過的區域。塔格里克人稱南邊的山脈爲「阿卡—塔格」（Arka-tagh）或是「遠山」（Farther Mountains）；綿延不絕的山脊和峰巒披覆著厚厚的白雪，冰河就從峰頂傾瀉而下。

氣候變化莫測

在高山地帶冬天的腳步來得特別早。有一天清晨，我們被一場雪暴吵醒，我的帳棚倏地被風掀翻，必須用繩索和箱子固定住；雖然是八月天，氣溫卻已驟降至攝氏六、七度，整座山區變成銀白色天地，找尋商旅路徑簡直是雪上加霜。尤其隊員們也開始患起高山病，多數隊員抱怨頭痛和心跳急促，最慘的要算是馮喜了，他的情況一天比一天糟，高燒不退的他根本無法穩穩坐在馬鞍上，我擔心繼續帶他走下去會危及他的性命，於是決定送他回東土耳其斯坦。我讓他留下座騎，給了他錢和食物，再派一個塔格里克人護送他回去。去北京的願望破滅了，馮喜感到非常難過，有天早晨我們在營火餘燼旁與他揮手道別，他的樣子看起來實在是慘不堪言。

我的忠僕伊斯嵐也病了，病到咳出血來；他請求我讓他帶兩個塔格里克人脫隊，不過幸好我們找到一處勉強長了些水草的河谷，經過幾天的休息，伊斯嵐的病情終於逐漸康癒。在此之前，牲口已經斷了四天的糧草，只能靠我們餵食的玉米果腹；驢子馱運的正是馬和駱駝所吃的玉米，至於驢子比較不挑剔，連野驢和犛牛的排泄物都肯吃。我們攜帶的玉米足夠牲口吃一個月，而人吃的糧食則還能維持兩個半月。每天日落時分，駱駝吃完草便搖搖擺擺地踱回營地，就著一張墊底的帳棚布吃起牠們當天配給到的玉米。

當我們進入西藏北部時，已經成了一隊老弱殘兵。目前標高一萬六千三百呎，晚上溫度降到零下十・五度；山中天天從西方颳來挾帶雪、雹的風暴，席捲整個西藏高原。不管天空多麼清朗，西方常是一片陰沉，鉛灰色的雲朵填滿了被雪遮蔽的山峰，此刻你會開始聽到風蕭颯的怒吼聲，然後暴風旋即以駭人的速度狂捲而至。中午，天色闃暗如夜晚，轟隆隆的雷聲響過，山壁間隨之傳出沉悶的回音，緊接著是一場冰雹乒乒乓乓，彷彿敵軍砲隊發動鎗林彈雨，無數小冰球打在我們疲累的軀體上，即使隔著最厚重的羊皮外套還可強烈感受到其力勁。風暴中什麼都看不見，我們把頭縮進衣物裡，夜色籠罩下來，旅隊只好叫停，可憐那些馬匹無辜被冰雹鞭笞了一頓，嚇得瑟縮不前。不過，這類風暴雖然來得猛烈，去得倒也相當快速，而且風暴過後往往會帶來雪雨，大約一小時天空又再度轉為清朗，隨之映現眼簾的是太陽的萬丈光芒沉落於山巔之後。

接下來，我們準備攀登「遠山」。嚮導帶領我們往上穿過一條陡峭的河谷，今天打頭陣領隊的是馬匹，我緊跟在牠們後面，經過好幾個小時的艱苦搏鬥，我們終於抵達隘口，這裡標高一萬七千二百呎。正當我們登上隘口的鞍部，挾帶冰雹的風暴像往常一樣轟然降臨，由於無法辨識路況，不能繼續往下走，因此決定留在該處暫時紮營。帳棚搭建好、固定住，牲口也拴緊了，儘管缺乏水和燃料，也沒有青草，我們唯有從罅隙中收集冰雹，再拆下一只木箱當作柴火。這是個恐怖的紮營地點，雷聲在我們四周震天嘎響，連大地也隨之顫動，我們全然聽不見驢子或駱駝的嘶鳴。到了晚上，烏雲一掃而空，月亮緩緩升起，晃漾著銀色的光輝。

直到第二天，我們發覺塔格里克人帶錯方向了，我們紮營的隘口並非通往「遠山」，而是通向一條較小的山脊，因此我們必須下山，重新找尋正確的隘口，同時尋回迷路的其他隊員。

好不容易找到失散的隊員，每個人都已筋疲力竭，等我們紮好營，馬上就發現一條小溪，旁邊還有一塊勉強可餵食牲口的草地。

塔格里克人失蹤記

我們安排三位塔格里克人先行返回，其他的則留下來陪伴我們，直到遇見其他人爲止。留下來的塔格里克人要求我事先支付一半酬勞，以便讓回村的三位族人先把錢帶回去給他們的家人。

夜幕方落，營地慢慢陷入沉寂；我們雇用的塔格里克人習慣把玉米袋和糧食箱圍成一小圈防柵，然後在圈欄中央升起營火，找尋避風的屛障過夜。

四月十九日早晨，我們的旅隊拉起警報：所有的塔格里克人都失蹤了！可能是趁半夜偷偷溜走，我和手下因爲疲累都睡得很沉，沒有人注意到有任何異狀。塔格里克人偷走兩匹馬、十頭驢子，以及一些麵包、麵粉、玉米等糧食；從他們的足跡判斷，爲了讓我們摸不清楚狀況，他們分組離開營地，而且是朝不同的方向前進。很可能他們事先已經安排好在某個地點會合，然後一起回家。

帕爾皮受託帶了兩名手下和三匹最好的馬前去追趕逃犯，過了一天半，他帶著一臉歉意的逃犯返回營地。帕爾皮向我們述說經過：

塔格里克人馬不停蹄趕了相當於我們三天腳程的路之後，自覺很安全了，便停下來升起火堆歇息，其中有五位圍坐在營火旁邊，其他人則酣然入睡。見到帕爾皮騎馬趕上來，他們撲地驚跳起來，拔腿往不同方向作鳥獸散，帕爾皮對空鳴槍，喊道：「回來，不然我會開槍打死你們！」塔格里克人一聽即刻停住，轉身趴在地上哭著求饒，帕爾皮取回金錢，把他們的手反綁在背後，隔天早上一行人便出發返回我們的營地。晚上十點鐘，這些可憐的傢伙全數返抵營區，也都個個累得半死。

一齣精彩的法庭戲碼就在我的帳棚前上演，營火交織著月光，非常値得觀賞；逃犯被判必須捆綁，並且擔負守夜來彌補帕爾皮和其他兩名隊友的辛勞。塔格里克人倒臥在他們用袋子和箱子築起的防柵後面，帶著一身的疲憊沉入夢鄉；此時，皎潔的月光灑在鋪了一層薄雪的大地上。

山神的歡迎

幾天後，我們徹底勘查過地形，借道一萬八千二百呎高的隘口跨越「遠山」主峰；翻過山脊，我們往下進入一處遼闊的河谷，河谷迤邐延伸，窮極目力也望不見盡頭。於是我們沿著這條河谷走了將近一個月，左手邊是巍峨的「遠山」，雄渾的高峰林立，上有經年不消的雪原和瑩藍的冰河；右手邊則是我們路線的南方，正是蒙古人稱爲可可西里山脈（Kokoshili，原意爲綠色山丘）的極東端。

這個地區杳無人跡，連游牧民族和牲口也很難在此地生存，因爲高度實在太高了，即使在山脈最低矮的地方也都勝過白朗峰頂點。絕大多數時間，我們活動在標高爲一萬六千二百呎處（將近五千公尺）。

剛在第一處營地落腳，山神就以雷鳴歡迎我們的到來。黃昏時，河谷裡堆滿了獷美的紫黑色雲靄，像迸發的火山岩漿朝東方飄流而去。四周的天色越來越昏暗，颶風大有吹走整座營地的磅礴氣勢，我們緊緊抓住帳棚，以防狂風捲走營帳；滿天冰雹像鞭子般劈頭落下，整個地區無一處倖免。就在五分鐘之內，暴風過去了，籠天而罩的烏雲往東方移動，看起來像是龐大的艦隊緩緩駛離，取而代之的是濃密的霧氣，瀰漫整個河谷；緊接著，由神秘不可知的黑夜輪番登場。

【注釋】

❶原意爲山地人。

❷一八四六～一八九四，法國探險家，曾經遊歷過赤道非洲、中屬土耳其斯坦和西藏（一八九一～一八九四），出版過《中亞》(*L'Asie centrale*，*1889*)等作品。

第二十九章

野驢、野犛牛和蒙古人

我們此刻正駐足廣袤的西藏高原峰頂，地球上最龐大、最高聳的山群。這裡的空氣變得非常稀薄，又找不到可以放牧的草地，如此艱苦的情勢給予旅隊的抵抗力極重打擊，我們幾乎每天被迫遺棄馱運重物的牲口，垂垂死矣的牲口頹倒在路上苟延殘喘，成為旅隊過路遺下的痕跡。

然而我們也同時置身於野生動物的寶山。在我們遍尋水草不著的地方，野驢和羚羊卻能覓得稀有的草地，而野生的犛牛則踩著冰河邊緣一路往懸崖上走，找尋賴以維生的糧食，也就是生長在礫石之間的地衣與苔蘚。我們天天可見或形單影隻、或成群結隊的動物，這些擅長在高地求生的好手為荒僻貧瘠的高原增添許多生氣。

我們探險隊的四腿隊友（狗兒）對這些野生動物的興趣，與我們相較毫不遜色。有一回，一隻好奇心特強的野驢在我們旅隊前足足奔馳了兩個鐘頭，牠不時停下腳步，左聞右嗅，然後又繼續在我們前面奔跑；尤巴斯追趕牠，牠反而轉過頭來攻擊這條號稱「老虎」的悍狗，大夥兒眼看尤巴斯夾著尾巴落荒而逃，都忍俊不住哈哈大笑。

我最寵愛的尤達西也製造了另一樁趣事。但見牠像一支飛箭似的衝向前方去追趕一頭野驢，倉皇逃開的野驢越過最靠近的山丘旋即消失了蹤影，這更加誘引小狗緊追不捨，沒想到勇敢的尤達西一去不返，我們只好紮營等待。夜晚降臨了，直至深夜仍然不見牠回來；凌晨三點鐘，我被鑽進帳棚底下扭動著的尤達西吵醒，牠欣喜地哼哼叫，撲上來舔我的臉，顯然牠找不到我們的足印，獨自在荒地裡找了十四個小時，最後大概運氣不錯才找了回來。

有一天，伊斯嵐開槍打中一頭落單的公野驢，子彈擊中牠的一條腿，牠掙扎了一小段路才不支跌臥地上，我在素描簿上畫下牠美好的身影：這頭野驢從嘴唇到尾巴尾端共長七呎半，毛皮是漂亮的暗紅棕色，腹部和腳呈白色，鼻子卻是灰色的，牠的蹄子和馬蹄一樣大，耳朵相當長，鼻孔寬寬大大，尾巴酷似騾子，肺部發育得很強壯。我們剝下牠的皮毛保存下來，至於驢肉則成爲大受歡迎的加菜好料。

狂野慓悍的犛牛

伊斯嵐並沒有騷擾美麗而優雅的羚羊，倒是有幾頭犛牛成了他的槍下冤魂。獵中的犛牛裡有一頭母牛，身長八呎，牠的舌頭、腰子、骨髓全祭了我的五臟廟；換換新口味眞不賴！至於犛牛肉則由手下自行分食。被伊斯嵐射中的一頭公犛牛，可就不像母牛這麼容易收拾了；那天他得意洋洋地跑回營地，告訴我們他在離營地有一段距離的地方射中一頭壯碩的公犛牛，他一共發了七槍才迫使犛牛在牠熟悉的草地上癱軟倒斃，也就是在我們隔天將經過的道路附近。我決定叫伊斯嵐帶我去那兒，也許可以爲公犛牛畫一張素描。

第二天早上伊斯嵐便帶路前往該處，當我們發現地上空空如也，而「被射殺」的公犛牛

一頭野犛牛攻擊我們的狗

已經不知去向時，可以想像我有多麼驚訝！起先，我以爲這又是一次常見的獵人吹牛行爲，可是不然！地上痕跡清楚顯示犛牛遭受一連串的槍擊，後來傷勢稍有復原，便爬起身走到一處泉水邊，牠在水池邊緣走來走去，以蹄子刨刨地；當牠抬起頭瞧見我們時，忽然爆發出沉積內心的力量和怒氣，氣勢極爲懾人。伊斯嵐又對牠開了八槍，但是子彈穿進牠身體時卻只發出沉悶的聲音，冷不防地犛牛低下頭拱起牛角，猛力向我們衝了過來。我們趕快掉轉馬頭，全速逃離現場，犛牛緊追不放，而且逐漸逼近，我們之間的距離愈來愈縮短，眼看著牠就快逼近身子了，霍地停下腳步，以牛角挑起地上的沙子，尾巴重重地騰空鞭打，充血的紅色牛眼狂野地轉來轉去。我們也跟著停下來，伊斯嵐再度發出一槍，這一槍使得犛牛在地上打了好幾滾，全身沾滿泥沙。跟在我們身邊的尤達西開始挑釁，牠激怒了公犛牛，所幸即時躲過犛牛的攻擊而保住一條狗命。第十一發子彈穿透犛牛的心臟部位，老犛牛終於沉重地倒在這塊原本無憂無慮的棲息地上。

這頭公犛牛年齡大約二十歲，身長達十呎半，是個相當好的標本。我測量牛角外部，長度也有兩呎半，牠的身體外側長有又密又厚的黑色毛縫，較兩呎長一點，躺下時正好可以當作柔軟溫暖的靠墊。

由這次經歷可知獵殺犛牛並不容易，除非子彈射中其肩膀後方，否則即使中了彈仍舊不會轟然倒下；當伊斯嵐的子彈射進那龐大的低垂額頭時，牠不過是刨刨土、甩甩頭，不過若是擊中較爲致命的部位，便會激起犛牛狂野的獸性而猛烈攻擊獵人。由於已經適應空氣稀薄的高地生活，犛牛縱然受傷也不至於缺乏氧氣，俾使牠很有機會追趕上習慣呼吸較濃密空氣的獵人和座騎。

牲口相繼死亡

在往東邁進的路程中，我們發現了一長串的湖泊，其中絕大多數都含有或多或少的鹽份，我並沒有以歐洲名字爲這些湖泊命名，只是編上羅馬數字。例如第十四號湖（Lake Number XIV）標高一萬六千七百五十呎。一個星期之後，我們沿著一座大湖的湖岸行進，一共走了十七哩路。

沿線地勢依然單調，但是積雪的山頭和冰河每天都呈現嶄新的風貌。其間我們看不到任何人類的足跡，不過，且慢！當我們走到與邦伐洛特（Bonvalot）和奧爾良王子的路線交叉時，竟意外發現到一條毛氈毯，有可能是他們探險隊的馱獸留下來的。我們沿路收集乾燥的犛牛糞，裝在袋子裡用以充當燃料，犛牛糞燒起來會產生紅藍色火燄，熱度相當高；最糟的是牧草越來越稀少，馬匹和驢子相繼倒斃，在那段期間，若有哪天沒有損失任何牲口，我們就覺得那天承蒙幸運之神的眷顧。牲口當中以駱駝最爲強韌，可是牠們腳下的肉蹄和沙地摩擦久了也會很疼痛，因此我們必須爲牠們做些襪子當護墊。當獵人獵獲成績不是頂豐富時，狗兒只有吃殉難的牲口肉。整支旅隊的氣氛越形緊張，到後來我們甚至開始懷疑，究竟能否在旅隊的最後一頭牲口斷氣前碰到游牧民族的帳棚？萬一眞的找不到人煙，我們只好捨棄行李，徒步找到人爲止。

事實上，我們已有好長一段時間獵不到東西，所以當旅隊第一頭駱駝不支倒地，手下們將牠身上最好的肉割下來當食物。而載我長達十六個月的忠實座騎也一命嗚呼了，有天早晨，我們發現牠已經斷氣倒在帳棚外的地上。

九月二十一日，我們選在一座湖泊的西岸紮營，湖的走向剛好成斜角阻隔我們的去路；我們無法走到湖的東南極點，當時也許想像自己正站在一處海灣的岸上。隨後我們花了兩天時間順著岸邊往東北方走；有一天，突然颳起一場規模和強度都屬前所未見的風暴，天空轉眼像漆上一層黑墨，蔚藍的湖水頃刻間也轉為深灰色，原本平靜的湖面掀起白色的滔滔巨浪。山脈消失在密不透光的雲層後面，夾帶冰雹的風暴鞭笞著岩石，由於浪濤阻斷了我們的前進，逼得大夥兒緊急在一個山谷的入口紮營。

現在我們只剩下五頭駱駝、九匹馬和三隻驢子，而牠們也僅剩最後一餐穀糧，不過麵粉倒還夠用一個月，所以倖存的馬匹每天可以分食一小塊圓麵包。

九月二十七日，我們離開擁有多座湖泊的遼闊河谷，轉往東北攀過一條山口。遠處有一群成百的犛牛被我們所驚動，伊斯嵐對牛群開了一槍，受到驚嚇的牛隻登時分成兩群逃竄，其中一群有四十七頭犛牛，筆直對著我和一位陪伴我的塔格里克人衝過來，帶頭的是一隻魁梧的公犛牛，等到離我們約一百步光景，牠們突然從我們倆身旁閃過，這時伊斯嵐又發了第二槍，公犛牛發動攻擊，眼看就要撞上伊斯嵐和馬匹的千鈞一髮之際，坐在馬鞍上的伊斯嵐急轉過身子，對著犛牛的胸口補上致命的一槍。我們在犛牛倒地的附近紮營，牠的肉提供我們好幾天的伙食。

喜見人跡！

現在我們不可能離人煙太遠了。在下一個山口的巔峰上，我們見到一塊石頭地標，顯然是狩獵犛牛的蒙古獵人所豎。我們還看見許多野驢群，爲數有兩百頭之多。又有兩匹馬死了，不曉得我們的旅隊還能撐多久？糧食已經所剩無幾，帳棚、活動床、箱子和動物標本的重量絲毫未減輕，甚至比先前更重。

九月的最後一天，我們抵達一處山谷空地，空地上有間非常美麗的「歐玻」（obo），其義爲獻給山神的宗教紀念堂，由四十九塊墨綠色的板岩構成，有些長達四呎半，以銳邊向外的方式堆疊而成，看起來像是有三個秣槽的馬廏；岩板上刻滿西藏表意文字（ideographs）。我以前從未見過「歐玻」，它很可能是柴達木蒙古人通往拉薩的朝聖路線，剛好和我們在這裡交叉而過。也許岩板上所刻的文字敘述著某些重要的歷史訊息吧？這點我無須研究太久即發現箇中端倪，因爲這些文字一再重複，順序

由四十九塊板岩搭建成的歐玻紀念堂

也都一樣，正是信徒禱告時誦唸的咒文：「嗡嘛呢叭彌吽」（Om mani padme hum!），即「讚頌蓮花心之寶石！」的意思。

第二天我們走下花崗岩山壁之間的谷地，途中又發現另一個「歐玻」，還有一些火爐與被遺棄的帳棚營地。山坡上有一群犛牛正在吃草，伊斯嵐遠遠射了一槍，它們卻動也不動，反而是一名老婦人跑上前來，放聲大喊；她告訴我們這些犛牛是馴養的，其實我們一靠近就看出來了，因爲牧人馴養的犛牛較野生種的體型小。一條溪澗順著河谷淙淙流淌，在岸邊我們搭起營帳，離那位「山中老婦」的帳棚相當接近。

交談靠比手畫腳

經過五十五天孤獨的旅程後，我們再次感受到人類有趣的一面。我們沒有一個人聽得懂老婦人所講的蒙古話，帕爾皮只懂得「巴尼」，表示「這兒有」；我曉得五個詞：「烏拉」代表山、「諾爾」代表湖泊、「郭爾」和「慕倫」指河流、「戈壁」是沙漠的意思。可是要靠這些簡單的語詞跟老婦人表達我們很想向她買一隻肥美的綿羊，卻是一件困難的事。我試著學羊咩咩叫，然後拿兩個中國銀幣給她看，就這樣，決定了她豢養的一隻綿羊的命運；當然，羊肉很快就進了我們的煎鍋。

老婦人穿著一身羊皮衣，腰束一條皮帶，腳上是一雙靴子，前額綁了一條手絹，並把頭髮編成兩條麻花辮，而她那八歲大的兒子也作同樣的裝扮，只不過比母親多出一條麻花辮。他們居住的黑色毛氈帳棚用兩根直挺的桿子支撐住，然後以繩索綳緊。帳棚裡一片狼藉，四處散落著鍋碗瓢盆、打獵工具、毛皮、裝滿犛牛肥油的綿羊膀胱，還有從犛牛身上割下來的幾大塊牛肉。帳棚後方有兩尊小小的釋迦牟尼佛像，以及一只木頭箱子，根據我信奉回教的手下表示，這是家庭式佛堂（budkhaneh）。

入夜以後，一家之主才回到家，他的名字叫朵爾切（Dorche），專門獵取犛牛維生，忽然看見自家附近憑空冒出我們這些鄰居，他的詫異可想而知。他就像陷入癱瘓一樣站在那兒瞪視著我們，無法確定我們是眞的人還是異象。

也許是老婦人和男孩告訴他我們並非強盜，而是付錢取物的正人君子，更何況我們還送給他們菸草和糖。

於是朵爾切的敵意慢慢軟化下來，等我們帶他到我的帳棚參觀之後，他的態度變得相當親切。後來朵爾切成了我的朋友和親信，當了我們好幾天的嚮導，同時帶我們去拜訪他的族人，也就是柴達木地區的塔吉努兒蒙古人（Tajinoor Mongols）。就在我們認識他的第一天，朵爾切就送給我們三匹小馬和兩隻綿羊。

剛開始我們很難了解彼此的語言，每當見到我們對他所說的話一頭霧水時，他就大嚷大叫，把我們當成聾子。我於是開始向他學習蒙古話，先是把數字寫下來，然後指著額頭、眼睛、鼻子、嘴巴、耳朵、手腳、帳棚、馬鞍、馬匹等，逐一學習它們的名字；碰到動詞可難學多了，我們先從簡單的學起，像是吃、喝、躺、走、坐、騎、抽菸等。有次我想知道「鞭打」的蒙古話怎麼說，便用拳頭敲敲朵爾切的背部，他陡地一臉驚懼地跳起來，以爲我生氣了。往後幾天，我們的課程未曾間斷。經過幾天的休養生息，我們騎馬沿著奈齊慕倫河（Naiji-muren）河谷往下走，這期間我一直把朵爾切留在身邊，隨時詢問他河谷和山脈的名字。我想學蒙古話，除了興趣之外，也是基於實際需要驅策我學習；有時候，沒有通譯在身旁對我反而是好事，因爲這樣我就會逼著自己去熟悉這種語言。幾個星期過後，我已經可以用簡單的蒙古話和游牧民族溝通了。

十月六日，我在旅隊準備好之前先行上路，同行的只有朵爾切和小狗尤達西，我們向越來越寬敞的河谷下方前進，騎了一哩又一哩，最後的目的地是與海平面等高的低地；低地北方常有柴達木人出沒。一天又過去了，我們在緩緩沉降的暮色中，穿越一處帶狀沙漠，然後步上一條蜿蜒通過檉柳草原的小徑。

朵爾切停下腳步手指我們來時的方向，宣稱如果沒有嚮導，落在後方的旅隊永遠摸不清方向找到我們的營地，因此他必須回去帶領他們前來。臨去前，他指指我準備前往的方向，見我結結巴巴地表示我了解他的意思，他漾著笑臉點點頭，跳上馬鞍，又躍身下馬，然後就消失在黑暗中；我則繼續往下騎。

夜色闃黑，新買來的馬顯然熟識路途，只見牠專心一意地踏著步伐；前面的路似乎沒有止境，最後我終於望見遠方依稀有火光，慢慢地光線愈來愈強，這時北邊傳來狗吠聲，一會兒，引來一大群憤怒的狗衝出來圍攻我們，如果我沒有跳下馬把尤達西抱上馬鞍的話，牠大概早已經被這群狗撕成碎片了。我帶著尤達西和馬兒趕了將近三十哩路，來到名叫崖克左漢果（Yike-tsohan-gol）的帳棚村，我把馬繫好，獨自走進一頂帳棚，裡面有六個蒙古人圍坐在火邊一面喝茶，一面在木碗裡揉捏糌粑。

我向他們打招呼：「阿姆桑班？」（您身體可安康？）

這夥人一語不發地瞪著我瞧，我取過鍋子，喝了大口馬奶，然後十分鎮靜地點起煙斗。蒙古人見狀驚異不已，顯然不知道該拿我怎麼辦，我試著把朵爾切教我的蒙古話秀給他們聽，但他們還是噤若寒蟬，我依然得不到他們的一言一語。

我們都坐了下來，一會兒你看我我看你，一會兒又盯著營火，如此捱了兩個小時。突然從棚外響起噠噠的馬蹄聲和吵雜人聲，表示我的旅隊已經到達了。一路上，我們總共損失了兩匹馬和一頭驢子，牠們都是東土耳其斯坦之旅的老夥伴，而我們原先的五十六隻牲口現在僅剩下三頭駱駝、三匹馬和一頭驢子。

等朵爾切向崖克左漢果的蒙古人作過一番解釋後，我和他們很快就變成了朋友。往後五天我們住在這個村子裡，而且重新組織一支旅隊。

私售釋迦牟尼佛像

住在附近的蒙古人得知我們想買馬匹，特地跑來向我們兜售，我們一共買了二十匹馬，擅長製作馬鞍的帕爾皮爲牠們做了合適的馱鞍。酋長梭南（Sonum）穿著一襲紅斗篷來看我，還帶來一些木頭容器，裡面是送給我們的鮮奶、酸奶、發酵馬奶。隨後我也到他的帳棚作禮尚往來的拜訪，棚外有一柄長矛插在地上，棚內則布置有一間漂亮的室內佛堂。這個地區完全沒有農業，可是每戶人家都豢養牲口，包括綿羊、駱駝、馬匹、牛隻，有些人甚至因此而變得富有。

蒙古人通常在脖子上佩戴黃銅、紅銅或白銀做成的小匣，匣裡放著泥塑或木雕的釋迦牟尼佛像，

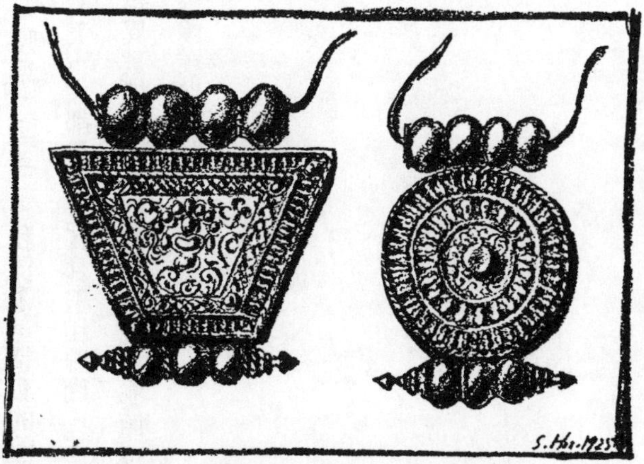

蒙古人掛在脖子上的匣子「嘎烏」

還有幾張書寫神聖祈禱文的紙片，他們稱這種匣子為「嘎烏」（gao）。我買了一整套的嘎烏準備收藏，它們的裝飾非常美觀，其中又以銀製匣子最美，大都鑲上土耳其玉和珊瑚，不過蒙古人不敢讓其他族人知道他們把神聖的先人遺物賣給異教徒，所以他們都趁晚上偷偷跑進我的帳棚，在夜色的掩護下，他們將奧祕的釋迦牟尼佛像送進我的手裡。

第三十章

唐古特賊窩

我們在十月十二日這天揮別新結交的朋友，往東橫越大草原、沙漠和糾結的鹽地。再出發的這支旅隊可說煥然一新，馬匹都處於非常好的狀況。在我們左手邊的是遼闊無邊的柴達木平原，右手邊則是西藏的層層山脈。晚上我們住宿在蒙古的帳棚村，和當地人吃一樣的食物。幾天之後，朵爾切領了酬賞回家了，取代他的是個兒高大的蒙古人洛布桑（Lobsang）。這時我們離西寧（青海省會）還有一個月路程，與北京的距離更長達一千兩百五十哩遠；酷寒的冬季逐漸逼近，不過我們已經抵達海拔較低的區域，平均標高從九千到一萬呎不等。

接下來的行程轉往北方，來到了托素湖（Tossunnor），這是一個水色湛藍的美麗鹽湖，附近幾乎杳無人煙，不過到了晚上，我們在呼倫河（Holuin-gol）岸邊見到火光。這片土地上充塞著一股美麗而神秘的氛圍，隨處可見景致動人的「歐玻」，其上插著祝禱用的三角旗幟，在風中像幽靈般振翅欲飛。在托素湖近岸凡有淡水源頭的地方，總見得到白色天鵝在蔚藍的湖水上自在悠游。此刻氣溫下降到攝氏零下二十六度，空氣凝窒不動，一輪明月將荒涼的大地染成了銀色世界，月光在湖面上潑灑出一條波紋粼粼的水道。

迎戰唐古特強盜

我們騎馬沿著淡水湖庫里克湖（Kurlyk-nor）的南岸前進，洛布桑沉默而嚴肅地坐在馬上，嘴裡不停喃喃唸禱神聖的咒文「嗡嘛呢叭彌吽」，我問他爲什麼如此憂鬱，他說我們先前遇到的一群蒙古人告訴他，唐古特（Tangut）❶強盜幾天前來到庫里克湖一帶，偷走了游牧民族的馬匹，他並且警告我們最好準備好所有的武器。於是我們把三挺步槍和五支左輪手槍分配給大家，夜裡則把馬匹拴在營地附近，同時安排守衛輪流在帳棚周遭巡邏；我們也冀望三隻狗能給予危險的警訊。

十月的最後一天，我們在喀拉湖（Khara-nor）畔紮營，由於在岸邊有很多的熊腳印，我們必須更加提高警覺看管馬匹；若是平常時節熊吃吃野生漿果便能裹腹，然而每至晚秋時分，熊就會攻擊任何野放吃草的馬匹。

第二天旅隊繼續朝東騎行，經過一處由低矮山脈所環繞的谷地，熊留下的足印方向和我們的路線不謀而合，尤其到谷地中央的路徑上清晰可見。伊斯嵐和洛布桑騎馬前去追趕，一個小時後他們快馬奔馳回營，如同見了鬼似的，一看到我們就上氣不接下氣地嚷著：「唐古特強盜！」

隨即在他們背後不遠處揚起了滾滾塵煙，約有十來個唐古特強盜正騎馬衝過來，每個人的肩上或手上都持著一挺步槍。他們筆直地朝我們奔馳過來，我們立刻排列成防衛隊形嚴陣以待。我們停隊的地方剛好在一塊六、七呎高的台地上，我和伊斯嵐、帕爾皮、洛布桑選定最佳作戰位置，架起了步槍和左輪手槍準備開槍，其餘的手下帶著旅隊牲口躲在我們後面，突起的台地正好形成一個護衛保壘。手下們咸認爲大限已到，害怕得膝蓋不停顫抖。我們把身上的皮裘脫下來，這樣比較容易承受槍枝的後挫力，看來這場戰鬥勝負難卜，我們只有三把步槍，對方卻有十二把；想到此，我點起煙斗，希望讓自己的冷靜減低手下的恐慌——儘管我自己也很難保持鎭定。

當強盜看到他們要對付的是一整支旅隊時，霍地在一百五十步外暫停下來，圍攏成一堆召開作戰會議，只見他們一邊嘰哩咕嚕地商量，一邊還比手畫腳；他們的步槍在陽光下閃爍著光芒。過了片刻，他們調頭離去。我們也上馬趕路儘快離開那兒，可是唐古特強盜卻跟在我們右方，與旅隊保持在步槍兩倍的射程距離外。他們兵分兩隊，一隊往一條叉開的山谷方向騎，另一隊則沿著山谷右手邊的山麓前進，而且隊員都不落單，似乎在等待我們走進主要谷地的狹窄入口。我們非常清楚危險正埋伏在前方，因此拚命加速策馬前進；洛布桑嚇得魂都快沒了。

他說：「他們會從岩石上開槍打我們，我們最好轉頭走別的路吧。」

但是我仍然催促手下使勁往前衝。唐古特強盜又出現了，這次是在靠近山谷狹隘入口處的岩石上方，我們的處境驚險萬分，因爲強盜可能就埋伏在我們頭上的岩石後面，等我們經過險道時，他們甚至不必現身就能將我們一一撂倒；他們占據了立於不敗之地的天險關卡，相較之下，只有三挺步槍的我們勝算實在渺茫得可憐。

唐古特強盜趁黑夜在營地四周潛行

我用力吸著煙斗，率先騎進狹隘的岩石通道，我心想：「這一刻來臨了！一顆子彈會把我擊倒，然後我那些勇敢的回教徒隊員將會落荒而逃以保性命。」

嚴防盜匪來襲

孰料什麼事情都沒發生！我們安然穿過狹道，直見山谷另一端有大片平原豁然開展，大夥兒全都感到如釋重負。唐古特盜匪消失得無影無蹤，我們繼續馳馬前進，來到一潭結冰的淡水池塘才停下來，池塘位處平原中央，四周環繞青翠草地，我下令旅隊當晚就在此地紮營過夜。

手下們應聲鬆開馬匹，讓牠們徜徉草地上自由吃草，不過，還是小心不讓牠們離開我們的視線，直到天色罩上黑幕才把牠們拴在帳棚之間。這天晚上由伊斯嵐和帕爾皮負責巡夜，我們不必採取任何措施來維持大家的警覺心，因為每個人心裡都有數，晚上唐古特盜匪必然召集更多的人馬來犯。普哲瓦爾斯基有一次曾經遭遇三百名唐古特強盜攻擊，假如唐古特人在喀拉湖東岸的族親膽子再大一些，他們早發大財了。

天色一變暗，我們馬上聽到淒厲的嚎叫聲，像是土狼、胡狼、野狼等慣常在夜間發出的悽惻長嚎，聲音從四面八方傳到我們的營地，似乎近在咫尺。洛布桑堅信那是唐古特強盜刻意發出的作戰呼聲，目的是想嚇嚇我們，也藉此試探我們的看門狗有多機警多勇敢。強盜們可能正匍匐著通過草地，利用漆黑的夜色神不知鬼不覺地一步步逼近；我們每一分鐘都感覺即將聽到發動攻擊的第一聲槍響，屆時大家只能在暗夜裡盲目還擊。我們盡可能掌握強盜發出的聲響，每隔一分鐘帕爾皮都會大吼兩次；「卡巴達！」（「守衛醒著嗎？」）由於我們沒有打更用的鼓，負責巡守的兩個人只好拿兩隻鍋子拚命地敲響。

一個小時接一個小時過去了，仍然沒有聽見任何槍響，唐古特強盜顯然也沒有把握，因此盡量拖延攻擊時間。我覺得很睏便躺了下來，臨睡前還聽見帕爾皮不厭其煩地吼著「卡巴達！」

這個晚上還是沒有發生什麼事。當太陽升上山頭之際，唐古特強盜躍上馬匹撤退到射程之外；我們爲牲口裝好行囊，開始向東行進。我們一離開營地，那群唐古特強盜馬上就騎馬過去，只見他們下馬又刨又挖的，找尋昨晚帳棚和營火所在的位置。從我們留下來的空火柴盒、殘餘蠟燭和報紙，無疑地讓他們明白這支旅隊是歐洲人所帶領，從此再也沒見到他們追上來。

大家頓時覺得安全了，經過前一晚辛勞的守夜，我讓大夥兒好好休息一整天。此刻他們所發出的鼾聲之大，就我一生所聽見的絕對是空前絕後。

之後，我們經常路過唐古特游牧民族的帳棚，向他們購買綿羊和鮮奶。唐古特人是西藏的一支部落，但在一般西藏人的眼中，唐古特人較為野蠻、凶惡，喜好劫掠勢力單薄的旅隊，只要有機會就偷取別人的馬匹。有一次我帶著洛布桑走進一頂帳棚，兩人都沒有攜帶武器，帳棚裡有兩個婦女正坐著給嬰兒餵奶，我把棚裡所有的東西都寫下來，然後一一詢問各種東西的名字，婦女們不禁莞薾，她們可能心想我一定是瘋了，洛布桑則擔心萬一她們的丈夫在這個時候回來，我們的麻煩就不堪設想了。又有一回，我們足足拜訪了二十五頂帳棚，不管出多高的價錢，就是沒有一個唐古特人願意當我們的嚮導。

隨著旅隊越接近「活佛」居住的都蘭寺，山中谷地變得越來越生氣盎然。夜裡在小湖泊「茶卡湖」（Tsagan-nor，「白湖」的意思）邊紮營時，我們又聽到附近傳來鬼魅般的長嚎，這使得我們懷疑是唐古拉強盜捲土重來，正伺機全力攻擊我們。雖然如此，我還是累得睡著了，第二天早晨醒來，手下告訴我這次的嚎叫是野狼所發出，牠們逼近到我們的帳棚邊，還和狗兒打了一架。

第二天我們遇到一支旅隊，由大約五十個唐古特人組成，他們先到小鎮譚卡（Tenkar）

採購麵粉與其他冬天用的補給品。他們就在我們附近紮營，夜裡看見他們在我們的帳棚四周鬼鬼祟祟徘徊不去，想必是希望能偷點什麼東西。

接著我們來到一處荒野僻壤，沒有絲毫的人煙或獸跡，可是一到夜晚野狼悽惻嚎叫不休，狗兒狺吠回應，叫得喉嚨都沙啞了。

壯麗的青海湖

渡過半結冰狀態的布哈河（Bukhain-gol）之後，東邊赫然映入眼簾的是一幅壯闊奇麗的景致，正是廣袤無垠的青海湖，湖水的顏色變化萬千，色澤在孔雀羽毛的藍綠色調中間歇轉換。誠如約軻修士（Abbé Huc）❷在他一八四六年所寫的旅行記錄中提到的：青海湖雖大，卻沒有大到擁有自己的潮汐。青海湖海拔高一萬呎，每逢冬季唐古特人便在湖岸紮營過冬，夏季遊移高原各地逐水草而居。我們循著青海湖北岸走，沿途清晰可見湖盆南方的連綿山脈。青海湖中間有個岩石小島，島上住著一些貧苦隱士，平時全仰賴信徒和游牧民族自發性的供養維生。信眾們在冬天最寒冷的時候走過結冰的湖面抵達小島，可說是冒著生命危險，因爲當他們走到半路時，忽焉而至的大風暴很可能將冰層擊破。儘管如此，供養隱士因爲可以得到菩薩的護佑，所以信眾大多甘冒生命危險。

青海湖畔常有一大群的羚羊在那兒吃草，我們曾經將六匹趴伏在一處峽谷中等待獵捕羚羊的野狼給嚇跑了。在這裡處處可見帳棚和聚集成群的綿羊。有一回，我們遇到由六十頭犛牛組成的商隊，犛牛背上馱著玉米，是商人準備賣給青海唐古特人的糧食。還有一次，我們發現整個河谷擠滿了人和牲口，那是德松薩薩克（Dsun-Sasak）蒙古人的龐大旅隊，剛從譚卡採購冬天補給品回來。這支商隊共有一千匹馬、三百頭駱駝，以及配備一百五十挺步槍的三百名騎士，還有婦孺隨行；當他們路過時，馬匹雜沓紛亂的蹄聲充塞了整座山谷。

唐古特人向洛布桑探聽我們的箱子裡裝了什麼，洛布桑眼睛眨也不眨地回答：大箱子裡裝兩個士兵，小箱子裡只裝一個。我有一隻鐵皮做的輕巧型爐子，爐上有根煙囪，是用來放在帳棚裡取暖的，可是洛布桑對唐古特人說那是一挺大砲，唐古特人一聽大爲驚訝，他們從來不曉得大砲可以加熱，羅布桑解釋那是讓武器就緒的一般作法，他還說砲彈是從錫管中向敵人發射過去，世界上沒有任何力量可以和天女散花般的砲彈相抗衡。

林哈特夫婦的遭遇

翻越過哈拉庫圖山口（Khara-kottel Pass），我們來到可以經由黃河通達大海的區域。截至這一刻，我已經有三年時間是在與海洋不通氣息的土地跋涉旅行，不過，從此地距離北京還有九百哩遠，我內心十分渴望能到這個中國的首都一遊，但北京卻顯得如此遙不可及。

愈向東行，鄉間景色愈顯活潑有生意，途中我們遇見許多駱駝商旅、騎士、行人、推車、成群的牛羊；而一路行經的村莊盡爲白楊樹、樺樹、柳樹和落葉松所環繞。我們沿路經過無數大小橋梁、寺廟、祠堂，最後終於進入譚卡市的城門。

我聽說城裡有個基督教教會，因此我登門拜訪那戶教士居住的中國屋舍。負責教會的是荷蘭人林哈特先生，不巧的是他正好去了北京，他的夫人蘇西博士是個博學、親切、多才多藝的美國婦人，她非常熱忱地招待我，還爲我和手下張羅住處。這位勇敢又能幹的女士不久之後卻遭遇到最悲慘的命運，我想任何婦女都很難經得起這樣的打擊：一八九八年，她偕同丈夫與幼子試圖前往拉薩，抵達那曲（Nakchu）時，他們被迫折返，不幸的是，她的孩子卻死在回程途中，西藏人又偷走了他們的馬匹，地點離一八九四年法國探險家杜垂爾迪罕被謀害之處不遠。失去愛子的林哈特夫婦來到札曲河（Tsachu River）邊休息，瞧見對岸有一些西藏人的帳棚，林哈特先生於是嘗試游泳過河，他的夫人見他消失在一塊岩石後面；就像他以往探訪其他鄰近的帳棚，林哈特夫人以爲丈夫很快就會回來，沒想到他卻一去不返。林哈特夫人等了一天一夜，卻始終沒見到丈夫出現，沒有人知道他究竟是淹死了或慘遭殺害；林哈特夫人哀痛逾恆，這個打擊幾乎讓她活不下去，最後她設法回到中國境內，後來黯然返回美國。

拜見住持活佛

我離開林哈特的家直接轉往著名的庫班寺（Kum-bum），放眼所及寺廟林立，廟宇屋頂皆貼著光彩奪目的金箔；我在那裡拜見了住持活佛，他還爲我的朋友洛布桑祈福。我也參觀了佛教改革者宗喀巴的巨大塑像，以及約輌修士在遊記中所提到的奇妙大樹。據說每年春天這棵樹萌發新芽時，「嗡嘛呢叭彌吽」的咒文便會自動浮現在葉子上，不過洛布桑在我耳邊低聲說，那些咒文其實是喇嘛趁晚上偷偷印在葉子上的。

十一月二十三日我們很晚才出發，當我們終於抵達西寧城門外時，已是夜深人靜。城牆邊有個守門人踱來踱去，不時敲鼓報更，我們用馬鞭敲打城門，可是沒有任何回應，我們只好喚來守門人，允諾如果他能爲我們打開城門，就給他一筆豐渥的賞金。雙方經過好一番爭執，他終於答應遣了個信差到縣官衙門去通報，我們等了一個半小時才得到回音，答案是：天亮時城門自然就會打開！

我們別無選擇，只得就鄰近的村子住宿一宿。第二天，我們去見中國內陸使節教會（China Inland Mission）的三位教士芮德利（Ridley）、杭特（Hunter）和霍爾（Hall）；我在西寧期間即在芮德利教士的家叨擾，受到他和家人非常熱情的款待。

我的生活方式和旅行模式在這裡有了變化，除了伊斯嵐之外，我解散旅隊其他的隊友，爲了酬謝他們，我付給他們兩倍於先前約定好的酬勞，只留下兩匹馬，其餘都送給他們。由於這些手下都是中國子民，因此我不費吹灰之力就透過西寧道台爲他們索取到通行證，讓他們回到自己的故鄉。

現在我懷裡揣著七百七十兩銀子，離北京還有三個月的行程那麼遙遠！

【注釋】

❶西藏境內的種族名稱。

❷一八一三～一八六〇，爲法國天主教遣使會的修士，一八三九年旅行到中國，曾到過蒙古、西藏，是第一個進入拉薩的歐洲人，著有《西藏與中國》（*le Tibet et le Chine*，1850）。

❸又作Nagqu，位於拉薩東北方怒江邊的城市。

第三十一章

北京之路

這趟長途旅行的最後幾個月簡直就是回歸文明之旅，因此對這段冒險旅程，我將輕描淡寫快速帶過，不再多加著墨。

如同我先前說過的，伊斯嵐是我現在唯一的隨從，他負責照顧所有的行李。我們先駕駛騾車到達平番（Ping-fan）❶，再改乘土耳其斯坦大型馬車前往涼州府（Liang-chow-fu）❷。當橫渡西寧河（Shi-ming-ho）時，我們見到第一輛騾車的輪子如刀切豆腐般陷入還不太結實的冰層裡，還好最後平安脫困。但是第二輛就沒這麼幸運了，深陷冰泥中動彈不得，我們必須把車上所有的行李先搬運上岸，然後由一個中國人脫光衣服走進很深的河水裡，把淤積在車輪前方的冰塊鏟開——直到現在一想起他還會忍不住顫抖。這場意外花了我們四個小時才解決。

從涼州府到寧夏

接著又經歷了許多大小意外，最後終於駛入美麗的涼州府城門，一路逕往英國傳教士貝爾徹（Belcher）一家的住處，在那裡我們受到非常溫暖、友善的招待；相反地，我借住十二個晚上的教堂反而感受不到一絲絲的溫暖，教堂只有星期日才生火加熱，其他日子室溫只有零下十五．五度。我買了一只形似茶壺的銅製手爐，裡面裝有幾塊埋在灰燼裡的煤炭，日夜都燒得暖洋洋地。

我在涼州府停留很長的時間，因爲要到寧夏必須準備一些拉車的牲口，只是尋找合適的牲口並不容易。我花了大把時間在城裡城外搜尋，記憶中，以到桑樹莊（Sung-shu-choang）那次最值得回味。有一次，我去桑樹莊拜訪博學而親切的比利時傳教士，看見當地的中國農人把田裡的工作放下，自動到教堂裡作禮拜，走到聖母像前還在胸前畫十字，那景象感覺很怪異。我聽說有許多家庭信奉天主教，而且由父親傳給兒子，代代相傳已歷經七代之久。

我們終於找到一個好心的中國人，願意用九頭駱駝載伊斯嵐、我和所有的行李，報酬是五十兩銀子。從涼州府到寧夏有兩百八十哩路程，途中會經過賀蘭山和烏蘭阿勒蘇沙漠（Ulan-alesu，原意「紅沙」）。我在賀蘭山首府王爺府（Wang-yeh-fu）會見中國皇帝賜封的一位親王，他年長和藹，我們共度了愉快的一個小時。

寧夏的兩位傳教士皮奎斯特夫婦（Mr. And Mrs. Pilquist）不但敞開雙臂歡迎我的到來，給予熱情的招待，更巧的是，他們還是我的瑞典同胞。

從寧夏到北京還有六百七十哩路。亞洲實在是一片廣大無邊際的大陸啊！我騎馬走了幾年復幾個月，至今尚未穿越整個亞洲大陸！我們的下一個目標涵蓋跨越鄂爾多斯（大致在綏遠省境內），是處由大草原和沙漠形成的地形，它的西、北、東三方被黃河河套所包圍，南方則有長城爲屏障。駱駝在這裡腳程不快，我們花了十八天才走了三百六十哩，抵達包頭。

寒天裡穿渡黃河

我們選擇黃河冰層較厚的地方渡河，河面寬一千一百二十二呎。一個星期之後，我們策馬穿越荒涼的沙漠地帶，偶然才看得見一些蒙古包。我們在知名的古井邊紮營，它們的深度都很驚人，例如寶亞井（Bao-yah-ching）就達到一百三十四呎深。天氣越來越寒冷，最低溫爲攝氏零下三十三度，即連帳棚內溫度有時也會低到零下二十六・七度。

不過，最令人寒凍難捱的還是呼嘯不斷的西北風，這種凜冽的風挾帶塵沙，毫無阻攔地席捲大地，簡直冷得酷似寒冰，我們坐在駱駝雙峰間就快凍成冰棍了。我一直把小手爐放在膝蓋上，絕對不讓炭火熄滅，否則我的雙手早就在這次艱苦的旅程中凍僵了。一月三十一日，我們碰上一陣猛烈的颶風，想在這種天氣裡旅行根本難如登天；無垠的沙漠消失在濃密的漩渦狀塵雲中，我們盤腿坐在小得可憐的帳棚裡，努力使皮襖裡的身軀維持體溫。

我們來到黃河寬度增加到一千二百六十三呎的地點渡河，再次穿渡黃河的過程相當賞心悅目。我們騎馬進入包頭市，在這裡我再度感受到傳教會的寬大包容；像瑞典籍傳教士海勒柏格夫婦（Mr. and Mrs. Helleberg）和基督教聯盟美國傳教社（American Missionary Society of the Christian Alliance），都對我極爲照顧，遺憾的是，這些善良而自我犧牲奉獻的好人，卻在一九〇〇年與無數的外國人死於義和團事件中。

騾車陷入河面上的冰泥

我在包頭暫時與旅隊和伊斯嵐分手，他們繼續前往張家口，我自己改走另一條路線，和兩個中國人搭乘一種藍色小車經由桂花莊（Kwei-hwa-chung）去張家口。沿路不時可見美國傳教會，而在這裡服務的瑞典人更多達六十一人，因此我在前往張家口的整條路上都住在瑞典人家裡。到了張家口，我成爲傳教士拉爾森（Missionary Larson）家的座上客，當時我可沒有料到二十六年之後，也就是一九二三年十一月，我竟然會和拉爾森傳教士搭乘汽車從張家口旅行到烏蘭巴托（蒙古首都），筆直穿越整個蒙古。

北京逍遙遊

我乘坐的馱轎抵達北京

我在張家口雇了一頂馱轎，轎子由兩頭騾子前後頂著，如此花了四天順著南口谷地走到北京，現在這段路程坐火車只需七個小時。三月二日，我們踏進低平的北京西北近郊，我興奮的情緒達到極點，因為眼前所見不正是我三年七個月以來一直夢寐以求想到達的所在嗎？時間走得真慢，騾子的步伐似乎比以前更躑躅，對於兩個車夫的催促吆喝毫不在乎。

我們經過許多村莊和園林，夕陽西下時，我忽然在樹縫間瞥見一抹灰色，那正是北京的城牆！我覺得自己好像正要去赴此生最豪華的盛宴，除了兩個和我語言幾乎不能通的中國人之外，此刻只有我獨自一人，頂多再過半個小時，我在亞洲大陸內部的漫漫遊歷即將譜下休止符，此後我將再度擁抱文明的舒適——與不舒適。

我乘坐的馱轎像一艘船似的搖搖晃晃，晃進了城南的一扇拱門。沿著使節路繼續走，我見到左手邊有一處白色入口，外面站著兩個哥薩克衛兵，我大聲對著他們問這棟房子是誰的，他們回答：「俄國公使。」好極了！那個時候，瑞典在「中心王國」（The Middle Kingdom）❸尚未派駐代表。我跳出搖晃的轎子，穿過一棟中國式豪華的大宅院，突然一堆中國僕役全擠了上來。一名侍從趕緊跑進屋裡通報我的到來，兩分鐘不到，俄國的代理公使帕夫洛夫（M. Pavloff）便出來相迎，他衷心向我道賀歷險成功，並告訴我很早就已收到聖彼得堡外交部的命令，由於正逢外交部長卡西尼伯爵（Count Cassini）回俄國度假，這份命令於是指示把卡西尼伯爵在北京的寓所讓給我住。

這讓我想起遊經科曼夏時商人哈珊慷慨借我使用的皇宮！這次我同樣受到幸運之神的眷顧。初抵北京的我筋疲力竭、阮囊羞澀，連個像樣的行李也沒有；我跋涉過沙漠深處，也借宿過一無所有的蒙古包，現在卻發現自己置身於豪華宅邸，裡面從會客室、餐廳到臥室一應俱全，四處並裝飾有中國地毯、絲線刺繡、骨董與昂貴的銅器，甚至有康熙、乾隆年間製造的瓷器！

過去那段時日由於物質生活極度貧乏，以致於我花了三天才從流浪漢的角色徹底蛻變成紳士，也是一直等過了這個階段，我才出門拜訪各個大使館，並且縱情穿梭於接二連三的晚宴與狂歡聚會中。

與李鴻章的唇槍舌戰

我在北京最値得一提的往事是結識了李鴻章。他是赫赫有名、頗具睿智的老政治家，也是當代最富有的中國人物之一。儘管如此，在北京迷宮似的屋舍與巷道之間，他的生活卻過得非常簡約樸實，一點也不造作。那個時代，北京的街道極爲狹窄、髒亂，人們不像現在可以駕駛汽車、馬車，或是等而下之的坐拖板車，即便是人力車在北京都很難有立足之地。由於街上泥濘不堪，而且不管上哪裡距離都長遠，因此想在北京走路是不可能的事，要上街除非騎馬，否則只好乘轎子。

李鴻章笑容可掬地接待帕夫洛夫和我，他殷殷垂詢我的旅程和計畫之後，便邀請我們過幾天與他共進晚餐。

那眞是一頓多麼美好的晚餐！在一個普通大小的房間中央擺了一張小圓桌，牆上除了兩幀照片之外別無其他裝飾品。我們一進房間，老先生迫不及待向我們展示這些照片，顯然是他十分得意的東西，其中一幀是李鴻章與俾斯麥（Otto Eduard Leopold von Bismarck）❹的合照，另一幀則是他與英國首相葛萊史東（William Ewart Gladstone，1809～1898）合影留念照片。照片裡李鴻章的笑容顯露出他的紆尊降貴，好像這兩位歐洲政治家和他相比只是微不足道的小角色，他們應該感到十分榮幸能夠與他合影留念。

呈上來的菜式屬歐式料理，香檳酒乾了又馬上斟滿。我們透過一位通譯聊天，李鴻章暢談去年（一八九六年）他去莫斯科參加俄皇加冕儀式的旅行，他同時順道訪問好幾個歐洲國家，最後一站到了美國。此外，我們也談到我的橫跨亞洲之旅，對話中數度出現尖銳的爭論；李鴻章從他個人的經驗判斷，所有訪問北京的歐洲人無非是有所求而來，每個人都心懷自私的動機，他相信我也不例外。所以他說得很坦白：

「當然，你是想到天津大學謀個教職吧？」

「不，謝謝你的好意！」我回答：「即使大人給我一官半職，再給我部長的薪給，我也不會接受。」

他談到瑞典國王時用的稱謂是「王」，意思是「封建親王」。

帕夫洛夫解釋瑞典國王是個最獨立、最富權勢的國王，和歐洲其他國家的君王不相上下。接著我問他：

「大人去年既然已經到了歐洲，何不拜訪瑞典？」

「我沒有時間參觀每一個國家。不過你可以說說瑞典是什麼樣子，人民的生活又是如何？」

我說：「瑞典是個泱泱大國，社會安和樂利。冬天不至於太冷，夏天也不會太熱，那裡沒有沙漠或大草原，只有田園、森林和湖泊；我們的國家沒有蠍子，毒蛇猛獸也很罕見；沒有富人，也沒有窮人——」

李鴻章倏地打斷我的話，轉頭對帕夫洛夫說：

「多麼特別的國家！我得奉勸俄國沙皇趕緊攻占瑞典。」

帕夫洛夫一臉尷尬，不知道如何打圓場，他說：

「這是不可能的，大人！瑞典國王和沙皇是世界上最好的朋友，他們對彼此絕無惡意。」

於是李鴻章又把話鋒轉向我：

「你說你旅行過東土耳其斯坦、藏北、柴達木和漠南，為什麼你一定要跨越這些臣屬於我們的國土呢？」

「為了探索還不為世人所知的處女地，並將它們繪製成地圖，同時勘查其地理、地質和植物的分布。最重要的是要了解，是否有些瑞典國王可據以占領的省份！」

李鴻章深諳語中幽默地哈哈大笑，他豎起兩根大拇指說：「有勇氣，有勇氣！」我總算報了一箭之仇！李鴻章倒是沒有針對瑞典要征服中國屬地話題窮追猛打，反而轉了個話題，他問我：

「原來如此！你也研究過地質。既然這樣，假如你騎馬穿過一處平原，望見遠方地平線上突出一座山，你能不能即刻判斷山裡是否蘊藏金礦？」

「不行，完全不可能！我必須先騎馬到山裡去，然後實地仔細檢查各種礦物的岩石屬性。」

「啊，謝謝你！你的做法不需要技術，我自己也做得到；我要說的重點就在於是否可以從遠處判斷有沒有蘊藏金子。」

我不得不承認在這一局我落了下風，繼而想到我的對手是中國近代最偉大的政治家，這場口角之爭倒是雖敗猶榮。一頓飯吃下來，我們的交談一直都是這樣的氣氛，酒席結束之後我向李鴻章告辭，坐上轎子搖搖晃晃回家。

在北京留了十二天，我折返張家口，伊斯嵐也許已經帶著行李抵達該地了。我決定取道蒙古和西伯利亞回家，當時西伯利亞鐵路只修築到葉尼賽河東方的康斯克（Kansk）❺，所以我必須接著搭乘馬車和雪橇旅行一千八百哩。

覲見沙皇

到達聖彼得堡，我前往沙斯科依賽羅（Tsarskoe Selo），向甫即位數年的沙皇尼古拉二世（Nicholas II）❻致敬。在未來的歲月中，我有緣經常覲見沙皇陛下。我收到一張由瑞典公使館轉交的邀請卡，上面注明「皇帝陛下著意接見」我的詳細時間，而且宮廷派車來接我的一切細節也都安排妥當。當我抵達火車站時，已有個扈從在那裡等候我，準備護送我到皇宮。從火車站到皇宮的路上，我被哥薩克騎兵攔下來盤查兩次，在確認我是邀請卡上所邀訪的人之後才放行。

沙皇尼古拉二世穿著一襲陸軍上尉的制服，給人的印象平凡無奇，不太像是個位高權重的帝王；他的個性相當直率，不善矯揉作態。沙皇對於我的旅行興趣高昂，並吐露他本人非常精通亞洲內陸的地理，他說著在桌上攤開一張巨大的中亞地圖，讓我在地圖上重新模擬曾經走過的路線。他用紅蠟筆在我重要的停駐地點上畫記號，例如喀什、葉爾羌河、和闐、塔克拉瑪干、羅布泊等等，他甚至詳盡地比較我和普哲瓦爾斯基探險區域的差異。沙皇特別感興趣的是帕米爾的英俄邊界委員會，也就是我曾停留數次英、俄雙方的營區，他毫不掩飾地問我對「世界屋脊」上所畫下的英、俄界域有何看法，我只能據實回答。我表示，最自然、簡單的方法就是以興都庫什山的主要稜線（分水嶺）作為邊界，這麼做遠比分割台地容易，因為在台地上畫疆界必須以人為方式樹立石界，然而該地有許多浪遊四方的游牧民族，屆時一定很容易發生摩擦。

沙皇的眉頭糾結在一起，只見他在地板上踱來踱去，然後十分激動地說：「我早就認為應該這麼做了，可是從來沒有人提出如此清楚而簡單的事實！」

稍後他聽說我有意深入亞洲心臟地帶進行新的探險活動，便要求我下次出發前，務必向他說明詳細的計畫內容，因為，他希望盡可能幫助我完成壯舉；後來證明沙皇的承諾並非只是空言。

期待衣錦榮歸的喝采

幾天之後，亦即一八九七年五月十日，我從芬蘭搭乘汽船回到斯德哥爾摩，我的雙親、姊妹和友人全等候在碼頭邊，親友再度相聚的快樂誠非筆墨可以形容，畢竟我差一點就永遠回不了家！當天我即刻前往覲見這次探險之旅的主要贊助人——瑞典的老國王，並接受皇室的表揚，然而童年時代夢想的衣錦榮歸、光榮遊行的場景，也就是諾登舍爾當年所受到的那種歡迎場面，卻不見任何跡象。原來整個斯德哥爾摩市只關心一件事，那就是即將開幕的大博覽會。

五月十三日，我偕同兩位友人爲安德烈（Salomon August Andrée）❼及他的兩名夥伴舉行一場小型餞別晚宴，他們三人即將出發前往史匹茲卑爾根，然後乘安德烈的熱氣球「老鷹號」（The Eagle）飄越北極，目的地是白令海峽（Bering Strait）❽。席間安德烈發表一場動人的演說，他首先恭喜我在亞洲歷險數年之後安然返國，而且把旅行的諸多收穫帶回瑞典；爾後他說到自己正站在前途渾沌的起點。我向他表達誠懇的祝福，希望他橫渡海洋與冰原的飛行順利成功，而且此時此刻祝福他旅途愉快的我們，在他凱旋歸來時能有那份榮幸環繞在他周圍，向他致上熱忱的歡迎，那麼今日的憂愁傷感屆時都將轉爲狂喜歡樂。

安德烈於五月十五日離開斯德哥爾摩，七月十一日從史匹茲卑爾根島的北岸升空，老鷹號緩緩消失在地平線的彼端。後來安德烈再也沒有回來，直到今天他和同伴的下落依舊不明，可是人們對他的這項壯舉卻是記憶長存；世界上首次大膽嘗試飛越北極的是瑞典人，對於這一點我們都感到無比的光榮。

來自各界的歡迎盛會

餞別晚宴一結束安德烈便離開了，幾個小時之後，國王在皇宮招待八百人共進晚餐，以慶祝博覽會的開幕。在我回家之前兩個星期，駕駛「弗蘭姆號」（Fram）完成橫渡大西洋計畫的楠森（Fridtjof Nansen）❾才剛接受過國王的接風洗塵，現在輪到我了，與會賓主紛紛向我敬酒。有份記錄當時情景的文件如此寫道：「國王再度發言，他的聲音永遠是那麼迷人，表現出一種特殊的溫暖音質。」身材高挺、銀髮生輝的國王走入眾多賓客之間，爲我發表了一段演說。他致詞的部分內容如下：「冒著生命的危險、秉持不屈不撓的毅力，楠森在大西洋的冰原中找尋陸地，而赫定，我們瑞典的子民，也承受同樣的生命威脅，發揮同樣的堅定意志力，他找的是水——而在亞洲內陸的沙漠和大草原上，水源並不充沛。國王背負的責任常是沉重的，不過他們的特權也很寶貴；現在我就要行使一樣特權，我要以瑞典民族之名向諸位政治領袖、社會菁英致詞，我呼籲各位加入我的喝采，在我代表瑞典人民向赫定致意、大聲喊出他的名字時，請各位與我齊聲歡呼。」

我年邁的父親也參加了這場盛宴，當國王發表致詞時，他的快樂不比我少，甚至比我自己更開心。

之後，歐洲幾乎所有的地理學會都爲我舉辦歡迎會，如果要一一敘述，很快就會塞滿整本書；在爲我舉辦的歡迎宴會中，又以巴黎、聖彼得堡、柏林和倫敦地理學會最爲盛大。各種獎章和皇家頒贈的殊榮像潮水一樣湧來。我特別感念柏林地理學會的老師李希霍芬、法國共和政府總統佛爾（Felix Faure）⑩、巴黎地理學會的愛德華（Milne Edwards）和邦拿帕（Roland Bonaparte）、聖彼得堡的賽門諾夫（Semenoff）、英國的威爾斯王子（也就是後來的國王愛德華七世），還有我的老友倫敦皇家地理學會會長馬克漢爵士（Sir Clements Markham），以及諸多人士。倫敦皇家地理學會頒給我一面金質大獎章——「創立人獎章」（The Founders' Medal），並推舉我爲榮譽會員⑪。在倫敦停留期間，我經常造訪偉大的非洲探險家史坦利，在他府上叨擾，終其一生他都與我保持親密的友誼。當我接到好差事時，史坦利是我最好的導師，例如去美國演講就是其中一項，不過後來並沒有成行，因爲我心裡正盤算著直有天壤差異的計畫。

【注釋】

❶現稱永登，位於甘肅省蘭州北方。
❷清朝時府名，位於今甘肅省境內。
❸此地爲作者戲稱中國是「中心之國」。
❹一八一五～一八九八，爲普魯士宰相，以「鐵血宰相」之名著稱於世。
❺亞俄中南部的城市。
❻第一次世界大戰之前，歐洲極爲重要的君主之一，於一九一七年俄國大革命期間被推翻。
❼一八四一～一八九七，瑞典工程師兼探險家。
❽分隔亞洲與北美洲的水域，同時連接與大西洋相鄰的白令海。
❾一八六一～一九三〇，是挪威探險家，也是動物學家與政治家，乘船漂游橫越格陵蘭和北極部分冰原，推進到北緯八十六．一四度，是當時人類所接觸緯度最高之地。
❿一八四一～一八九九，法國第三共和政府的第七任總統，任期一八九五～一八九九年。
⓫（作者注）關於我在倫敦所接受的歡迎，請見《地理雜誌》（一八九八年第十一冊。）

第三十二章

重返沙漠

一八九九年仲夏日（六月二十四日），紫丁香盛開的季節，我第四度出發遠征亞洲的心臟地帶；這次探險的贊助人主要是奧斯卡國王和諾貝爾（Emanuel Nobel）。我所攜帶的儀器、四架照相機、兩千五百張玻璃板、文具和畫圖原料、送給當地居民的禮物、衣服、書籍等等，（總之，是所有的行李）加起來重達一千一百三十公斤，整整裝滿二十三只箱子。這趟探險旅行必須仰賴一件新的交通工具，那便是屬於倫敦的詹姆斯（James）專利的折疊船——帆柱、船帆、船槳、救生筏，一應俱全。

和往常一樣，每次開始一趟新的旅程，最困難的部分就是闊別雙親和兄弟姊妹，至於愉快的部分往往在出發之後才會來到，也就是在旅程的每個階段體驗不斷發掘未知事物的喜悅；我渴望寬闊的天空，也亟欲在踽踽獨行的旅途上展開偉大的冒險。

出發前幾個月，我去覲見沙皇，向他說明我的探險新計畫，沙皇竭盡所能給予我旅程中的協助，包括免費的交通工具、搭乘俄國火車（不論歐、亞）免付關稅。除此之外，沙皇甚至親自調遣一支二十人的哥薩克騎兵護衛隊，我毋需支付一毛錢；我告訴沙皇二十人太多了，我只要四個護衛，沙皇也同意我的看法，因而挑選哥薩克騎兵的任務便交由戰事部長庫洛帕金將軍去負責。

按照計畫，我必須搭乘火車旅行三千一百八十哩路程，抵達俄屬土耳其斯坦的安狄山（Andishan）❶。我先到達裏海東岸的克拉斯諾佛斯克（Krasnovodsk），在這兒已經爲我準備好了一節有臥舖的特等臥車廂，讓我可以這節車廂爲家悠遊於整個亞俄。只要我願意，我可以隨意停留各個城市，時間也不限制，而且只要我指定搭乘哪一列火車，鐵路當局就會把我的車廂加掛到那列火車的最後面，這樣我可以坐在車廂後的平台上，盡情欣賞車外飛奔而過的風景。

揭開亞洲深處的神秘面紗

當抵達安狄山，伊斯嵐已經在那裡等我了。他穿著一件藍色長袍，胸前配掛瑞典國王贈予的金質勳章，我倆爲這次重逢，以及能夠再度同甘共苦感到喜悅不已。我叫他先帶著所有行李趕到歐什，並且聯絡將協助我們前往喀什的旅隊車夫，至於我則先留在老友賽茨夫上尉的家裡。

我在七月三十一日這天動身，同行的有七個人、二十六匹馬和兩條幼狗；小狗都只有一個月大，名字分別是尤達西三世和多夫雷。在翻山越嶺到達喀什的兩百七十哩崎嶇的路程中，我們必須穿過鹹海與羅布泊的分水嶺唐布倫隘口（Tong-burun Pass），站在隘口上遠眺，整個亞洲盡納眼底！我覺得自己就像個探索世界的征服者，深邃若迷霧的沙漠和高山頂峰的神秘面紗，都在等待著我去揭開。在接下來三年的探險之旅，我的首要原則是只探訪人跡未曾到達的地方，至於這趟旅程中，我所繪製的一千一百四十九張地圖，絕大部分都是未被勘查過的地域。

再度置身帳棚裡，側耳聆聽樹梢風聲的呢喃，與大型駝隊的清脆銅鈴聲，感覺真是愉快極了！一如昔日，吉爾吉斯人帶著牲口在草地上遊牧，而在一處可通行的淺灘上，還多虧他們的幫忙我們才把馬匹帶過湍急險惡的噴赤河。

我在喀什遇到老朋友裴卓夫斯基總領事、麥卡尼爵士和韓瑞克神父，而瑞典籍的胡谷倫牧師如今則帶著家人與助理在喀什創辦基督教會。裴卓夫斯基的熱心不減當年，一樣給予我許多實質上的幫助。我用一萬一千五百盧布買了一百六十一個中國銀錠(Chinese silver yambas)，足足有三百公斤重，分裝在好幾口箱子裡，如此可減少被偷或全部遺失的機率。當時每個銀錠值七十一盧布，等我後來需要更多錢時，每個銀錠已增值到九十盧布。我們買了十五頭壯碩的雙峰駱駝，不過截至探險結束，卻只剩下兩頭存活下來。我指派倪艾斯（Nias Haji）和涂厄都（Turdu Baï）擔任旅隊的領隊工作；涂厄都是個鬍子雪白的老漢，他的價值難以衡量，從頭到尾陪伴我們直到探險任務完成。還有法竺拉（Faizullah），是個可以信賴的駱駝馭手；除此之外，我還雇了一位年輕小伙子迦德（Kader），主要是他能書寫當地文字，萬一有需要用到東土耳其斯坦語文時，他就能派上用場。而沙皇調撥給我的哥薩克騎兵之中，西爾金（Sirkin）和徹諾夫（Chernoff）來自七河之鄉，他們約好與我在喀什會合，另外兩人則逕行前往我在羅布泊的據點報到。

行過滾滾長河

我們正通過喀什外小村莊的一座橋

九月五日下午，我們在毒熱的豔陽下出發，馱負沉重行李的駱駝搖著頸上的大銅鈴，緩緩走過喀什，穿過村落、園林和田野，四周盡是平坦的黃土，駱駝和馬匹踢踏揚起了一縷縷的黃色塵雲。西北方的山峰上天色逐漸變黑，倏忽颳起一陣強風捲起厚厚的塵土，那意味著風暴即將來臨。果不其然，頃刻間，一場狂暴的大雨開始襲擊大地，隆隆的雷聲一聲接著一聲，我們像耳聾似的除了雷聲什麼也聽不見，腳下的大地也隨之撼動，令人不禁以爲世界末日就在眼前了。雨還下不到一分鐘，我們已淋得全身濕搭搭的，腳下的土壤因被雨水浸軟，變得像肥皂一樣滑不溜丢的；駱駝更像喝醉了酒步履踉蹌，不小心滑倒，便把泥漿濺得四處飛起。每次有駱駝跌倒，刺耳的嘶鳴立刻響起，我們得不時停下來爲跌倒的駱駝鬆解重物，幫助牠們站起來，然後再重新打包。如果在塔克拉瑪干沙漠遇險那次能夠下一場這樣的暴雨，我們的旅隊也不致於損失那麼慘重！眼下這場雨不但來得並不令人欣喜，還阻撓了我們的前進。天色已黑，我們在一座園林裡紮營過夜。

在大草原和荒原曠野裡徒步行走了六天，我們來到位於葉爾羌河畔的萊立克（Lailik），與這村子隔河對望的正是我們上次沙漠歷險再出發的地點麥蓋提。我們在河的東岸——離萊立克不遠——發現有人要賣一艘舢舨；葉爾羌河上常可見到這種載運旅隊和推車過河的舢舨，我們花了一錠半銀子買了下來。舢舨長三十八呎，寬八呎，即便載滿貨物時，吃水還不滿一呎。據當地人說，葉爾羌河流到馬拉爾巴喜附近岔成好幾條支流，所以我們又造了艘小一點的木舟，只有另一艘舢舨的一半大，希望不論河水情況如何，這兩艘小船都可以把我們帶到羅布泊。

舢舨的船頭部分增建一塊甲板，我的帳棚就搭在上面。舢舨中央有個方形的船艙，外面覆蓋黑色毛毯，準備用來作爲處理照片的暗房，艙房裡有嵌入式桌子、櫃子，以及兩個裝清水的盆子，是洗碗盤用的。船艙後面堆放沉重的行李和補給食物，在船尾甲板上則是露天營地，泥土做的火爐邊圍著我的隨從和他們的什物，因此途中我隨時有熱呼呼的茶可以喝。靠左弦這邊有一條通道，船頭船尾就靠這條通道互通聲息。

我的帳棚入口處放著兩只箱子，當作觀測桌，另一只較小的箱子則是我的椅子；坐在這裡我可以全視野地欣賞到河景，也能詳細勾勒河流的走勢圖。帳棚內有一條地毯和我的床，還有我隨時需要的幾只箱子。

岸上的碼頭洋溢著一片朝氣蓬勃的景象：木匠忙著鋸木材和釘釘子，鐵匠用力打鐵，哥薩克護衛正在執行監督的勤務。秋天的腳步已經來臨，河水的水位每天都在下降，看來我們必須儘快行動才行。當一切安排就緒，我們的船終於可以風風光光地下水啓航，未來將近三個月時間我必須以船爲家；船順著河流航行了九百哩路，而過去也未曾有人爲這條河畫出詳細的地圖。在小船完工那晚，我爲造船工人和附近的居民辦了一場聚會，帳棚之間懸掛著亮晃晃的中國燈籠，悠揚的鼓聲、弦樂和我的音樂盒相互呼應；跳舞的女郎打赤腳，身穿白色衣裙，頭髮上編飾著長長的珠串，頭戴尖頂帽，以最美妙的姿勢環繞熊熊營火翩翩起舞，此刻的葉爾羌河畔漾滿了慶典似的歡樂氣氛。

九月十七日我們準備好上路，哥薩克護衛帶領旅隊穿過灌木叢，他們將取道阿克蘇和庫車，預計兩個半月之後在河流的某一點與我會合。

緩緩行進的船屋

伊斯嵐、迦德陪我走水道出發，舢舨上的三名水手分別是帕拉塔（Palta）、納賽（Naser）和阿林（Alim），其中兩人掌舵、一人負責船頭的崗位。他們手持長竿，碰到船靠岸邊太近，便用竿子把船推離岸邊；還有一位水手叫卡辛（Kasim），他負責駕駛另一艘小船。小船好像一座漂流的農場，上面載有咯咯叫的母雞、香甜的西瓜和蔬菜，而我們乘坐的大船上還栓著兩隻綿羊。多夫雷和尤達西兩隻小狗也在大船上躥來躥去，顯然牠們從一開始就有把船當家的自在。

我們開航的河段寬四百四十呎、深達九呎，流速是每秒三呎，流量爲每秒三千四百三十立方呎。我下令開船的時間是下午，兩艘船堂堂滑下河道，夾岸盡是蔥林蒼木，河流轉了第一個彎，萊立克小村迅即消失在我們身後。

下一個彎道水很淺，當我們的船靠近岸邊時，有些婦女和小孩已經等在那裡，一瞧見我們的船立刻紛紛跳進水裡，爲我們送來牛奶、雞蛋、蔬菜等禮物，我給了一些銀幣當作回報。他們都是船上水手的家人，趁此機會向家人作最後的道別。

我在寫字桌前坐下來，把第一張紙攤開在桌面上，同時備齊羅盤、錶、鉛筆、望遠鏡。放眼欣賞周遭壯觀的河景，河流蜿蜒穿過沙漠，形成許多罕見的彎道。我們如同蝸牛一般帶著屋子行進，永遠都住在「家」裡，風景緩慢無聲地從我們眼前滑過，既不必走路，也無需騎馬，每轉一個彎道，每每悠然呈現簇新的林木岬角、濃密的草叢，以及掀漾起伏似波浪的蘆葦。伊斯嵐特地在我桌上準備一個盛放熱茶和麵包的托盤，船上肅穆寂靜，唯有水花拍擊深陷泥淖的樹枝時激出漣漪，或是水手必須拿長竿將船推離河岸，以及小狗相互追逐、或偶爾站立船頭對著岸上牧人吠叫時，才會打破這樣的寧靜。岸上的牧羊人總是站在樹叢或枝葉架起的帳棚外，像尊雕像般動也不動地凝視我們的船隻經過。我彷彿走入河水的生命線，感覺到河流鼓動的脈搏，每一天，我對河流的習性都有新的體會，這眞是我所經歷過最寫意的旅途！至今我對那次寶貴的經歷記憶猶新。

突然船身晃動了一下。糟糕！我們是不是擦撞到什麼東西了？原來是舢舨的船頭被河床上的一截白楊木樹幹緊緊卡住了，船身跟著翻轉了半邊，感覺上好像太陽在天空裡滾動了起來。我利用這個機會測量河流的速度，一旁瞥見帕拉塔連同其他夥伴縱身跳下水中，很快就把舢舨扶正，船隻又開始滑行，直到暮色低垂。我們覓地紮營，這是河流之旅的第一個營地。

我們讓船泊在岸邊，手下們跳上岸去升起營火，準備晚餐。緊接著，兩隻小狗也跟著跑上岸，在樹叢裡互相追逐，可是等到晚上又都回到我睡覺的船上帳棚，手下則睡在營火旁。我當天的筆記還沒整理完，伊斯嵐端來了白米布丁、烤野鴨、黃瓜、酸奶、雞蛋和熱茶，小狗也各自享受了一頓相當豐盛的晚餐。我把帳棚打開，月光在粼粼的河水上曲曲折折，空氣中瀰漫著歡愉的氣息，我貪戀著黝暗的樹林和銀色的河水，捨不得把頭轉開。

愜意的河流之旅

為了節省時間，太陽一升起我們就啓程。船尾的爐火上煮著茶，上路之後我才開始穿衣盥洗。帕拉塔手持長竿坐在我前面，一邊哼著歌曲，歌詞內容是關於傳說中的一位國王四處冒險的故事。當船緩緩滑行過一位牧人所站的河邊時，我們趁機向他打聽一些事情：

「請問樹林裡有些什麼？」

「有紅鹿、獐子、野豬、野狼、狐狸、大山貓、野兔！」

「沒有老虎嗎？」

「沒有，很久沒見過老虎了。」

「河水什麼時候結冰？」

「再過七十天或八十天。」

看來我們得加快速度了。秋天的河水流量迅速下降，才不過兩天時間，每秒流量就已經遽減到二千三百五十立方呎，而風是我們最大的敵人，帳棚和船艙就像船帆一樣，逆風時船速減低，遇到順風船行速度又比我們想像中的要快速。有一天，我們出發沒多久就颳起了一陣颶風，船被迫停靠在岸邊避風，於是我換乘小船，揚起風帆，快如飛箭順流而下，而停泊的舢舨及河岸、樹林全都消失在灰黃色的靄氣中。我享受了好一陣寧靜與孤獨，之後才把桅杆和船帆放下來，乾脆躺在船板上，讓河流帶著我往下游滑行。

風速減緩了，我們繼續河上行程。有時伊斯嵐會自己划小艇上岸，扛著步槍在樹叢裡穿梭冶遊，回來時總見他手拎著雉雞和野鴨，那天晚上大家就會趁機打打牙祭。有一次，伊斯嵐帶著另一名手下一塊上岸，兩人去了整整七個小時之久，我們遠遠望見他們倆四平八穩躺在一片河灘上睡著了，當船悄然無聲地滑行過他們身邊時，兩個人竟都沉睡沒醒，我只好派人划小船去叫醒他們，把他們帶回船上。

野雁已開始躁動不安，而且慢慢集結起來準備長途飛行到印度。我們在萊立克抓到一隻野雁帶在船上，牠的翅膀因爲被剪了不能飛翔，所以我們任由牠在大舢舨上自行走動，牠不時會晃進我的帳棚來走動走動，然後在地毯上留下一灘牠到此登門拜訪的「證據」（顏色像菠菜）。當我們上岸紮營時，便讓牠留在河裡游泳取樂，等牠玩盡興了便會自動回來報到。每當聽見牠的表親野雁在空中嘎嘎叫時，牠一定會仰起脖子凝視牠們，也許牠正懷念著恆河畔的芒果樹和棕櫚樹吧。

航向急湍惡水

九月二十三日，我們到達了麥蓋提居民所警告的河流分叉點，葉爾羌河在這兒岔成多條流速湍急的支流，河床寬度驟然縮減。船被驚人的激流帶著走，陷在洶湧的浪濤中，河道霎時變得狹窄難行，轉彎的角度又險又急，想要調頭避開已經為時已晚；大舢舨猛烈朝著河岸撞擊，我的箱子幾乎掉下船去。當大夥兒還驚魂未定時，河水再度將我們沖過兩段急流，不遠處，河流為自己沖出一小段新的河床，流到這裡已經見不到樹林，不過河裡還是生長許多檉柳，漂流在水上的浮木和白楊樹幹堆積起來，和檉柳交錯糾結成一些小島。整條河布滿了漩渦，我們的船速實在太快了，因此當舢舨猛然觸礁時幾乎整個翻了過去；有的時候，船身被浮木纏得很緊，我們費了九牛二虎之力才得安全脫身。由於數條支流分散了水量，使得河水的深度越來越淺，盡頭的河床淺到使整艘船陷進河底的藍色淤泥中。我派遣手下前往附近村落尋求援助，他們帶了三十個人手回來，村民幫我們把所有的行李搬到岸上，然後一吋吋地把擱淺的舢舨拖離河道，一旦過了這處河道，接下來只剩下幾段最陡峻的急流要應付。我獨自留在船上，觀看幫手用長繩索把舢舨固定住，以免舢舨橫向旋轉而翻覆在湍流裡；舢舨乖乖地滑過急流邊緣，然後像蹺蹺板似的跌入水中。下一個急湍位於一段狹窄的水道中，我們一刻也不敢放鬆地提高警覺，以防船隻向前衝撞成碎片。

葉爾羌河畔的小精靈

我們此刻正航行在新形成的河床上，岸上還是光禿禿的一片，野生動物也很稀少，蘆葦稀稀疏疏地，偶爾可見野豬和獐子的腳印；有隻老鷹安坐高處好像在細細觀察我們，幾隻大烏鴉啞啞叫著飛過河流。兩條小狗經常逗我開心，看著牠們船頭船尾跑來竄去地，活脫是一對快樂的小精靈。橫七豎八倒在河裡的白楊樹幹看起來像是伏臥的黑色鱷魚，剛開始，兩隻小狗對著樹幹狂吠不休，很快也就見怪不怪了。一轉眼，牠們又發明了另一種遊戲，那就是趁船行進中跳進河裡，然後游泳上岸，順著河岸玩起跟蹤船隻的把戲。若遇到河道轉彎，舢舨被迫離開河岸邊時，牠們就會又跳進河裡游水，如此沒有實際意義的行動一再重複，直到牠們累了，就回到船上來，趴在甲板上發出長長的嚎嗚。

新河床走到了盡頭，我們再度回到蓊鬱林木夾岸的舊河道，水流變得遲緩，相反地，森林卻越走越廣闊。已是秋天時節，樹葉轉黃，然後轉紅，不過白楊樹梢的枝葉依舊茂密，將太陽光線遠遠隔絕於樹葉形成的屏障之外。我們的船如同在威尼斯的運河上滑行，只不過河岸兩旁矗立的是樹林而非宮殿；水手拄著長竿打盹，彷彿有人暗地裡施展了魔法，樹林隱約散發出一股神秘的氛圍籠罩著我們，這時若出現童話裡的魔笛手潘恩（Pan）吹奏笛子，或是樹叢裡鑽出古靈精怪的小精靈，我也不會覺得驚訝。一陣清風霍地拂過樹林，金黃色的葉子像下雨似的紛紛飄落晶瑩的河面，令人聯想起印度貴族獻給聖潔恆河的黃色花環。

葉爾羌河的轉折真是瘋狂！有個彎道只差四十度就是一個完整的圓圈了，另一處彎道的直線距離雖只有一百八十公尺，我們卻整整走了一千四百五十公尺。更離譜的是，河道轉彎的角度是三百三十度，高水位很快就會切割狹窄的長形地帶，緩緩的水流將再一次遺棄舊彎道。

我們的前進速度非常慢，河流水位日益下降，天氣也變得越來越冷，我懷疑我們能否在河水結冰之前抵達目的地。

【注釋】

❶又作Andizhan，位於烏茲別克東部，蘊藏豐富的石油和天然氣。

第三十三章

河上生活

從九月三十日這天開始，沿途景觀變得與先前迥然不同，樹林不見了，平坦如茵的大草原向四面八方迤邐延伸。馬撒爾塔格山宛如一朵輪廓鮮明的雲，浮升在地平線上端；由於河流走向的關係，這座山有時在我們前面，有時不是跑到船的右弦就是在左弦，可是當河道轉向西南方而非東北方時，它又會出現在我們的背後。

再往前航行一天，我們已經可以看見北邊的天山，廣袤的山脈頂上覆罩皚皚白雪，看似遠方朦朧的背景。隨著距離的拉近，馬撒爾塔格山的輪廓更加清晰了，當暮色籠罩大地時，我們到達山腳下準備紮營。那裡已經有一座搭好的帳棚，親切和善的土著走下河岸來兜售野鴨、野雁和鮮魚，這些都是他們用陷阱和網子捕捉來的。我們請託此地的長老騎馬去商隊路線上最近的村莊，為我們採購毛皮和靴子，另外再買些米、麵粉、蔬菜等，補充我們的糧食存量；我拿足夠的錢給他，僅告訴他去某個地點與我們會合，這麼做其實擔了些風險，因為他有可能拿了錢之後一去不返，畢竟他跟我們任何人都不認識。結果證明長老不敢欺騙我們，他依約來到指定地點，而且不負所託把事情都辦好了。

負責駕馭小船的水手卡辛對捉魚很有一套，他做了一支魚叉，然後站在一處由小支流形成的瀑布底下叉魚。幾天之後，我遠遠望見秋卡塔格山（Choka-tagh Mount），屬於馬撒爾塔格山脈最南端的部分，也是當年我在沙漠遇難動身的地點。我想再次看看那個地方，而且重訪那座無法提供我們足夠飲水的湖泊，由於那座湖泊會在前方與這條河交會，於是我們轉乘英國製小艇繼續這趟旅程。伊斯嵐陪我一起前往，但是他忘記攜帶步槍。萬一我們離開太久沒回來，留守原地的手下會在夜裡生火作為指引的訊號。

回首往事不勝唏噓

我們順著一股強勁的風行進，從河流轉往一段峽道（strait），途中遇到的第一座湖泊長著茂密的蘆葦叢，不過湖泊本身具有寬闊的水域，湖面上十四隻雪白的天鵝正悠哉閑哉地游泳戲水，突地看見一艘小艇滑進，著實吃了一驚，似乎在懷疑我們的白色船帆是不是某種巨鳥的翅膀，一直等到我們靠得很近了，天鵝才聒噪地搧翅飛起，可一會兒又一隻隻降落在不遠的地方。

我們所在的湖泊藉著一條長長峽道和南邊毗鄰的湖泊相連，隔鄰的湖泊叫作丘爾湖（Chol-kol，原意為「沙漠湖泊」），一八九五年四月二十二日我曾經在它的南端紮過營。船抵達後靠了岸，我帶著帕拉塔和兩名土著徒步前往秋卡塔格山，伊斯嵐和其他土著則在船上等候，我們打算稍後轉由秋卡塔格山的南坡返回營地。

走到秋卡塔格山的山腳下，再攀上巔峰花了我們很長一段時間，那時太陽就快貼近地平線了。我在山頂上盤桓了好一會兒，從南向東眺望，眼前景色喚醒了我一種奇妙詭異的回憶，我可以看見沙丘頂上染著一抹紅光，彷彿釋放光熱的火山，高聳的景象像是我那些死去的手下和駱駝的墓碑。唉！老默哈梅得啊！如今他在天堂的棕櫚樹下啜飲仙境甘泉，紓解了喉嚨的乾渴，是否因此原諒我了呢？

我是三位僥倖存活的其中一位。往更遠的地方走去，有處是我們最後一次在沙丘之間紮營的據點；我沒有注意到太陽已經西沉，耳邊隱然響起從沙漠深處傳來的送葬哀歌。天色越來越昏暗了，恍惚間我感到有鬼魅幻影從陰暗的沙丘向我撲過來，後來我被一隻輕盈跳下山坡的野鹿驚醒，還有帕拉塔的聲音：「先生，我們離營地很遠了。」

下坡路走得很吃力，天色昏黑，我們都特別小心；好不容易回到平地，又往北行走二十四哩路，才終於看到指引的營火。走回營火邊的這趟路令人十分迷惑，明明看它近在咫尺，卻走了好幾個小時才抵達，最後我終於在午夜時分回到船上的帳棚。此次探險截至目前，今天可是第一回覺得艱辛，沒想到這樣的苦頭以後還多的是哩！

沉悶的氛圍

我們在十月八日離開那個值得懷念的湖泊，繼續蜿蜒曲折的路程。之後，我們總是找一、兩位熟悉本地狀況的牧人，請他們跟著我們的船同行一段路，隨時可提供相關資訊。我們曾見正前方有隻美麗的天鵝正游過河，伊斯嵐匆忙抓起他的步槍，可是距離太遠，他又過於激動，結果當然是一槍落空了。受到驚嚇的美麗天鵝立刻跳上岸，一溜煙消失在蘆葦叢中。

入夜後，我們在一處樹木茂密的地方紮營。好幾天以來，一直顯得無精打采、行爲怪異的小狗多夫雷突然跑上岸，焦急地鑽進樹叢好像在搜尋著什麼，最後見牠全身痙攣倒地氣絕。我對多夫雷的死感到十分難過！當我們在歐什買下牠時，牠還只是隻楚楚可憐的雛狗，現在已經長成一隻漂亮的大狗，不料卻在這時一命嗚呼。水手裡剛好有位回教教士摩喇（Mollah），他爲多夫雷掘了一個墓穴，將小狗包裹在我們最後一頭綿羊的羊皮裡，喃喃唸誦一些祈禱文後，便將小狗埋葬在小小的墳墓裡。自從多夫雷離開我們之後，船上顯得寂寞又淒涼。

船行越遠，河水的流速越緩慢。水手們無事可做，除了帕拉塔之外，人人都坐在後甲板聽摩喇說故事，他手捧一本書，大聲朗讀先知穆罕默德的信徒如何爲回教征服東土耳其斯坦。河流上空原本綠蔭蔽天，隨著航程的推進濃蔭益形稀薄，林木的樹葉已多數換上或黃或紅的顏色；我們經過一座形似小島的地方，兩旁豎起高高的柱子。伊斯嵐想要娛樂一下大家，便把音樂盒拿出來播放，原本死氣沉沉的氛圍被〈卡門〉（Carmen）、瑞典國歌和瑞典騎兵隊的行軍進行曲給攪散了。一隻野鴨游過來循著河岸與我們同行，有一頭狐狸則躲躲閃

一群野豬

閃地盯著野鴨的一舉一動；而蘆葦叢裡出現一群野豬以鼻尖拱著地，年紀較大的野豬顏色呈黑色，較年輕的則是棕色，牠們定定地站著凝視我們，然後調頭鑽進草叢逃走，一路還發出吵雜的哄哄聲。

在昏黃月色下趕路

我每天工作長達十一個小時，像禪定似的穩坐在觀察桌前，因爲地圖上不容許出現任何缺口。十月十一日夜裡，氣溫首度降到冰點以下，從那天之後，樹林裡的最後一絲綠意也消失了。起風時，河面上布滿密密麻麻的落葉，我幾乎可以想像自己在紅黃相間的拼花地板上溜行。由於河邊的帶狀樹林非常狹窄，有時可以透過樹葉的罅隙見到塔克拉瑪干沙漠中離我們較近的沙丘。

四位牧人圍坐在河岸邊的營火旁看管綿羊，雖然我們的船靜悄悄地滑過河道，他們還是被嚇一大跳，站起身來掉頭就跑，如飛箭般衝入樹林中。我們上岸放聲大喊，並且四處找尋他們，可是這些牧人就這麼消失無蹤，也許他們誤以爲我們的船是要生呑活剝他們的大怪物。

十月十八、十九兩天颳起一場黃風暴（sarik-buran），整條河面上漂滿了馬尾藻，我們被迫靠岸停泊。我徒步穿過樹林走到沙漠的起點，風勢終於轉弱，我們繼續行駛，夜裡就憑藉月光和燈籠的微光趕路。紮營時，我們架起一堆木材生火，四截乾枯的白楊樹幹爲我們帶來不少暖意。

第二天，摩喇在船抵達一處彎道的地方宣告，離河岸不遠處的森林裡有一座清眞寺，名叫「馬扎合仁」（Mazar Khojam）。除了迦德，我們全都到清眞寺去了。寺廟小巧而原始，由樹枝和木板將四周環繞起來，直接搭建在沙地上，綁在柱子上的三角旗幟和布條迎風飄展。摩喇莊嚴肅穆的表情像個大祭司，唸起經文來，宏亮的「偉哉眞主！偉哉阿拉！」吟誦聲霎時響徹前一刻還沉浸在寧謐氛圍的樹林。我們回到舢舨上，留守的迦德也想去寺廟向先知致敬，便央求我讓他循著我們的腳印單獨前去，可是他很快就回來了，好像有一堆惡鬼在後面追趕他一樣，原來是他踽踽獨行於林中心生不安，因而把每一簇樹叢誤看成野獸，而在風中噗嗤鼓動的旗幟也把他嚇得半死。

濃厚的人情味

卡辛乘小船漂流在我們前面，目的是探測河水的深度，以便預先警告我們哪裡有淺灘。他手持長竿站在船尾，有一次把竿子插進河底時由於用力過猛，一時間竟拔不出來，整個人登時像倒栽葱似的往後跌到河裡，所有的人見狀全都捧腹大笑，差點笑得岔了氣。

十月二十三日，船上洋溢著一股活潑的氣息。此刻航行的這段河道和商隊路線十分貼近，我們看見一位騎士騎馬走在樹林邊緣，突然之間消失身影，不久，我們又看到一整隊騎馬的人，他們要求我們停下來，於是我們上岸，這些人馬上攤開一張地毯鋪在地上，然後在上面堆滿了甜瓜、葡萄、杏子和新鮮麵包。接著我回請他們當中最出色的幾個上船來，和我們一同旅行，其他騎士則順著河岸護送我們，過了一會兒，又有新的隊伍出現，他們是來自阿瓦特（Avat）的西土耳其斯坦商人。這還不是全部，轉眼間又從樹林裡竄出三十個騎士，這次是阿瓦特長老親自前來向我們致意，我仍然邀請他連同其他幾位商人上船，伊斯嵐爲他們奉上熱茶。舢舨輕巧地滑行，岸上聚集越來越多騎馬的人士；我們將船停泊在岸邊，預備在該地多逗留一天。鄰近的居民幾乎全部出籠，爭著來觀看他們眼中怪異的船隻；八位放鷹人和兩位騎士帶著獵鷹邀我們一同去打獵，事後還慷慨把獵到的一頭鹿和四隻野兔送給我。

當我們揮手告別這些熱情好客的居民時，他們在我的地毯上放置裝滿水果的大碗，以及足夠我們吃好幾個星期的食物。我們也在這裡買了一條新狗，我管牠叫哈姆拉（二世），費了好一番工夫才將牠馴服。

塔里木河登場了！

又航行了兩天，周遭景致再度呈現迥異的新風貌。現在我們來到滔滔大河阿克蘇河向南流入葉爾羌河的交匯點，從此地開始，緩慢而蜿蜒的葉爾羌河畫下句點，流量大增的河水轉向東流，改名爲塔里木河。壯麗的景色神奇地伸展開來，我們出了葉爾羌河右岸最後的一處岬角，停泊在左岸，然後就地停留一天，爲的是想仔細觀察兩河交會處的漩渦與激流。

一天過後，我們又往前趕路，有一次舢舨在漩渦裡打轉，所幸後來船身穩穩落在一股勁流之上。河水是渾濁的灰色調，河面寬闊而且相當淺，彎道也不險急，有很長一段河道幾乎呈筆直伸展，兩岸景物一幕幕往後飛馳，向南去正是和闐河乾涸的出口。幾年前，和闐河曾經救過我一命。

我們第一次在塔里木河畔紮營，有一大群野雁呈人字型飛翔掠過天空，牠們正在飛往印度避冬的途中；還有一群停在很靠近我們船隻的地方，我們並沒有騷擾牠們，因爲糧食已經足夠。第二天一早，牠們又開始避冬的旅行，我們豢養的那隻野雁用困惑的眼神凝視牠們；

雁群裡有一隻遠遠落在後頭，可能是疲倦了，但牠很快就警覺到孤單，於是奮力追趕，循著同伴無形的雁跡飛翔而去，顯然牠知道雁群下一個停靠站在哪裡，也很確定自己能夠迎頭趕上同伴。我們的旅隊中，來自萊立克的水手不像野雁那麼熟悉路線，加上現在離萊立克越來越遠，他們就更加迷惑了，擔心找不到路回家。不過我向他們保證，到時候一定會幫助他們安全回到家鄉。

這時節，塔里木河的水流量是每秒二千七百六十五立方呎，流速則達到每秒三、四呎。到了晚上，這裡的溫度可以降到接近攝氏零下九度，地面已開始結冰，不過一到白天又迅速融解。夾岸呈垂直的台地不斷滾落整塊的泥沙，噗通掉入河中。有一次，我們的船隻經過時正巧有泥塊掉下來，舢舨的整個右弦被濺起的冷水淋得濕透，船身也起了劇烈晃動。在這次航程中，我們曾經過一處

全速穿越湍急水流

河岸，有個婦人提了一只籃子獨自站在岸邊，籃子裡裝了一些雞蛋，她要求我們買下雞蛋，由於她站的位置離船尾實在很近，所以我們根本不需要停船，只消抄起籃子，然後丟一個銀幣給她即可。

水流很急，到處有水湧出來，形成漏斗型的漩渦；有時候，我們的船似乎眼看就要衝撞上陸地，而每位水手的長竿也奮力往水底戳，卻無濟於事，最後眞正幫助我們脫險的反倒是水流，是水流把船隻托離險惡的地方。有兩天的時間，我們幾乎以玩命的速度行經一段剛形成的、筆直的河床，兩邊盡是垂直峭立的高地河岸，大塊泥沙不斷從岸崖掉落河裡，滾落揚起的泥塵彷彿河岸正冒著煙。

每個人都感受到懾人心魄的緊張氣氛，隨時保持高度警覺，乘小船帶頭先走的卡辛忽然驚慌大叫「停船！」原來是一截白楊樹幹卡在水流中央，形成了一個由浮木和草叢堆積起來的小島，我們被水流推著直直衝向這個障礙島，只差幾百呎就要撞上，此時船身四周的水流十分湍急，泡沫、水花四濺，這會兒能救我們的唯有奇蹟了。就在千鈞一髮之際，阿林捉起一條繩索跳進冰冷的河裡，然後使勁游上岸，他終於成功地減緩了船的速度，舢舨因而在控制之下得以慢慢通過障礙。

當天晚上在我們紮營的地點，牢牢拴住的船整晚被水流拋來晃去。

淒涼的冬景

我們終於又回到老河床，河岸再見林木蒼翠。航行中不時會遇到牧人，有些牧人看管的羊群數目高達八千，甚至一萬頭。一些灰棕色的兀鷹零零落落棲息在一個淤泥堆積成的半島上，牠們的身形既臃腫又笨拙，佇立在那兒連頭也不肯轉一下，只用眼睛斜睨著我們的船隻從旁經過。當地土著在岸邊架起一張張的網子，形狀酷似鵜鶘或蝙蝠翅膀，土著將它們沉進河中，然後再收攏支架，如此可把網子連同捕到的魚撈出水面。

我們在下一個營地新買了隻公雞，這隻雞一上船就和我們的老公雞鬥了起來，還把老公雞逼進河裡去，逼得我們只好把這兩名鬥士分開，由每艘船各保管一隻，之後牠們才得以相安無事。每當其中一隻喔喔啼叫時，另一隻也會立刻應答。我們同時添購一艘獨木舟，讓伊斯嵐和摩喇划在舢舨前面，最後我們還買了一些火把用的燃油，以備不時之需。船上也來了一位新乘客，那是一隻棕色小狗，我們以死去的多夫雷之名為牠命名，只見牠一登船便在舢舨上發號司令。天方破曉，每樣東西都蒙上一層白霜，蕭瑟的樹林難得見到一片葉子，光禿淒涼的景象已經準備迎接冬天的來臨。每天都有成千上萬的野雁成群朝溫暖的低緯度飛去，有的雁群甚為壯觀，為首的野雁飛在人字型的隊伍最前面領航，整個雁隊兩翼間的長度可達好幾百碼。

現在是晚上，溫度降到零下十一．一度，船隻停泊的岸頭縱使隔著屏障也凍結成冰，船杜表面都覆滿冰層；船上每個人均是全副禦寒裝備，穿上冬衣和毛皮外套，一入深夜更需要生起大堆營火來取暖。我懷疑在河水結冰之前我們還能走多遠，因此每天早上大夥兒儘可能早出發，直到夜幕低垂才靠岸休息。

害羞的土著

十一月十三日晚上，所有船隻被冰河凍在岸邊，必須用冰斧和冰鑿撬開，所以此後，我們只選擇水流沖激的地方紮營，這樣河水才不致於結冰。我們的船慢慢漂流過一個地方，岸上有四名男子和四條狗看管著一群馬匹，這些人一看見我們就沒命似的逃跑，而他們的狗卻沿河岸跟著我們跑了好幾個小時，而且對著我們狂吠不休，船上的狗不甘示弱，也大聲回以吠唁，眞是喧囂震天。這裡的土著似乎比上游的居民更害羞，偶爾我們上岸在附近紮營，所有的人會一溜煙

當地土著眺望我們的舢舨

落入獸夾陷阱的老虎

地跑得無影無蹤，留下棚屋裡燒得正旺的爐火。有時候希望從他們口中探聽點消息，任憑我們在他們背後如何叫嚷，一樣不予理睬，只有一次好不容易逮到一個小男孩，他卻嚇得一句話也說不出來。

過了幾天，我們終於成功地第一次和當地人搭上話。他住在用樹枝和蘆葦搭建的草棚裡，是個獵虎的獵人，我向他買了一張虎皮，至今仍然是我在斯德哥爾摩書房裡的裝飾品。

這個地區的叢林居民在獵虎方面，並非特別突出和勇敢。當老虎殺了牛馬之後，一定是盡情享受美食，吃飽了就鑽進濃密的叢林深處休息，等第二天再回原處繼續飽餐一頓，因此老虎總是跟隨被牧人或牛群踏平的小徑獵食。這時候，牧人就在通往動物屍體的小徑上挖一個深坑，然後在裡面安裝獸夾陷阱，只要老虎不小心踩到獸夾，沉重而銳利的框架就會狠狠夾住老虎的腳，一旦被夾住，老虎絕不可能逃脫，即使脫逃現場，腳上的獸夾是甩也甩不掉

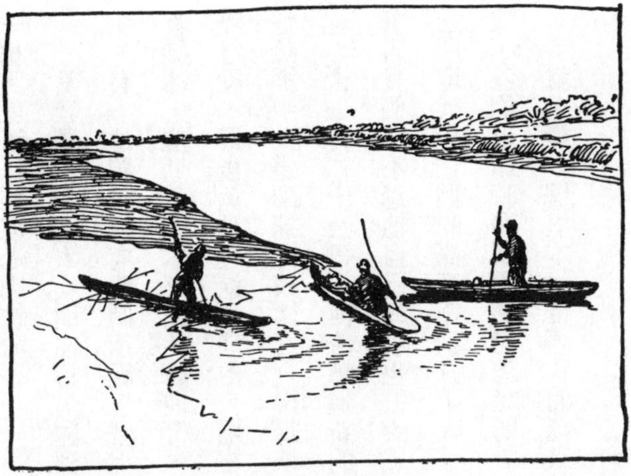

在獨木舟上透過薄冰層捕魚

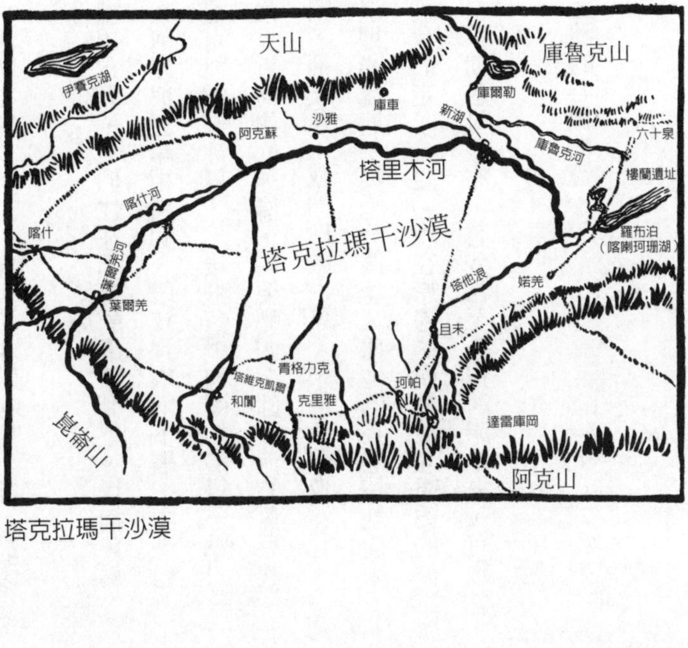

塔克拉瑪干沙漠

的，假如受傷的老虎又無法覓食，將會逐漸消瘦、憂鬱，最後注定餓死。而獵人常要等到過了一個星期才敢去搜捕老虎，由於負傷的老虎足跡很容易辨識，獵人只要騎在馬上補上最後一槍，就可以輕取老虎性命。

當我們和獵虎人交朋友時，碰到了第一批羅布人，他們住在岸邊的蘆葦棚屋，以捕魚爲生。有一位羅布人向我們示範怎麼捉魚，他在河岸與泥岸相夾的一段狹長內港下網，內港已經結冰，他划著獨木舟到外緣地帶，用船槳盡可能擊破冰層，然後把魚網向新的邊緣一點一點移動，最後魚被趕進內港中，羅布人敲破最靠近河岸的冰層，將要轉頭游回合流的魚兒趕進魚網中。這項捕魚技術進行得很快、很順暢，捕完魚，我們向漁人買了相當多漁獲。

十一月二十一日，河流轉進新的河床，這裡的流速一樣十分湍急，此地的長老特地前來警告我們，不過他自己膽子也很大，上船來陪我們走了一段。現在岸邊的樹林被光禿禿的沙丘所取代，它們的高度達到五十呎，叢生的白楊樹零星散布，有些甚至長在河床中央。有幾次，我們上岸時發現新的老虎足跡。

就這樣，塔里木河帶著我們越來越深入亞洲的心臟地帶。

國家圖書館出版品預行編目資料

我的探險生涯／西域探險家斯文・赫定回憶錄
／斯文・赫定(Sven Hedin)著；李宛蓉譯．--
-- 初版． -- 臺北市 馬可孛羅文化出版 -：
城邦文化發行，2000〔民89〕
-冊； 公分．--（探險與旅行經典文庫；1）
含索引
譯自：My life as an explorer
ISBN 957-8278-31-4（上冊：精裝）．--ISBN
957-8278-32-2（下冊：精裝）．--ISBN 957-
8278-33-0（一套：精裝）

1.赫定(Hedin, Sven Hedin, 1865-1952) -
傳記 2. 亞洲一描述與遊記
730.9 89000490

「探險與旅行經典文庫」 001

我的探險生涯（上）

西域探險家斯文・赫定回憶錄

My Life as an Explorer

作者 斯文・赫定（Sven Hedin）
譯者 李宛蓉
策畫／選書／導讀 詹宏志
執行主編 郭寶秀
編輯協力 曾淑芳、林麗菲
封面設計 王小美

發行人 凃玉雲
出版 馬可孛羅文化事業股份有限公司
E-mail:marcopub@cite.com.tw
發行 城邦文化事業股份有限公司
台北市信義路二段213號11樓
電話：（02）2396-5698 傳真：2578- 9337
郵政帳號 1896600-4 城邦文化事業股份有限公司
香港發行所 城邦（香港）出版集團
香港北角英皇道310號雲華大廈4/F, 504室
新馬發行所 城邦（新、馬）出版集團
Penthouse, 17, Jalan Balai Polis, 50000
Kuala Lumpur, Malaysia
排版印刷 中原造像股份有限公司
登記證 行政院新聞局局版臺業字第1230號
初版 2000年1月25日
定價 480元

套號：957-8278-33-0
ISBN: 957-8278-31-4 Printed in Taiwan

版權所有 翻印必究 缺頁或破損請寄回更換

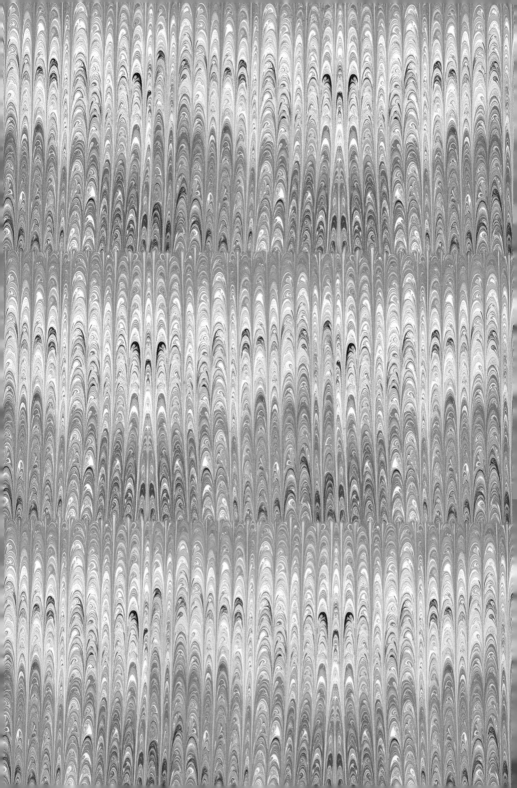